汽车车身电路详解

天窗电路·电动座椅
电动尾门系统·安全气囊

第四册

曹晶 编著

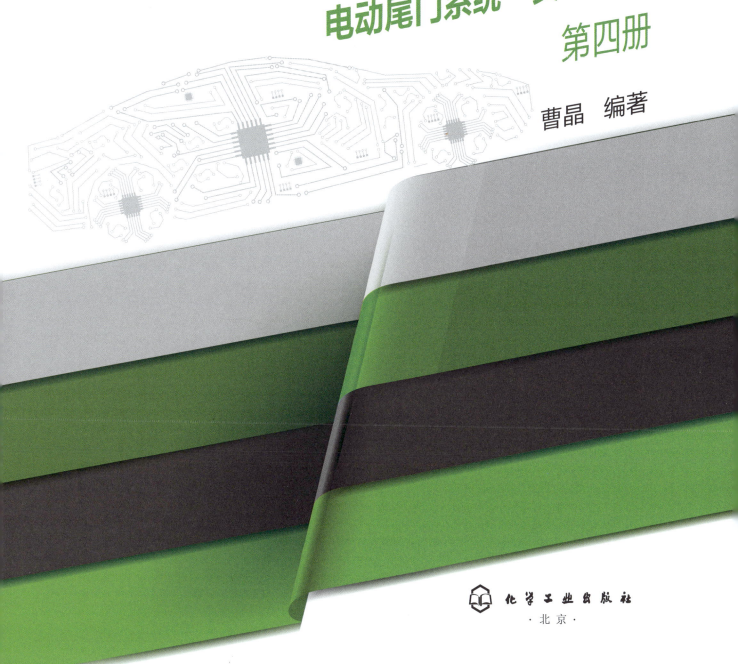

化学工业出版社
·北京·

内容简介

本书介绍了汽车车身电路中的天窗、电动座椅、电动尾门系统和安全气囊电路，结合市面上常见车型的实车彩色电路图，对其功能组成、工作原理、控制类型、控制方式和典型控制电路及故障诊断方法、技巧等进行了详细的讲解和剖析。书中涵盖的车型包括大众/奥迪、别克/雪佛兰/凯迪拉克、比亚迪、吉利、奇瑞、长安、丰田、本田、马自达、日产、三菱、现代/起亚、福特、传祺、宝马、长城等。

本书内容实用，通俗易懂，适合汽车维修技术人员阅读，可供汽车维修培训机构、职业技术院校汽车相关专业师生参考。

图书在版编目（CIP）数据

汽车车身电路详解. 第四册，天窗电路·电动座椅·电动尾门系统·安全气囊/曹晶编著. —北京：化学工业出版社，2022.2
ISBN 978-7-122-40095-6

Ⅰ.①汽⋯ Ⅱ.①曹⋯ Ⅲ.①汽车-车体-电子系统-电路 Ⅳ.①U463.62

中国版本图书馆CIP数据核字（2021）第210777号

责任编辑：张燕文　黄　滢　　　　　　　　文字编辑：朱丽莉　陈小滔
责任校对：宋　夏　　　　　　　　　　　　装帧设计：王晓宇

出版发行：化学工业出版社（北京市东城区青年湖南街13号　邮政编码100011）
印　　装：北京瑞禾彩色印刷有限公司
880mm×1230mm　1/16　印张16　字数500千字　2022年3月北京第1版第1次印刷

购书咨询：010-64518888　　　　　　　　　售后服务：010-64518899
网　　址：http://www.cip.com.cn
凡购买本书，如有缺损质量问题，本社销售中心负责调换。

定　价：118.00元　　　　　　　　　　　　　　　　　　　　　　　版权所有　违者必究

前言
PREFACE

随着汽车制造业的快速发展和技术进步的加快，现代汽车的构造也越来越复杂，原因之一就是汽车电路在汽车上所占的比重越来越大。因此，现代汽车维修，最核心的内容就是汽车电路维修。汽车维修技术人员检测、诊断和排除故障等，都离不开汽车电路，都要围绕和结合实际的汽车电路进行。

而据笔者长期从事汽车维修培训和教学的经验来看，绝大多数的汽车维修入门人员，由于对汽车车身电路的基本原理、构造等理论知识还缺乏深入的理解，尤其是对汽车车身电路维修的要领和技巧还缺乏系统的掌握，不能很好地驾驭。这就导致了他们在从事汽车维修工作两三年以后，常常会出现技术瓶颈，给维修工作带来困难。因此，还需要有相关的理论书籍作指导，进一步提升理论知识和加强维修实践操作技能。为了帮助这些人员快速适应汽车维修工作岗位的需求，在化学工业出版社的组织下，特编写了《汽车车身电路详解》。由于车身电路纵横交错、较为复杂，因此在编写过程中将其分成四册，逐一对车身电路知识进行详细介绍。

本书为《汽车车身电路详解》的第四册，详细介绍了汽车车身电路中的天窗、电动座椅、电动尾门系统和安全气囊电路，结合市面上常见车型的实车彩色电路图，对其功能组成、工作原理、控制类型、控制方式和典型控制电路及故障诊断方法、技巧等进行了细致的讲解和剖析。书中涵盖的车型广泛，如大众／奥迪、别克／雪佛兰／凯迪拉克、比亚迪、吉利、奇瑞、长安、丰田、本田、马自达、日产、三菱、现代／起亚、福特、传祺、宝马、长城等，有利于读者有针对性地对照学习和理解，举一反三。

本书为全彩色印刷，编写过程中努力做到图片精美丰富、内容通俗易懂，力求既适合初中级汽车维修工、汽车电工使用，也可作为汽车类职业技术院校师生教学和自学的参考书及相关企业的培训用书。

本书由大力汽修学院创始人兼首席培训讲师曹晶结合自身多年培训教学和汽车电路维修实践经验精心编写而成，编写过程中参考了部分厂家的原车维修手册及相关的多媒体资料，在此一并表示感谢！

限于笔者水平，书中疏漏之处在所难免，恳请广大读者批评指正。

编著者

目录 CONTENTS

第一章 天窗系统典型控制电路详解 …… 001

第一节 汽车天窗的分类及组成 …… 001
- 一、汽车天窗的分类 …… 001
- 二、汽车天窗的组成 …… 001
- 三、汽车天窗的工作原理 …… 001

第二节 天窗系统的初始化方法 …… 002
- 一、北京现代 IX35/LM 全景天窗初始化 …… 002
- 二、本田 CR-V 电动车窗与天窗初始化 …… 003
- 三、马自达 RX-8 天窗初始化 …… 003
- 四、宝马天窗初始化 …… 003
- 五、奥迪天窗初始化 …… 004
- 六、别克 GL8 天窗初始化 …… 004
- 七、日产天籁天窗初始化 …… 004
- 八、丰田天窗初始化 …… 004
- 九、福特天窗初始化 …… 005
- 十、比亚迪天窗初始化 …… 005
- 十一、长城天窗初始化 …… 005

第三节 天窗系统典型控制电路详解 …… 006
- 一、相关部件及作用 …… 006
- 二、大众/奥迪车型天窗系统典型电路详解——大众迈腾控制电路 …… 006
- 三、别克/雪佛兰/凯迪拉克车型天窗系统典型电路详解——别克威朗控制电路 …… 008
- 四、吉利车型天窗系统典型电路详解——帝豪控制电路 …… 009
- 五、比亚迪车型天窗系统典型电路详解——元控制电路 …… 010
- 六、长安车型天窗系统典型电路详解——悦翔 V7 控制电路 …… 014
- 七、丰田车型天窗系统典型电路详解——卡罗拉控制电路 …… 014
- 八、本田车型天窗系统典型电路详解——XR-V 控制电路 …… 018
- 九、马自达车型天窗系统典型电路详解——CX-4 控制电路 …… 018
- 十、现代/起亚车型天窗系统典型电路详解——现代名图 MISTRA 控制电路 …… 022
- 十一、福特车型天窗系统典型电路详解——锐界控制电路 …… 022
- 十二、传祺车型天窗系统典型电路详解——GS5 控制电路 …… 025
- 十三、宝马车型天窗系统典型电路详解——3 系 G28 控制电路 …… 025
- 十四、长城车型天窗系统典型电路详解——哈弗 H6 控制电路 …… 031
- 十五、日产车型天窗系统典型电路详解——轩逸控制电路 …… 032

目 录 CONTENTS

第四节　典型故障检修技巧 ……………………………………………… 033
　一、天窗故障原因及处理方法 ………………………………………… 033
　二、天窗不工作故障诊断 ……………………………………………… 034
　三、天窗防夹功能失效故障诊断 ……………………………………… 037
　四、天窗间歇性无法工作故障诊断 …………………………………… 038

第二章 电动座椅典型控制电路详解　039

第一节　电动座椅系统的组成、功用和工作原理 ……………………… 039
　一、电动座椅的组成与功用 …………………………………………… 039
　二、电动座椅的工作原理 ……………………………………………… 042

第二节　电动座椅典型控制电路 ………………………………………… 043
　一、相关部件及作用 …………………………………………………… 043
　二、大众/奥迪车型电动座椅典型电路详解——大众迈腾控制电路 ……… 043
　三、别克/雪佛兰/凯迪拉克车型电动座椅典型电路详解——别克威朗控制电路 …………………………………………………………………… 052
　四、吉利车型电动座椅典型电路详解——全球鹰 GC7 控制电路 ……… 052
　五、比亚迪车型电动座椅典型电路详解——元控制电路 ……………… 054
　六、长安车型电动座椅典型电路详解——长安 CS95 控制电路 ……… 056
　七、丰田车型电动座椅典型电路详解——卡罗拉控制电路 …………… 056
　八、本田车型电动座椅典型电路详解——杰德控制电路 ……………… 056
　九、马自达车型电动座椅典型电路详解——CX-4 控制电路 ………… 057
　十、日产车型电动座椅典型电路详解——天籁控制电路 ……………… 065
　十一、现代/起亚车型电动座椅典型电路详解——现代名图 MISTRA 控制电路 …………………………………………………………………… 065
　十二、福特车型电动座椅典型电路详解——锐界 EDGE 控制电路 …… 066
　十三、传祺车型电动座椅典型电路详解——GS5 控制电路 …………… 072
　十四、宝马车型电动座椅典型电路详解——3 系 G28 控制电路 ……… 075
　十五、长城车型电动座椅典型电路详解——WEY（魏派）VV7 控制电路 …………………………………………………………………… 083

第三节　电动座椅典型故障检修技巧 …………………………………… 086
　一、左前电动座椅不能前后调整故障诊断 …………………………… 086
　二、左前电动座椅不能上下调整故障诊断 …………………………… 088
　三、电动座椅整个系统不工作故障诊断 ……………………………… 089
　四、主驾座椅无法加热故障诊断 ……………………………………… 090

目录 CONTENTS

第三章 电动尾门系统典型控制电路详解　094

第一节　电动尾门的组成、工作原理　094
一、电动尾门的组成　094
二、电动尾门的工作原理　095
三、功能介绍　095

第二节　电动尾门控制电路　097
一、大众/奥迪车型电动尾门典型电路详解——奥迪Q5控制电路　097
二、别克/雪佛兰/凯迪拉克车型电动尾门典型电路详解——凯迪拉克CT6控制电路　104
三、吉利电动尾门典型电路详解——帝豪控制电路　104
四、比亚迪电动尾门典型电路详解——速锐控制电路　108
五、长安电动尾门典型电路详解——睿骋控制电路　108
六、丰田电动尾门典型电路详解——卡罗拉控制电路　112
七、本田电动尾门典型电路详解——杰德控制电路　114
八、马自达电动尾门典型电路详解——CX-4控制电路　114
九、日产电动尾门典型电路详解——楼兰控制电路　119
十、现代/起亚电动尾门典型电路详解——现代名图MISTRA控制电路　119
十一、福特电动尾门典型电路详解——锐界控制电路　122
十二、传祺电动尾门典型电路详解——GS4控制电路　126
十三、宝马电动尾门典型电路详解——X5控制电路　133
十四、长城电动尾门典型电路详解——哈弗H6控制电路　138

第三节　电动尾门典型故障检修技巧　142
一、举升门内部开关不工作故障诊断　142
二、举升门释放开关故障诊断　143
三、行李箱锁闩开关故障诊断　143
四、举升门锁闩释放故障诊断　145
五、电动行李箱盖不工作故障诊断　145
六、举升门关闭开关故障诊断　147

第四章 安全气囊系统典型控制电路详解

149

目录 CONTENTS

第一节 安全气囊系统概述 ………………………………………… 149
第二节 安全气囊系统的工作原理与组成 ………………………… 149
 一、安全气囊的工作原理 ……………………………………… 149
 二、安全气囊的组成 …………………………………………… 150
第三节 安全气囊控制电路 ………………………………………… 151
 一、相关部件及作用 …………………………………………… 151
 二、大众/奥迪车型安全气囊典型电路详解——大众迈腾控制电路 ……… 156
 三、别克/雪佛兰/凯迪拉克车型安全气囊电路详解——别克威朗控制
  电路 ……………………………………………………………… 162
 四、比亚迪车型安全气囊电路详解——元控制电路 ………………… 167
 五、吉利车型安全气囊电路详解——帝豪 GS 控制电路 …………… 169
 六、长安车型安全气囊电路详解——悦翔 V7 控制电路 …………… 175
 七、丰田车型安全气囊电路详解——卡罗拉控制电路 ……………… 179
 八、本田车型安全气囊电路详解——飞度控制电路 ………………… 182
 九、马自达车型安全气囊电路详解——CX-4 控制电路 …………… 187
 十、日产车型安全气囊电路详解——轩逸控制电路 ………………… 192
 十一、现代/起亚车型安全气囊电路详解——现代名图 MISTRA 控制
  电路 ……………………………………………………………… 196
 十二、福特车型安全气囊电路详解——锐界 EDGE 控制电路 ………… 199
 十三、传祺车型安全气囊电路详解——GS5 控制电路 ……………… 207
 十四、宝马车型安全气囊电路详解——3 系 G28 控制电路 ………… 214
 十五、长城车型安全气囊电路详解——哈弗 H6 控制电路 …………… 227
第四节 安全气囊系统典型故障检修技巧 ………………………… 233
 一、中央气囊传感器总成故障诊断 …………………………… 233
 二、右前气囊传感器故障诊断 ………………………………… 233
 三、与右前气囊传感器失去通信故障诊断 …………………… 234
 四、左侧侧气囊传感器故障诊断 ……………………………… 239
 五、驾驶员侧点火管电路故障诊断 …………………………… 240

第一章 天窗系统典型控制电路详解

第一节 汽车天窗的分类及组成

一、汽车天窗的分类

汽车天窗按结构形式不同可分为外倾式、外滑式、内藏式和敞篷式等。

1. 外倾式天窗

开启时玻璃向外、向后（前）倾斜，其结构原理与大公交车上的天窗相似，只不过制造用的材质及精密度要高些。

2. 外滑式天窗

开启时，先向上略升起，再向后滑动；关闭时，先滑动到原启动位置，然后向下关闭。

3. 内藏式天窗

在开启后可以保持不同的弧度，具有防夹功能和自动关闭功能，配有独立的内藏式太阳挡板，天窗的玻璃还具有防紫外线功能和隔热功能。

4. 敞篷式天窗

开启时，分段折叠在一起，敞开的空间大，结构紧凑。

二、汽车天窗的组成

汽车天窗的组成如图 1-1-1 所示。滑动挡板可手动操作。

三、汽车天窗的工作原理

天窗和遮阳板控制开关直接连接至各自的控制器，并提供包括打开、快速打开、断开、关闭和快速关闭在内的位置。控制开关完成对控制模块提供的两个信号之间的电路以及模/数（转换）开关输入提供的参考搭铁输入和上拉电压之间的电路的控制。控制开关根据选定的功能在电路中构置一个不同的阶梯电阻网络。控制器的模/数（转换）开关输入读取电压范围并确定相应表格中指示的功能。

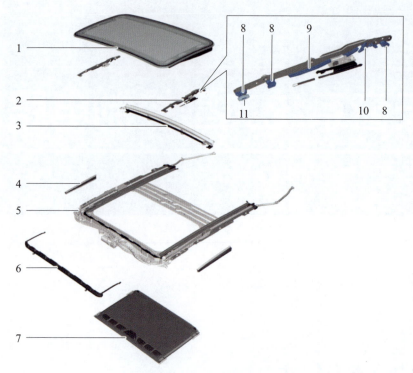

图 1-1-1 汽车天窗的组成

1—滑动/外翻式玻璃天窗；2—滑动/外翻式天窗机械机构；3—水通道；4—橡胶防尘套；
5—带有滑动/外翻式天窗传动装置的滑动/外翻式天窗框架；6—挡风板；
7—滑动挡板；8—滑块；9—前门；10—后门；11—导轨

天窗电气系统使用的主/从配置采用了基于 LIN 总线的通信系统。车身控制模块指定为主模块，天窗和遮阳板控制模块则设置为从模块。

作为系统主模块，车身控制模块使用 LIN 总线启用或停用天窗和遮阳板的操作、将车辆信息发送至每个控制器并请求天窗或遮阳板移动。天窗/遮阳板控制器为车身控制模块提供系统状态和诊断信息，用于诊断报告和操作。

天窗玻璃和电动遮阳板分别由其自身的集成电机/控制器控制，该集成电机/控制器包含必要的电子元件、电机、霍尔效应位置传感器以及驾驶员控制开关接口。每个电机/控制器能够根据来自系统主模块的控制开关以及 LIN 总线信息指令来控制运动。天窗和遮阳板的操作有时会相互依赖：即使天窗控制器和遮阳板控制器位于同一 LIN 总线，彼此之间也不能直接通信，因此其依赖性由车身控制模块控制。用于玻璃控制和电动遮阳板控制的集成电机/控制器实际上是同一物理部件。执行玻璃及遮阳板功能所需的全部操作软件位于同一部件。操作校准通过天窗系统主模块（车身控制模块）的 LIN 总线通信总线进行加载。

第二节
天窗系统的初始化方法

一、北京现代 IX35/LM 全景天窗初始化

a. 按天窗开关的 CLOSE 键，将天窗完全关闭。

b. 在天窗完全关闭状态下，持续按住 CLOSE 键 10～15s（必须按住，不松手）。

注意

在上述过程中天窗玻璃会回到初始位置（天窗玻璃会稍微移动下，并发出现"腾腾"两声响）。

确认玻璃不动后，松开 CLOSE 键，并重新按住该键，不松手（3s 内完成松开并重新按键的操作）。

持续按住 CLOSE 键，将会在 5s 内重新启动天窗，按住该键，直到天窗玻璃打开，关闭动作结束。

二、本田 CR-V 电动车窗与天窗初始化

发生下列任何情况之一时，需重新设置天窗。
在蓄电池电量耗尽或断开的情况下，手工拆下天窗。
使用新的天窗电机。
更换与天窗相关的部件（挡风板、天窗玻璃、天窗密封条、天窗玻璃支架、天窗导线等）。
按照下列步骤可重新设置天窗控制装置。
a. 关闭点火开关。
b. 长按倾斜开关并打开点火开关至 ON（II）位置。
c. 松开倾斜开关并关闭点火开关。
d. 重复步骤 b 与步骤 c 4 次。
e. 天窗完全打开后，再次长按天窗开启开关 3s。
f. 天窗完全关闭后（倾斜式），再长按天窗关闭开关 3s。
g. 使用天窗自动开启（AUTO OPEN）与自动关闭（AUTO CLOSE）功能，确认天窗控制装置重新设置。

三、马自达 RX-8 天窗初始化

如果移动了导轨，机械调节器失效或者更换了电动天窗电机，那么必须通过以下步骤来调节系统。
a. 按下滑动开关，完全关闭顶篷。
b. 暂时松开开关，并再次按下，持续大约 13s。
c. 在听到咚咚声之后（找到机械锁死位置），再次松开滑动开关，在 5s 之内重新按下，并保持在按下状态。
d. 现在，顶篷会自动完全打开和关闭。初始化操作完成。

四、宝马天窗初始化

a. 按向上的方向并按住开关。
b. 天窗会一直运动到达一个极限位置，这时候系统会对这个位置进行存储。
c. 保持按住开关大约 15～25s 后，天窗到达关闭位置。
d. 继续保持按住开关，这时天窗会往反方向也就是打开的方向运动，直到打开方向的极限位置；系统记录这个方向的极限位置后，天窗会立刻往关闭的方向运动，直到完全关闭。初始化完成，松开按钮开关。

五、奥迪天窗初始化

a. 打开点火开关。

b. 确保滑动天窗完全关闭，滑动天窗调节开关必须处于"滑动天窗已关闭"的位置。

c. 将滑动天窗调节开关往下按，并在整个初始化过程中（约20s）固定在该位置（即保持按下）。

六、别克 GL8 天窗初始化

a. 启动发动机。

b. 确认天窗是否在完全关闭的位置。如不是，请持续按住开关按钮将天窗完全关闭。

c. 完全关闭天窗后，松开开关按钮，再次按下开关按钮并保持10s以上，同时会听到"咔嗒"声响。

d. "咔嗒"声响为电机堵转声响，在电机堵转后继续按住关闭按钮，天窗玻璃将依次自动进行如下操作：起翘开→滑动全开→滑动关闭→起翘关闭→全关。在这个过程完成之后，天窗停止运行，松开按钮。

e. 初始化过程完成。运行天窗正常开、关确认。

 注意

在操作c、d步骤时，请勿松开关闭按钮，否则会造成初始化中断失败，需重新进行本指导案例所有步骤。

七、日产天籁天窗初始化

当发生以下状况后应进行系统初始化：
在天窗进行操作或天窗停止5s内，蓄电池耗尽或接头断开。
更换天窗电机。
使用了紧急手柄。
天窗不能正常工作。
具体初始化步骤如下所述。

a. 按住开关并保持在CLOSE/UP一侧约10s，天窗将沿向上倾斜的方向移动，并随后停止，然后再自动完全关闭；而后天窗将按照向上倾斜→向下倾斜→滑动打开→滑动关闭的顺序进行操作（操作过程中需一直按住天窗控制开关）。

b. 天窗停止工作5s后，松开天窗控制开关，如果天窗控制开关能正常控制天窗的工作，则初始化完毕，否则重复以上步骤。

八、丰田天窗初始化

a. 将点火开关转到ON（IG）位置。

b. 确保滑动天窗完全关闭。

c. 按压并保持CLOSE/UP开关直到完成下列动作：倾斜向上约1s→倾斜向下→滑动开启→滑动关闭。

d. 检查滑动天窗是否停止在完全闭合位置。

e. 完成初始化。

f. 检查自动操作是否正常工作。

注意

如果在初始化步骤期间出现下列情况，则初始化将失败。

点火开关关断。
操作滑动天窗时滑动天窗控制开关松开。
车速为 5km/h 或更高。
通信被切断。
初始化期间另一个开关接通。
初始化期间车辆经历强烈振动，比如猛然关门。

九、福特天窗初始化

对于一个新天窗电机／模块应进行以下操作。
a. 将点火开关转到 RUN 位置。
b. 按下并固定住 OPEN 开关，直到天窗移动通过全开，然后回到全开，迅速释放 OPEN 开关。
c. 按下并固定住 OPEN 开关，天窗玻璃将移动至完全倾斜，然后回到关闭（初始化动作）。初始化动作将在开关按下后约 3s 之内开始。

对于现有天窗电机／模块应进行以下操作。
a. 将点火开关转至 RUN 位置。
b. 按下并固定住 OPEN 开关，直到天窗玻璃移至全开位置。
c. 按下并固定住 OPEN 开关（大约 10s），直到天窗玻璃移动通过全开，然后回到全开。迅速释放开关。
d. 按下并固定住 OPEN 开关，天窗玻璃将移动至完全倾斜，然后回到关闭（初始化动作）。初始化动作将在开关按下后约 3s 之内开始。

初始化动作完成后，可释放 OPEN 开关并通过进行一触打开以及倾斜操作来测试系统是否正常工作。

十、比亚迪天窗初始化

1. 电机初始化

在确认天窗处于关闭状态后，长按天窗关闭键（约 6s），6s 后天窗会向上翘起，此时需立刻松手（需在天窗完全斜开到位前，松开关闭键，否则需要重新进行此步骤）。

2. 电机记录零点位置

长拉天窗打开键，待天窗运行到斜开最大位置，听到电机"咔嗒"堵转声后再松手（此步骤电机记录零点位置，实现一键运行功能）。

3. 电机适应天窗的工况

操作天窗控制按键，使天窗分别运行到关闭状态、斜开状态、打开状态（每个运行动作要连续从初始点运行到停止点，中途间断需要重新进行此步骤），完成初始化。

十一、长城天窗初始化

长按初始化按钮 10s，天窗运动到倾斜位置。
天窗停止运动，松开按键。

在 6s 内，再次按下初始化按钮，并保持住，直至天窗完全关闭。

松开按键，初始化完成。

第三节
天窗系统典型控制电路详解

一、相关部件及作用

❶ 组合仪表

将车速信号发送到天窗电机总成。

❷ BCM 控制单元

向天窗电机总成供电。

❸ 天窗开关

发送向上、向下倾斜信号和滑动打开、关闭操作信号至天窗电机总成。

❹ 天窗电机总成

天窗电机和 CPU 集成型可以执行向上倾斜 / 向下倾斜和滑动打开 / 关闭操作。

二、大众 / 奥迪车型天窗系统典型电路详解——大众迈腾控制电路（图 1-3-1）

这里以大众迈腾车型为例进行介绍，同样适用于大众 / 奥迪其他车型，限于篇幅不再赘述。

天窗系统电路中端子作用说明见表 1-3-1。

表 1-3-1　迈腾天窗系统电路中端子作用说明

所在部件	序号	作用说明
J245 滑动天窗控制单元	T6ah/1	接地
	T6ah/2	与 J393 舒适 / 便捷系统的中央控制单元 T18a/18 号端子连接
	T6ah/3	与 J393 舒适 / 便捷系统的中央控制单元 T18r/1 号端子连接
	T6ah/4	为电源线，由 SC30 保险丝供电
	T6ah/6	与 J285 仪表控制单元 T32c/9 车端子连接
E139 滑动天窗调节器	T6ub/1	与 J245 连接
	T6ub/2	与 J245 连接
	T6ub/3	与 J245 连接
E325 滑动天窗按钮	T6ub/4	与 J245 连接
	T6ub/5	与 J245 连接
	T6ub/6	与 J245 连接

第一章
天窗系统典型控制电路详解

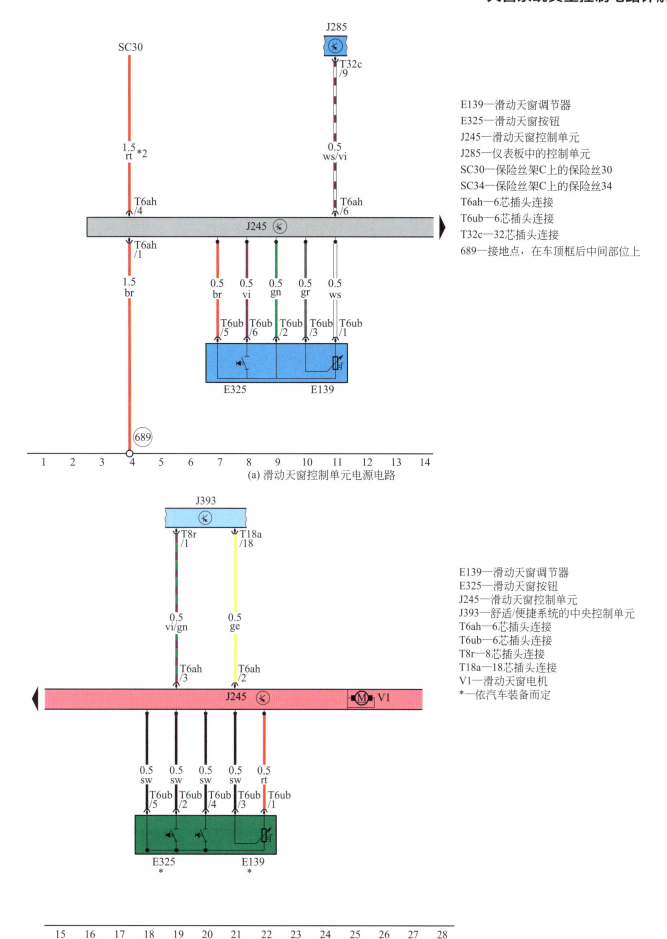

图 1-3-1　大众迈腾天窗系统控制电路

三、别克／雪佛兰／凯迪拉克车型天窗系统典型电路详解——别克威朗控制电路（图1-3-2）

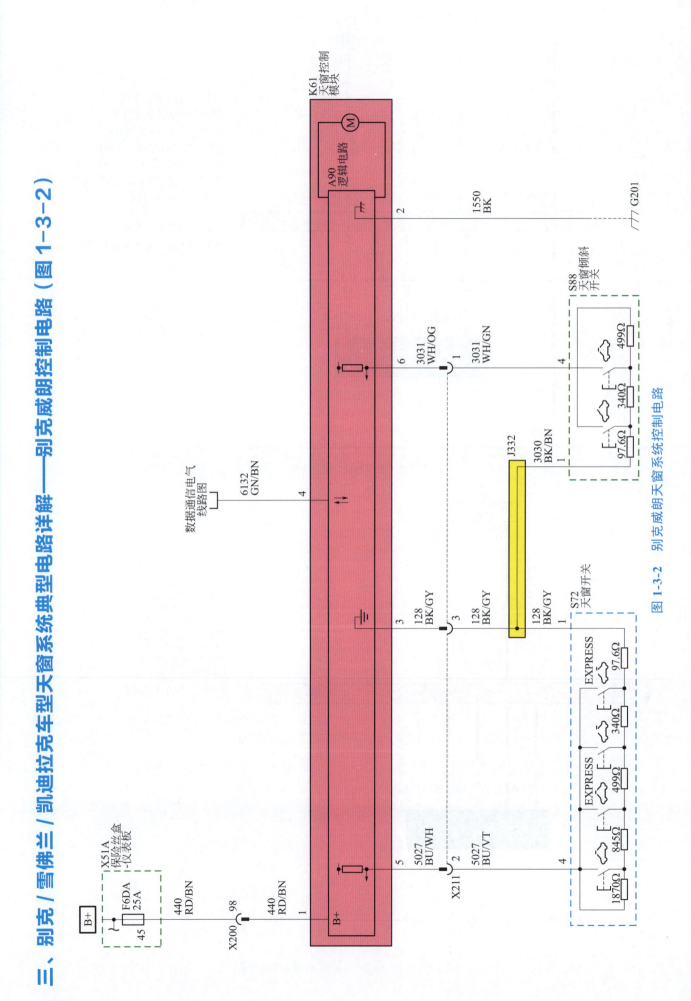

图 1-3-2　别克威朗天窗系统控制电路

这里以威朗车型为例进行介绍，同样适用于别克/雪佛兰/凯迪拉克其他车型，限于篇幅不再赘述。
天窗控制模块1号端子为电源，蓄电池正极→F6DA（25A）保险丝→天窗控制模块1号端子。
天窗控制模块2号端子为接地。
天窗控制模块3号端子为天窗开关、天窗倾斜开关接地。
天窗控制模块5号端子为天窗开关电源信号线，与天窗开关4号端子连接。
天窗控制模块6号端子为天窗倾斜开关电源信号线，与天窗倾斜开关4号端子连接。

四、吉利车型天窗系统典型电路详解——帝豪控制电路（图1-3-3）

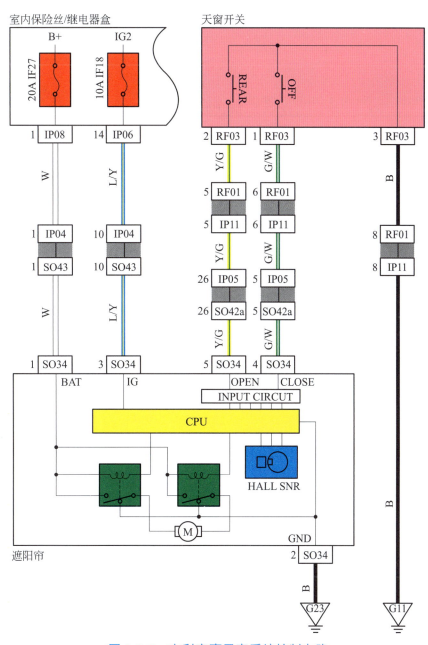

图 1-3-3　吉利帝豪天窗系统控制电路

遮阳帘SO34/1号端子为常电源，蓄电池正极→IF27（20A）保险丝→遮阳帘1号端子。
遮阳帘SO34/2号端子为接地。
遮阳帘SO34/3端子为IG2电源，IG2电源→IF18（10A）保险丝→遮阳帘3号端子。
遮阳帘SO34/4端子为天窗关闭信号线，天窗开关1号端子→遮阳帘4号端子。
遮阳帘SO34/5端子为天窗打开信号线，天窗开关2号端子→遮阳帘5号端子。

五、比亚迪车型天窗系统典型电路详解——元控制电路（图 1-3-4）

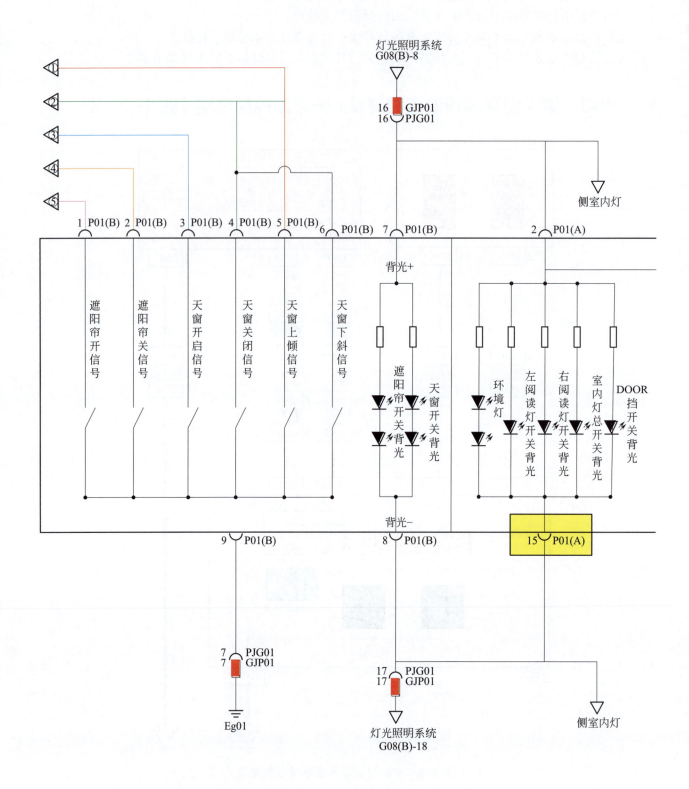

(a) 前室内灯

图 1-3-4

第一章

天窗系统典型控制电路详解

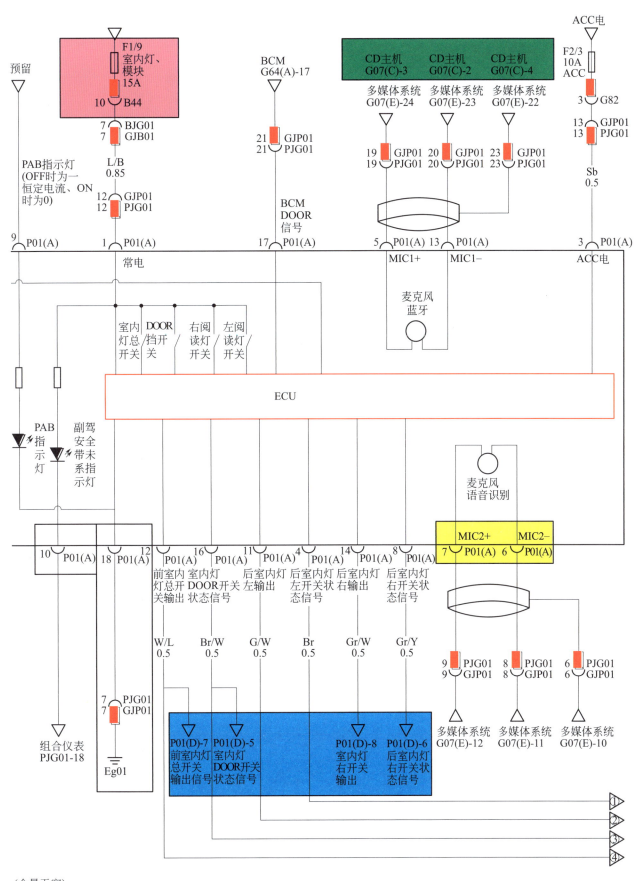

(全景天窗)

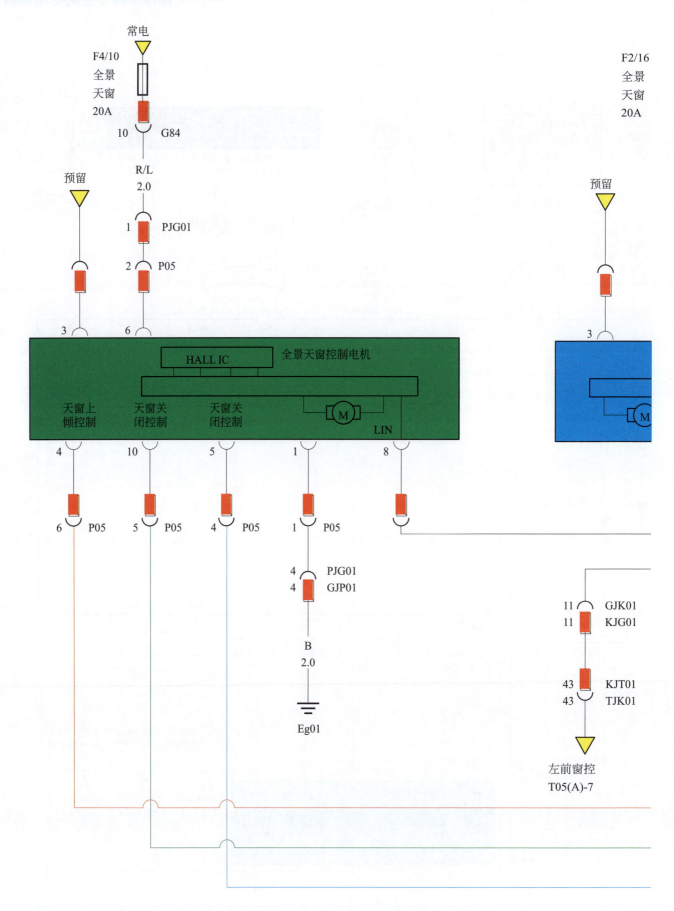

(b) 全景

图 1-3-4 比亚迪元天

第一章
天窗系统典型控制电路详解

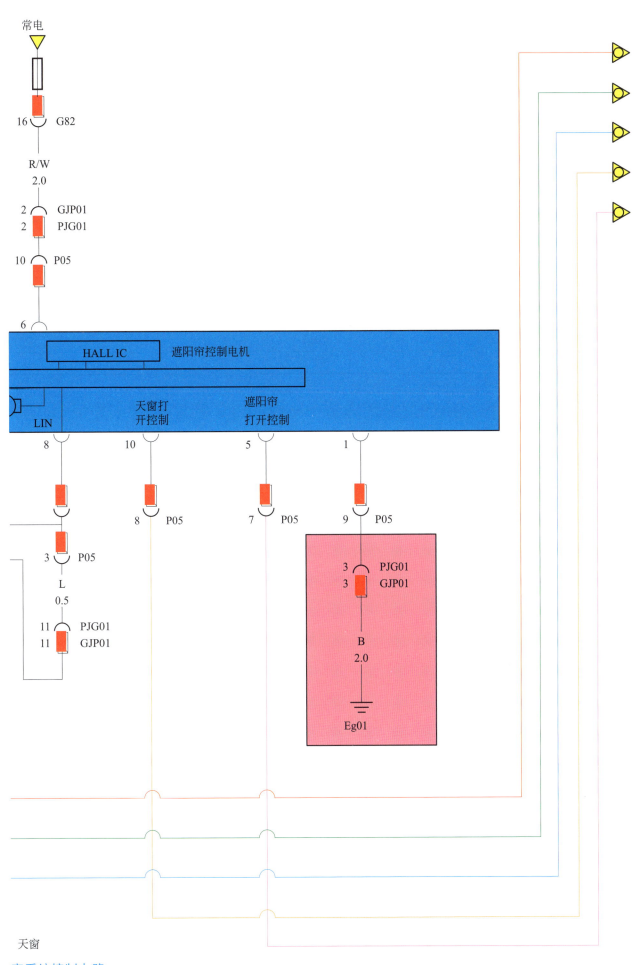

天窗系统控制电路

前室内灯开关 P01（A）-1 号端子为电源线，蓄电池正极→F1/9 号保险丝→前室内灯开关 P01（A）-1 号端子。

天窗系统电路中部分端子作用说明见表 1-3-2。

表 1-3-2　比亚迪元天窗系统电路中端子作用说明

所在部件	序号	作用说明
前室内灯开关	P01(B)-1	为遮阳帘打开信号，与遮阳帘控制电机 5 号端子连接
	P01(B)-2	为遮阳帘关闭信号，与遮阳帘控制电机 10 号端子连接
	P01(B)-3	为天窗开启信号，与全景天窗控制电机 5 号端子连接
	P01(B)-4	为天窗关闭信号，与全景天窗控制电机 10 号端子连接
	P01(B)-5	为天窗上倾信号，与全景天窗控制电机 4 号端子连接
	P01(B)-6	天窗下斜信号，与全景天窗控制电机 10 号端子连接
	P01(B)-9	接地
全景天窗控制电机	1	接地
	6	接电源
遮阳帘控制电机	1	接地
	6	接电源

六、长安车型天窗系统典型电路详解——悦翔 V7 控制电路（图 1-3-5）

天窗控制器 L02/1 号端子为常电源，蓄电池→DF21（20A）保险丝→天窗控制器 L02/1 号端子。
天窗控制器 L02/4 号端子为 IG2 电源，蓄电池→DF40（10A）保险丝→天窗控制器 L02/4 号端子。
天窗控制器 L02/10 号端子为接地线。
天窗控制器 L02/3 号端子连接 BCM 控制单元 P25/12 号端子、DLC P04/8 号端子。
前室内照明灯开关 L01a/6 号端子为电源，与天窗控制器 L02/5 号端子连接。
前室内照明灯开关 L01a/3 号端子为起翘关闭 / 内藏打开，与天窗控制器 L02/8 号端子连接。

七、丰田车型天窗系统典型电路详解——卡罗拉控制电路（图 1-3-6）

滑动天窗控制 ECU 8 号端子为常电电源，蓄电池正极→S/ROOF（20A）保险丝→滑动天窗控制 ECU 8 号端子。

滑动天窗控制 ECU 1 号端子为 IG 电源，IG 电源→ECU-IG NO.3（7.5A）保险丝→滑动天窗控制 ECU 1 号端子。

滑动天窗控制 ECU 和主车身 ECU 中部分端子作用说明见表 1-3-3。

表 1-3-3　丰田卡罗拉滑动天窗控制 ECU 和主车身 ECU 端子作用说明

所在部件	序号	作用说明
滑动天窗控制 ECU	4	为天窗向上信号，与阅读灯总成 5 号端子连接
	5	为天窗闭合信号，与阅读灯总成 9 号端子连接
	6	为天窗向下信号，与阅读灯总成 4 号端子连接
	7	为天窗断开信号，与阅读灯总成 8 号端子连接
	11	为信号线，与主车身 ECU/16 号端子连接
	12	接地
主车身 ECU	11	接地
	29	接 ACC 电源，ACC 电源→7.5A 保险丝→主车身 ECU 29 号端子
	30	接常电电源，蓄电池正极→10A 保险丝→主车身 ECU 30 号端子

第一章

天窗系统典型控制电路详解

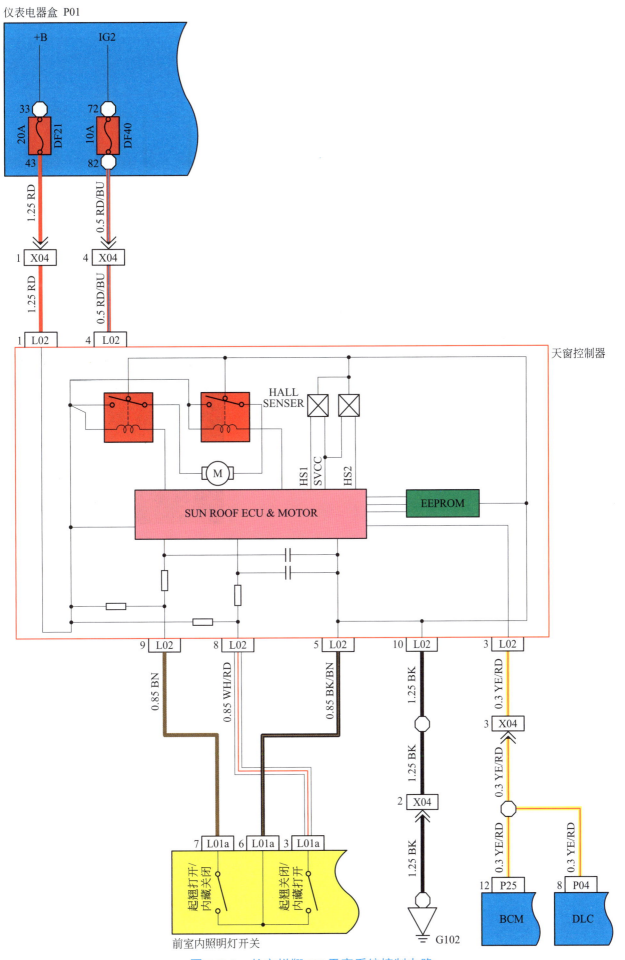

图 1-3-5　长安悦翔 V7 天窗系统控制电路

015

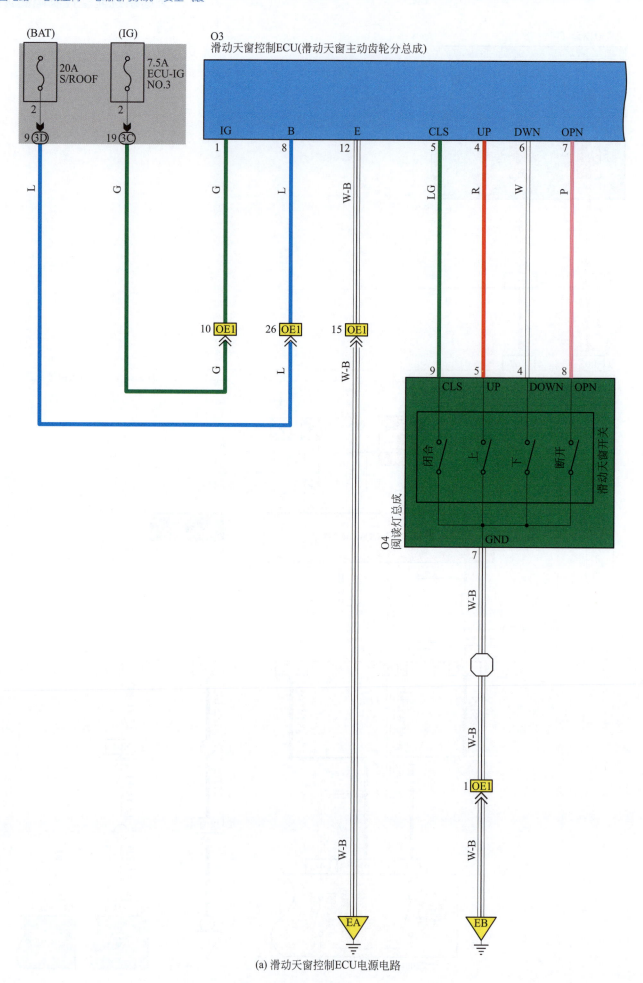

(a) 滑动天窗控制ECU电源电路

第一章 天窗系统典型控制电路详解

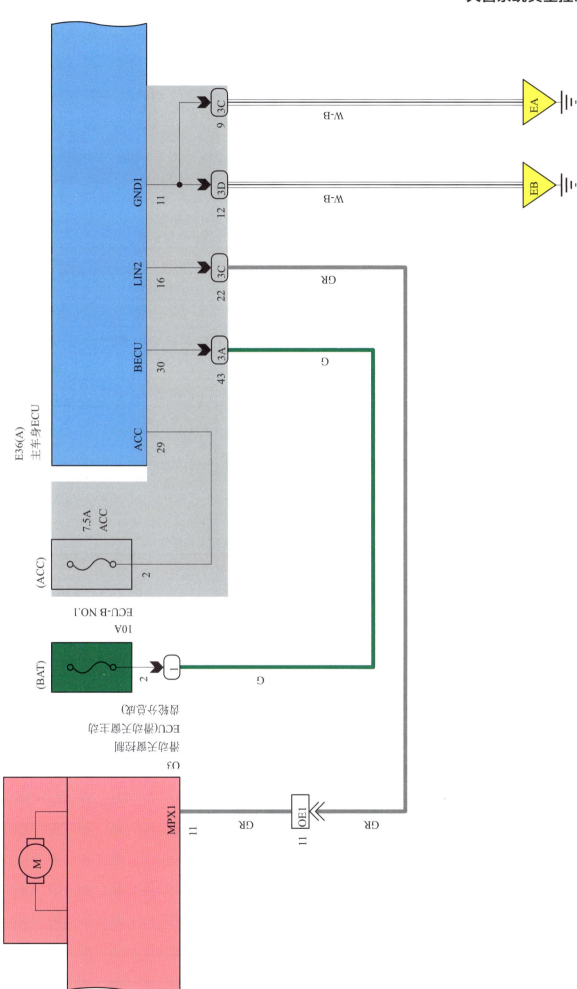

(b) 主车身ECU常电电源电路

图 1-3-6 丰田卡罗拉天窗系统控制电路

八、本田车型天窗系统典型电路详解——XR-V 控制电路

1. 全景玻璃车顶电机控制电路（图 1-3-7）

全景玻璃车顶电机控制单元 10 号端子为常电源，蓄电池正极→A1 号（100A）保险丝→D1-6 号（40A）保险丝→C18 号（20A）保险丝→全景玻璃车顶电机 - 控制单元 10 号端子。

全景玻璃车顶电机控制单元 3 号端子为 IG1 电源，蓄电池正极→A1 号（100A）保险丝→D2-3 号（30A）保险丝→辅助继电器盒 A2 端子→辅助继电器盒 C2 端子→C39 号（10A）保险丝→全景玻璃车顶电机 - 控制单元 3 号端子。

全景玻璃车顶电机 - 控制单元其他端子作用说明见表 1-3-4。

表 1-3-4　本田 XR-V 全景玻璃车顶电机控制单元端子作用说明

序号	作用说明
1	为打开信号线，与全景玻璃车顶开关 11 号端子连接
2	为倾斜信号线，与全景玻璃车顶开关 14 号端子连接
4	为自动打开 / 关闭信号线，与全景玻璃车顶开关 13 号端子连接
5	接地
6	为关闭信号线，与全景玻璃车顶开关 12 号端子连接

2. 电动遮阳帘电机控制电路（图 1-3-8）

电动遮阳帘电机控制单元 10 号端子为常电电源，蓄电池正极→A1 号（100A）保险丝→D1-6 号（40A）保险丝→C17 号（20A）保险丝→电动遮阳帘电机控制单元 10 号端子。

电动遮阳帘电机控制单元其余部分端子作用见表 1-3-5。

表 1-3-5　本田 XR-V 电动遮阳帘电机控制单元端子作用说明

序号	作用说明
1	为遮阳帘打开信号线，与电动遮帘开关 3 号端子连接
4	为遮阳帘自动打开 / 关闭信号线，与电动遮帘开关 5 号端子连接
6	为遮阳帘关闭信号线，与电动遮帘开关 4 号端子连接

九、马自达车型天窗系统典型电路详解——CX-4 控制电路（图 1-3-9）

天窗电机 J 端子为常电电源，蓄电池正极→F-04 主保险丝（200A）→50A 保险丝→10A 保险丝→天窗电机 J 端子 / 天窗开关 D 端子。

天窗电机其余部分端子作用说明见表 1-3-6。

表 1-3-6　马自达 CX-4 天窗电机端子作用说明

序号	作用说明
A	为天窗开启信号，与天窗开关 A 端子连接
B	为天窗关闭信号，与天窗开关 B 端子连接
C	为天窗倾斜向上信号，与天窗开关 C 端子连接
E	为 IG1 电源
G	接地

第一章

天窗系统典型控制电路详解

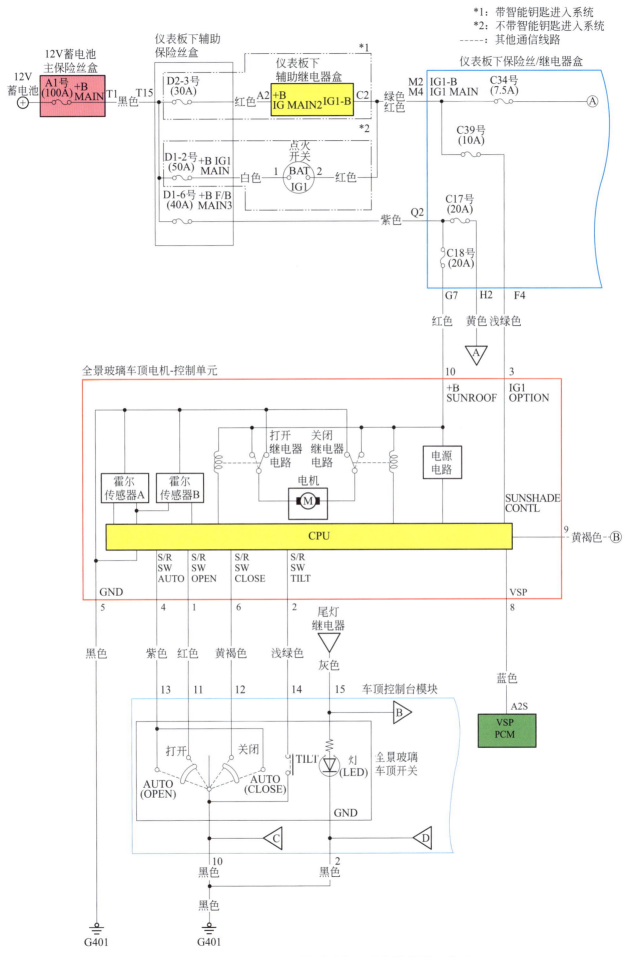

图 1-3-7　本田 XR-V 全景玻璃车顶电机控制单元电路

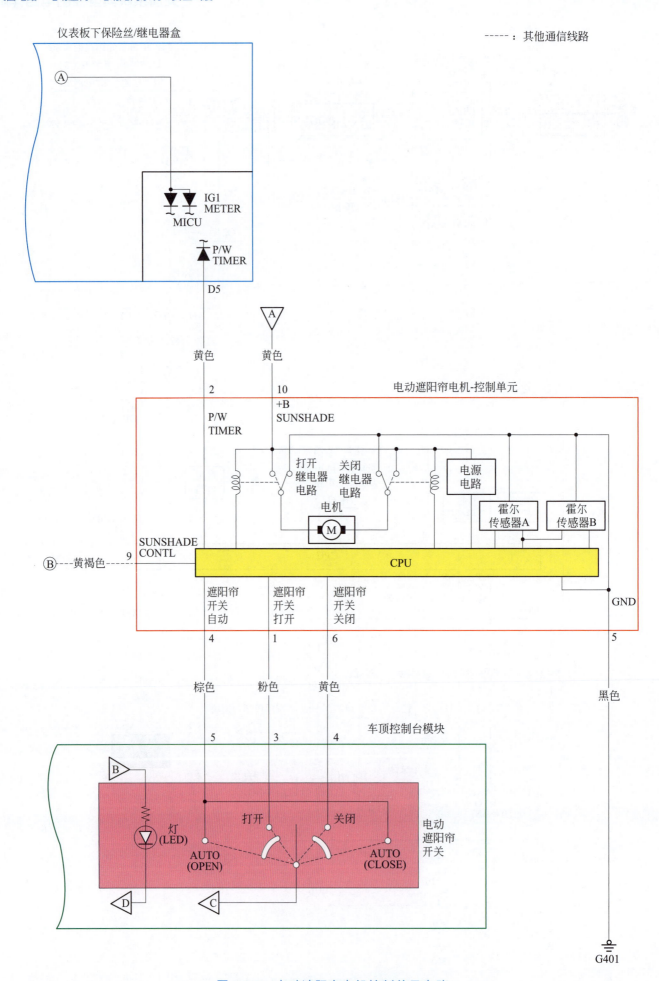

图 1-3-8 电动遮阳帘电机控制单元电路

第一章 天窗系统典型控制电路详解

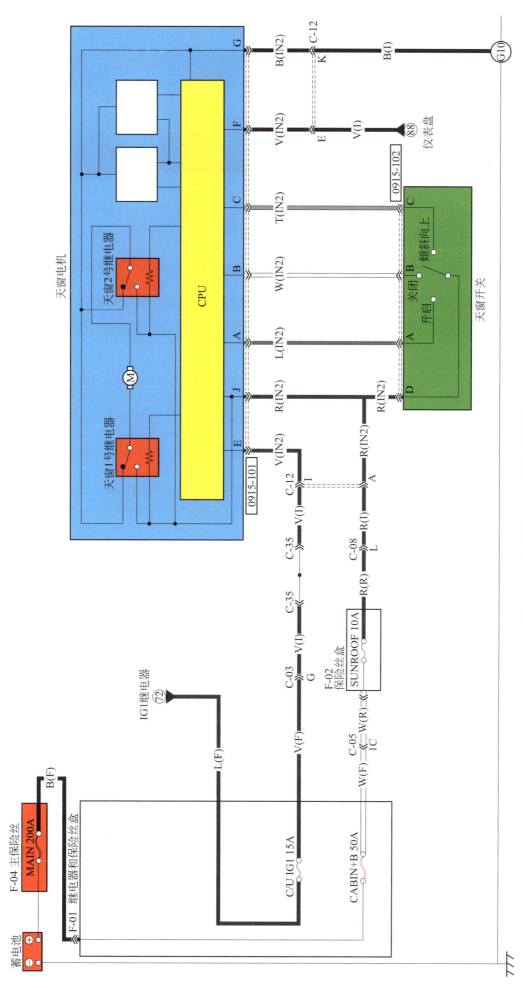

图 1-3-9 马自达 CX-4 天窗系统控制电路

十、现代/起亚车型天窗系统典型电路详解——现代名图 MISTRA 控制电路（图 1-3-10）

全景天窗部分端子作用说明见表 1-3-7。

表 1-3-7　现代名图 MISTRA 全景天窗端子作用说明

序号	作用说明
1	接地
2	为玻璃状态信号，与 BCM 控制单元 20 号端子连接
3	为 IG2 电源，ON 电源→7.5A 保险丝→全景天窗 3 号端子
4	为天窗倾斜上升信号，与全景天窗开关 4 号端子连接
5	为天窗打开信号，与全景天窗开关 2 号端子连接
6	为常电电源，蓄电池正极→20A 保险丝→全景天窗 6 号端子
8	为速度信号
9	为第二止动位置信号，与全景天窗开关 5 号端子连接
10	为天窗关闭信号，与全景天窗开关 3 号端子连接

十一、福特车型天窗系统典型电路详解——锐界控制电路（图 1-3-11）

天窗开启面板模块部分端子作用说明见表 1-3-8。

表 1-3-8　福特锐界天窗开启面板模块端子作用说明

序号	作用说明
1	为常电源，蓄电池→30A 保险丝→天窗开启面板模块 1 号端子
2	为天窗玻璃开启信号，与顶部控制台 18 号端子连接
3	为天窗玻璃翘起信号，与顶部控制台 19 号端子连接
4	为天窗玻璃关闭信号，与顶部控制台 20 号端子连接
6	为附件延迟继电器电源，与车身控制模块 30 号端子连接
7	接地
11	为遮阳板开启信号，与顶部控制台 22 号端子连接
13	为遮阳板关闭信号，与顶部控制台 23 号端子连接

第一章
天窗系统典型控制电路详解

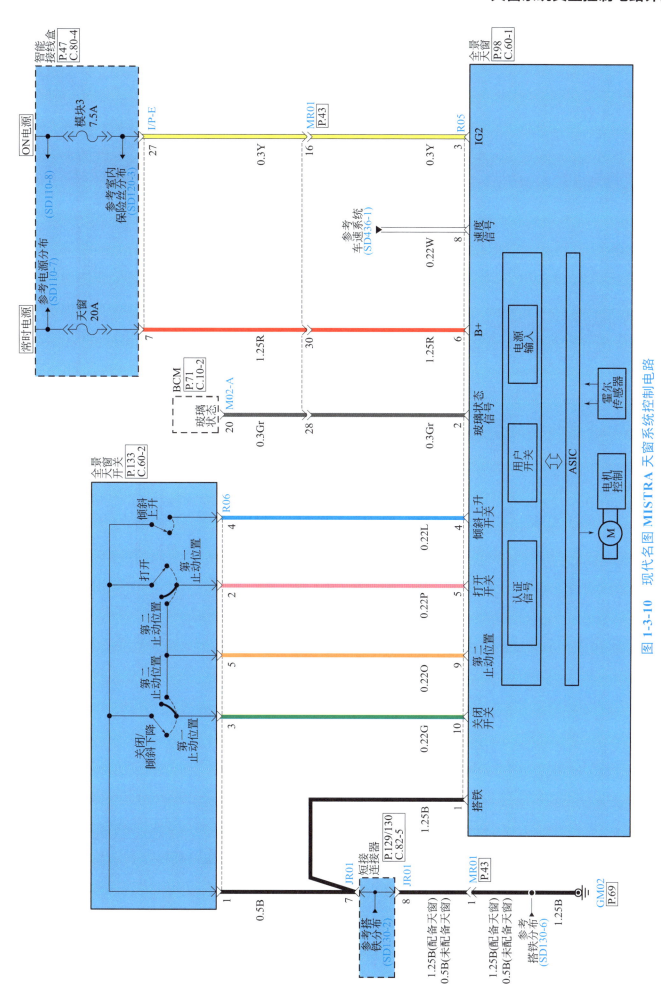

图 1-3-10　现代名图 MISTRA 天窗系统控制电路

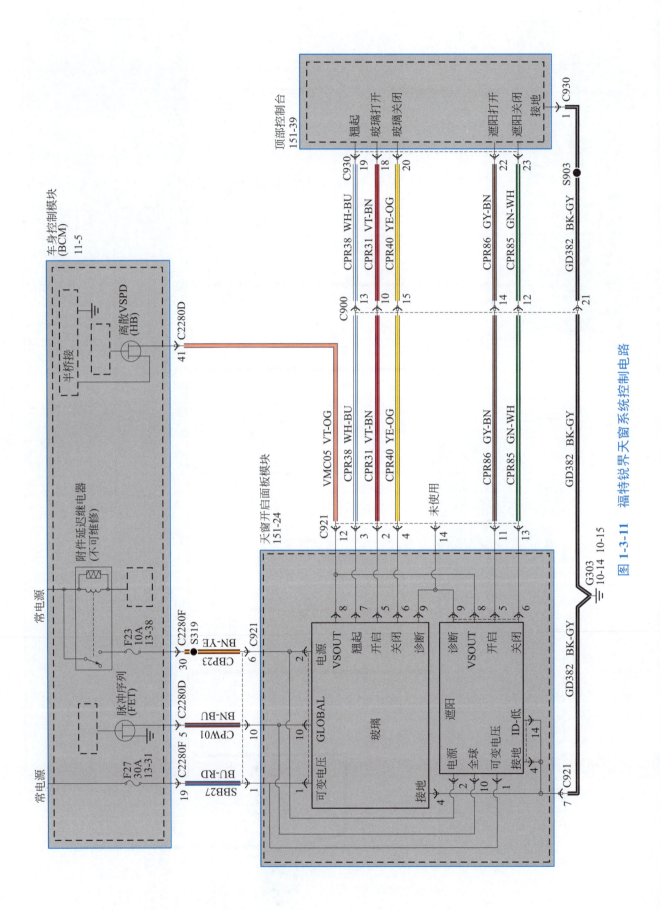

图 1-3-11 福特锐界天窗系统控制电路

十二、传祺车型天窗系统典型电路详解——GS5 控制电路（图 1-3-12）

天窗控制单元部分端子作用说明见表 1-3-9。

表 1-3-9　传祺 GS5 天窗控制单元端子作用说明

序号	作用说明
RF06-1	接地
RF06-3	为 IG2 电源，电路为前舱配电盒→IF07（15A）保险丝→点火开关 IP28-3 号端子→点火开关 IG2（IP27-4）号端子→IF25（7.5A）保险丝→天窗控制单元 RF06-3 号端子
RF06-5	为天窗开启信号线，与前顶灯 RF02-2 号端子连接
RF06-6	为常时电源，电路为前舱配电盒→IF01（20A）保险丝→天窗控制单元 RF06-6 号端子
RF06-9	为 LIN 线，与 OBD 诊断系统 IP07-15 号端子连接
RF06-10	为天窗关闭信号线，与前顶灯 RF02-4 号端子连接

十三、宝马车型天窗系统典型电路详解——3 系 G28 控制电路（图 1-3-13）

如果车顶功能中心（FZD）控制单元接收到活动天窗的请求，则会操控电机。车顶功能中心（FZD）内集成的继电器为电机供电。

电机内集成了两个霍尔传感器，可以探测电机旋转和旋转方向。霍尔传感器信号被传递至 FZD 控制单元，用于识别活动天窗的位置。另外，FZD 控制单元根据闭合参数可以计算出闭合力。

活动天窗驱动装置和全景天窗遮阳卷帘驱动装置部分端子作用说明见表 1-3-10。

表 1-3-10　宝马 3 系 G28 活动天窗和全景天窗电动遮阳卷帘驱动装置端子作用说明

所在部件	序号	作用说明
活动天窗驱动装置	1	为总线端 Kl.30 供电或总线端 Kl. 31L 负荷接地，取决于控制（打开或关闭），与活动天窗开关 A21*3B/3 号端子连接
	2	为总线端 Kl.30 供电或总线端 Kl. 31L 负荷接地，取决于控制（打开或关闭），与活动天窗开关 A21*3B/4 号端子连接
	3	为霍尔传感器 2 的信号，与活动天窗开关 A21*2B/1 号端子连接
	4	为霍尔传感器的接地端（通过 FZD 控制单元），与活动天窗开关 A21*2B/4 号端子连接
	5	为霍尔传感器 1 的信号，与活动天窗开关 A21*2B/2 号端子连接
全景天窗遮阳卷帘驱动装置	1	为总线端 Kl. 30 供电或总线端 Kl. 31L 负荷接地，取决于控制（打开或关闭），与活动天窗开关 A21*3B/2 号端子连接
	2	为总线端 Kl. 30 供电或总线端 Kl. 31L 负荷接地，取决于控制（打开或关闭），与活动天窗开关 A21*3B/1 号端子连接
	3	为霍尔传感器 2 的信号，与活动天窗开关 A21*2B/6 号端子连接
	4	为霍尔传感器的接地端（通过 FZD 控制单元），与活动天窗开关 A21*2B/5 号端子连接
	5	为霍尔传感器 1 的信号，与活动天窗开关 A21*2B/3 号端子连接

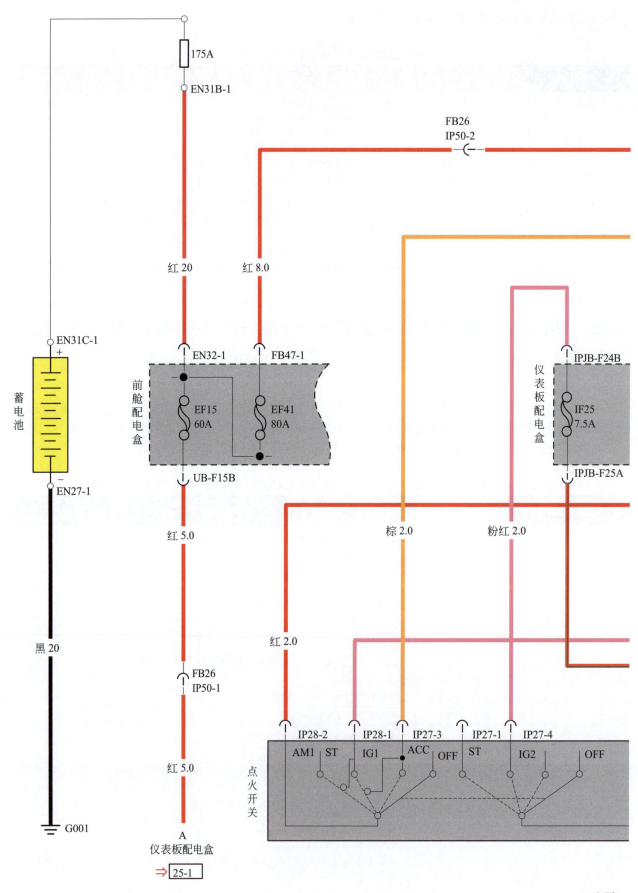

(a) 电源

第一章
天窗系统典型控制电路详解

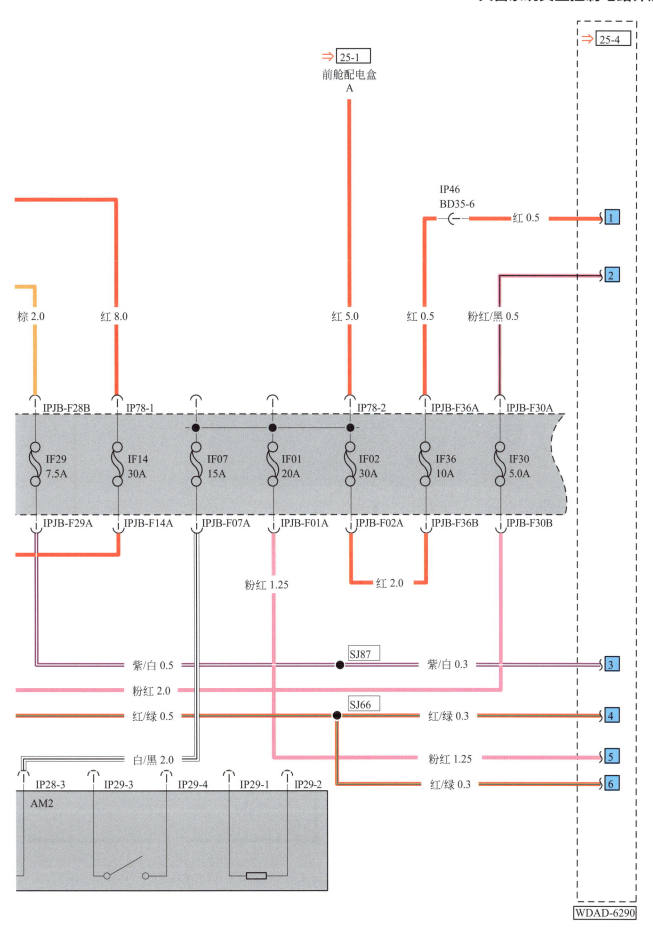

电路

1-3-12

027

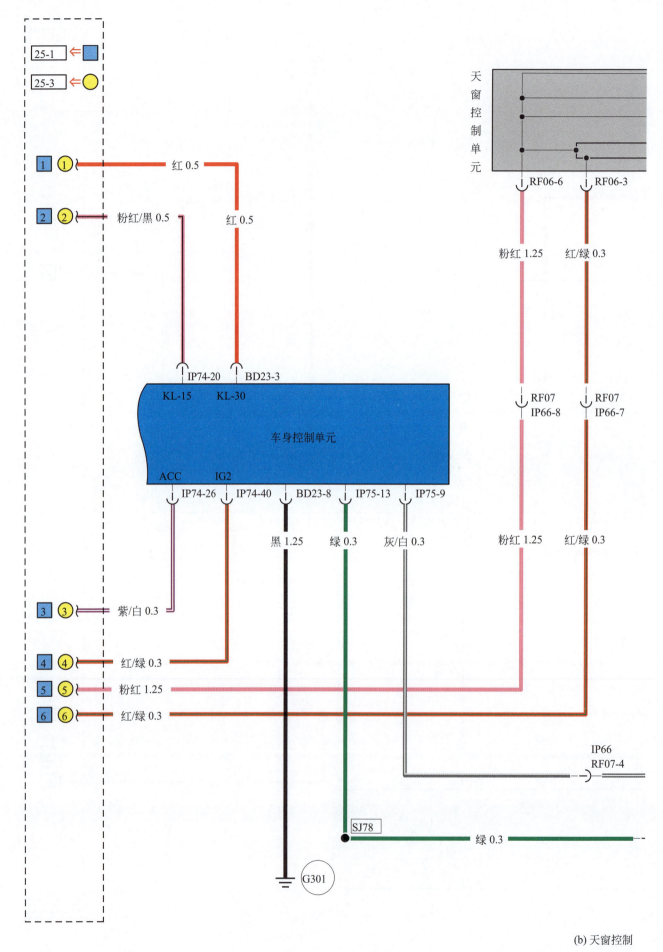

(b) 天窗控制

图 1-3-12 传祺 GS5

第一章
天窗系统典型控制电路详解

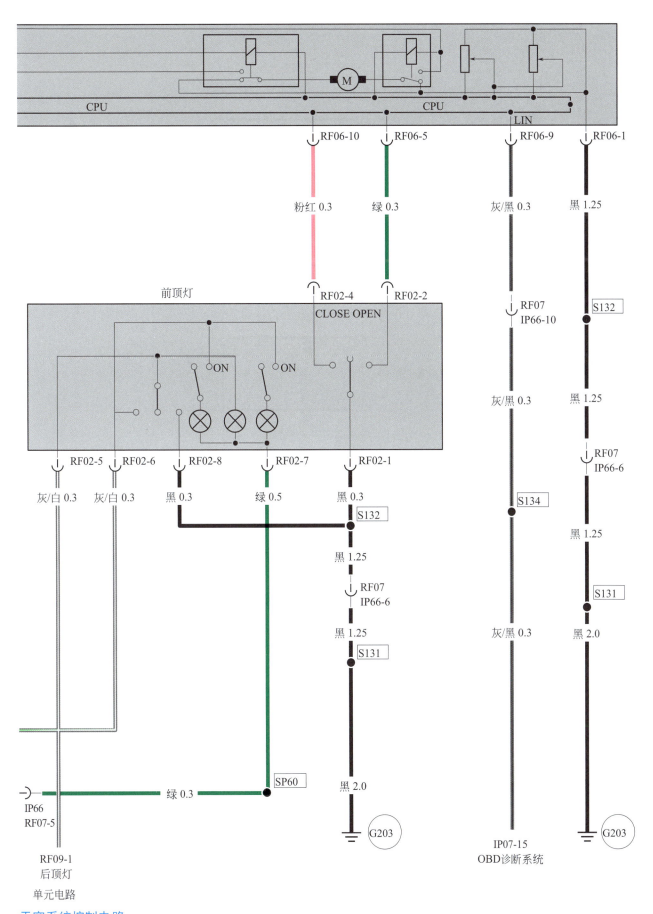

天窗系统控制电路

029

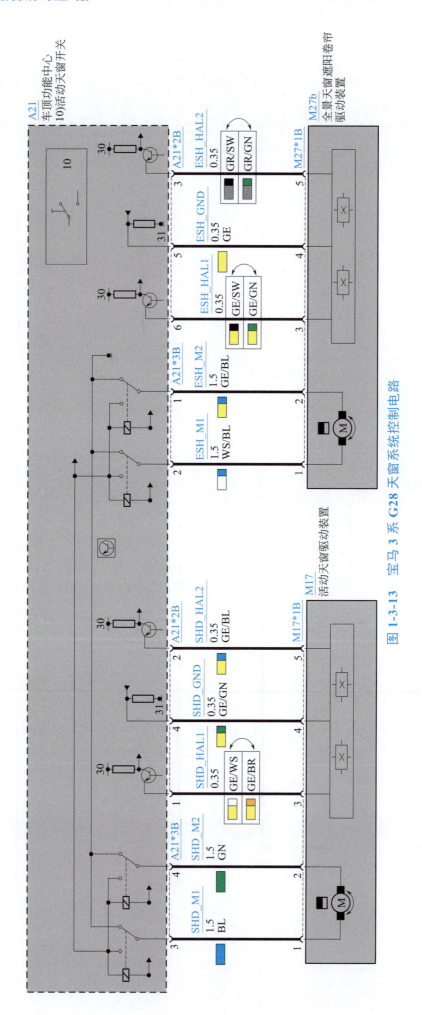

图 1-3-13 宝马 3 系 G28 天窗系统控制电路

十四、长城车型天窗系统典型电路详解——哈弗 H6 控制电路（图 1-3-14）

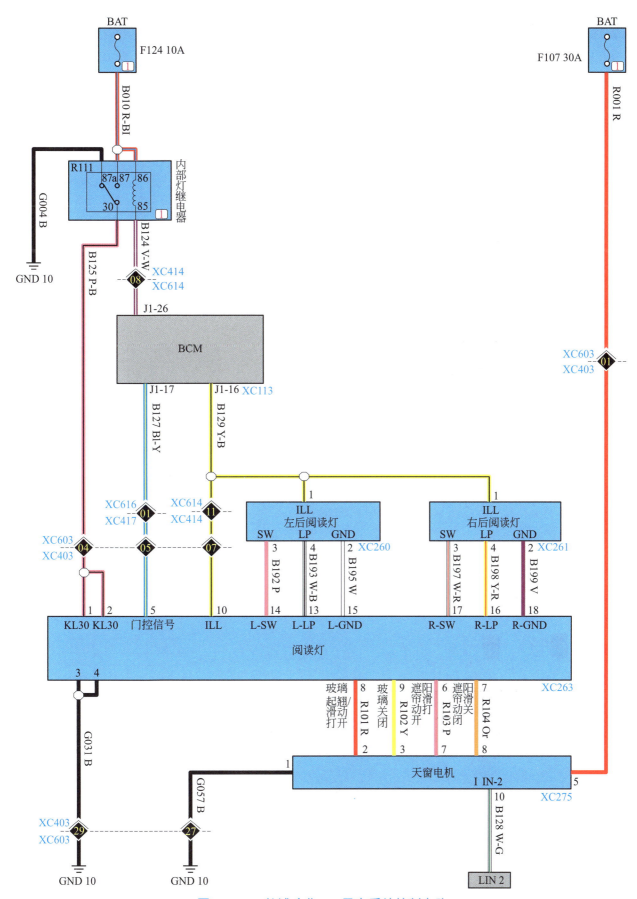

图 1-3-14　长城哈弗 H6 天窗系统控制电路

天窗电机部分端子信号见表1-3-11。

表1-3-11 长城哈弗H6天窗电机端子作用说明

序号	作用说明
1	接地
2	为玻璃起翘/滑动打开信号，与阅读灯8号端子连接
3	为玻璃关闭信号，与阅读灯9号端子连接
5	接常时电源，电路为蓄电池正极→F107（30A）保险丝→天窗电机5号端子
7	为遮阳帘滑动打开信号，与阅读灯6号端子连接
8	为遮阳帘滑动关闭信号，与阅读灯7号端子连接

十五、日产车型天窗系统典型电路详解——轩逸控制电路（图1-3-15、图1-3-16）

当点火开关处于ON位置时，天窗电机总成在来自BCM的输出电源下操作。
来自天窗开关的向上倾斜/滑动关闭和向下倾斜/滑动打开信号使天窗电机总成自由移动。
天窗电机总成从组合仪表上接收到一个车速信号，并控制天窗电机的工作。

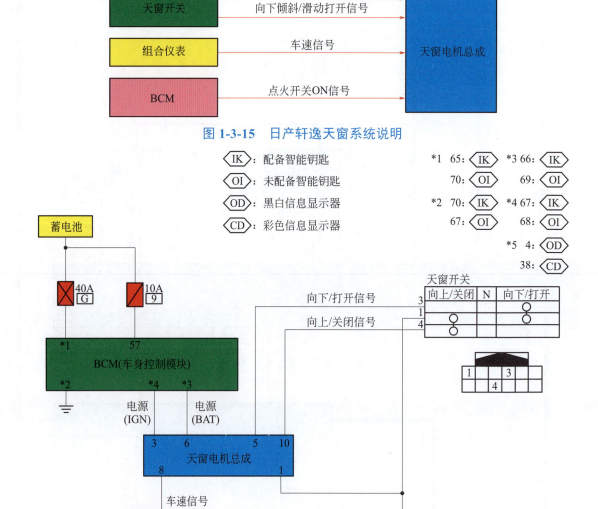

图1-3-15 日产轩逸天窗系统说明

图1-3-16 日产轩逸天窗系统控制电路

当天窗开关 3 号和 1 号端子接通时，向下或打开信号发送给天窗电机总成，天窗电机总成执行向下或打开动作。

当天窗开关 4 号和 1 号端子接通时，向上或关闭信号发送给天窗电机总成，天窗电机总成执行向上或关闭动作。

第四节 典型故障检修技巧

本节中以吉利车型为例进行故障诊断描述。

一、天窗故障原因及处理方法（表 1-4-1）

表 1-4-1　天窗故障现象、原因及采取的措施

故障现象	可能原因	采取措施
天窗不能操作（电机可动作）	天窗铝滑轨中有异物	移除堵塞物
	滑轨中有错装零件	正确安装零件
	天窗零件定位冲突	整修冲突件
	铜管拉线错装	安装正确
天窗不能操作（电机不可动作）	系统保险损坏	更换保险
	天窗操作开关错误	检查天窗开关线路
	电机错误	检查天窗电机线路
	控制器错误	检查天窗控制器线路
天窗漏水	排水管堵塞	移除堵塞物
	玻璃密封条和钣金有间隙	更换玻璃密封条
	玻璃密封条和排水槽有缺陷	更换玻璃密封条或排水槽
	玻璃组合安装位置不当	调节天窗位置
天窗电机异音	电机松动	重新安装电机
	拉线变形	更换拉线

二、天窗不工作故障诊断

1. 电路图（图 1-4-1）

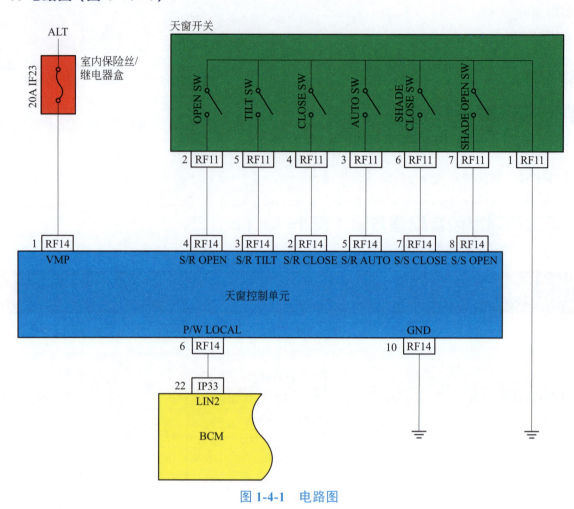

图 1-4-1　电路图

2. 诊断仪读取故障码

a. 用诊断仪读取故障码。

b. 是否显示有相关故障码。

如果是，则根据故障码检修；如果否，则检查保险丝 IF23。

3. 检查保险丝 IF23

检查保险丝 IF23 是否熔断（图 1-4-2）。

如果是，则检查保险丝 IF23 线路短路故障；如果否，则执行天窗初始化程序。

4. 执行天窗初始化程序

执行天窗初始化程序，确认天窗是否正常工作。

如果是，则表明系统正常；如果否，则检查天窗开关线束连接器 RF11 和车身接地线路。

5. 检查天窗开关线束连接器 RF11 和车身接地线路

a. 拆卸天窗开关总成。

b. 用万用表测量天窗开关线束连接器 RF11 端子 1（图 1-4-3）和车身接地之间的电阻。

电阻标准值：小于 1Ω。

c. 确认是否符合标准值。

如果否，则检修天窗开关线束连接器 RF11 和车身接地线路的短路故障；如果是，则检查天窗开关总成与天窗控制单元间线束。

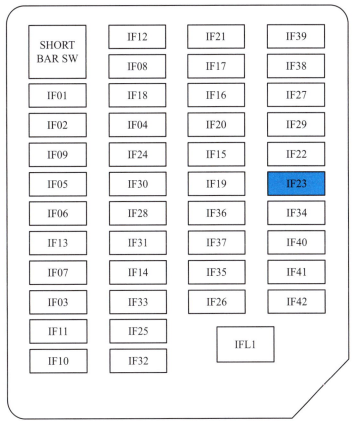

图 1-4-2 保险丝位置

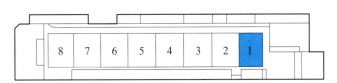

图 1-4-3 天窗开关线束连接器 RF11 端子 1

6. 检查天窗开关总成与天窗控制单元间线束

a. 断开天窗开关总成线束连接器 RF11 和天窗控制单元线束连接器 RF14。
b. 根据表 1-4-2、图 1-4-4 和图 1-4-5 测量端子间电阻值。

表 1-4-2 电阻标准值

测量端子	电阻值
RF11（2）—RF14（4）	小于 1Ω
RF11（5）—RF14（3）	小于 1Ω
RF11（4）—RF14（2）	小于 1Ω
RF11（3）—RF14（5）	小于 1Ω
RF11（6）—RF14（7）	小于 1Ω
RF11（7）—RF14（8）	小于 1Ω

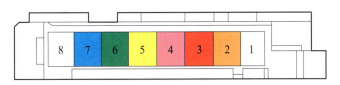

图 1-4-4 天窗开关线束连接器 RF11 端子 2、3、4、5、6、7

035

c. 确认电阻是否符合标准值。

如果否，则更换或维修线束；如果是，则检查天窗控制单元与保险丝 IF23 之间的线束。

7. 检查天窗控制单元与保险丝 IF23 之间的线束

a. 用万用表测量天窗控制单元线束连接器 RF14 端子 1（图 1-4-6）与保险丝 IF23 间线束的电阻。

电阻标准值：小于 1Ω。

b. 确认是否符合标准值。

如果否，则更换或维修线束；如果是，则检查天窗控制单元与接地间的线束。

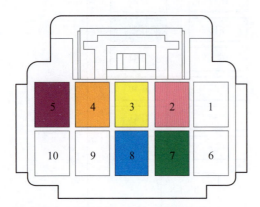

图 1-4-5　天窗 ECU 线束连接器 RF14 端子 2、3、4、5、7、8

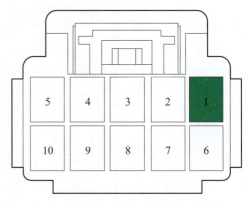

图 1-4-6　天窗 ECU 线束连接器 RF14 端子 1

8. 检查天窗控制单元与接地间的线束

a. 用万用表测量天窗控制单元与接地间线束的电阻。

电阻标准值：小于 1Ω。

b. 确认是否符合标准值。

如果否，则更换或维修线束；如果是，则检查天窗控制单元与 BCM 间的线束。

9. 检查天窗控制单元与 BCM 间的线束

a. 用万用表测量天窗控制单元线束连接器 RF14 端子 6（图 1-4-7）与 BCM 线束连接器 IP33 端子 22（图 1-4-8）间的电阻。

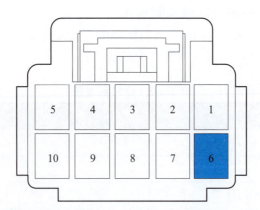

图 1-4-7　天窗 ECU 线束连接器 RF14 端子 6

电阻标准值：小于 1Ω。

b. 确认是否符合标准值。

如果否，则更换或维修线束；如果是，则更换天窗开关。

10. 更换天窗开关

更换天窗开关，确认系统是否正常。

如果是，则表明系统正常；如果否，则检查 BCM 的接地线路。

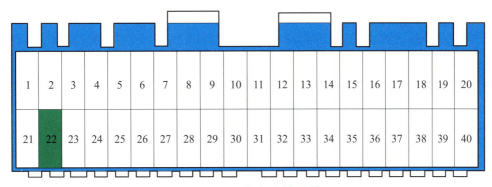

图 1-4-8　BCM 线束连接器端子 22

11. 检查 BCM 的接地线路

a. 用万用表测量 BCM 线束连接器 RF14 端子 10（图 1-4-9）与接地间线束的电阻。

电阻标准值：小于 1Ω。

b. 确认是否符合标准值。

如果是，则更换 BCM；如果否，则更换或维修线束。

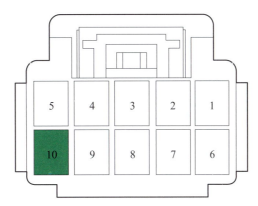

图 1-4-9　天窗 ECU 线束连接器

12. 更换 BCM

更换 BCM 后确认系统是否正常。

如果是，则表明系统正常；如果否，则更换天窗电机。

三、天窗防夹功能失效故障诊断

1. 电路图

参见图 1-4-1。

2. 诊断仪读取故障码

用诊断仪读取故障码，是否显示有相关故障码。

如果是，则根据故障码检修；如果否，则执行天窗初始化程序。

3. 执行天窗初始化程序

执行天窗初始化程序，并确认天窗是否正常工作。

如果是，则表明系统正常；如果否，则检查天窗开关线束连接器 RF11 和车身接地线路。

4. 检查天窗开关线束连接器 RF11 和车身接地线路

a. 拆卸天窗开关总成。

b. 用万用表测量天窗开关线束连接器 RF11 端子 1（图 1-4-3）和车身接地之间的电阻。

电阻标准值：小于 1Ω。

c. 确认是否符合标准值。

如果否，则检修天窗开关线束连接器 RF11 和车身接地线路的短路故障；如果是，则检查天窗开关总成与天窗控制单元间线束。

5. 检查天窗开关总成与天窗控制单元间线束
a. 断开天窗开关总成线束连接器 RF11 和天窗控制单元线束连接器 RF14。
b. 按照表 1-4-2、图 1-4-4 和图 1-4-5 测量端子间电阻。
c. 确认是否符合标准值。

如果否，则更换或维修线束；如果是，则检查天窗控制单元与 BCM 间的线束。

6. 检查天窗控制单元与 BCM 间的线束
a. 用万用表测量天窗控制单元线束连接器 RF14 端子 6 与 BCM 线束连接器 IP33 端子 22 间的电阻。

电阻标准值：小于 1Ω。

b. 确认是否符合标准值。

如果否，则更换或维修线束；如果是，则更换天窗开关。

7. 更换天窗开关
更换天窗开关，确认系统是否正常。

如果否，则检查 BCM 的接地线路；如果是，则表明系统正常。

8. 检查 BCM 的接地线路
a. 用万用表测量 BCM 线束连接器 RF14 端子 10 与接地间线束的电阻。

电阻标准值：小于 1Ω。

b. 确认是否符合标准值。

如果否，则更换或维修线束；如果是，则更换 BCM。

9. 更换 BCM
更换 BCM 后确认系统是否正常。

如果否，则更换天窗电机；如果是，则表明系统正常。

四、天窗间歇性无法工作故障诊断（表 1-4-3）

表 1-4-3 天窗间歇性无法工作故障原因及维修方案

故障原因	怀疑部件	维修方案
绝缘层内导线接触不良	● 天窗电机 ● 天窗开关 ● 天窗开关与天窗电机间的线束	检查相关的线路或更换损坏的零部件
线束连接器对接插头接触不良	● 天窗开关 ● 天窗电机线束连接器 ● 天窗开关线束连接器 ● BCM ● 天窗电机	● 更换天窗开关 ● 清洁连接器对接插头 ● 更换线束 ● 更换 BCM ● 更换天窗电机
接地点接触不良	接地	● 紧固接地点固定元件 ● 清洁处理接地点接头
天窗开关接触不良	● 开启开关 ● 关闭开关	更换天窗开关

第二章 电动座椅典型控制电路详解

第一节 电动座椅系统的组成、功用和工作原理

一、电动座椅的组成与功用

电动座椅又称自动座椅,是指以电机为动力,通过传动装置和执行机构来调节座椅的各种位置,使驾驶员或乘员乘坐舒适的座椅。电动座椅如图 2-1-1 所示,具有前后滑动、上下升降、靠背倾角调节以及腰部支撑等功能。

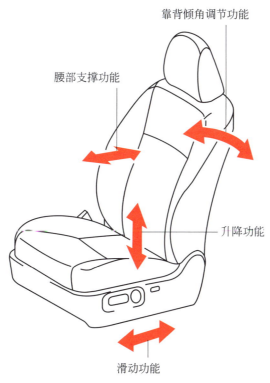

图 2-1-1 电动座椅及其功能

电动座椅由座椅调节开关、电子控制器、电机以及传动装置等组成(图 2-1-2)。

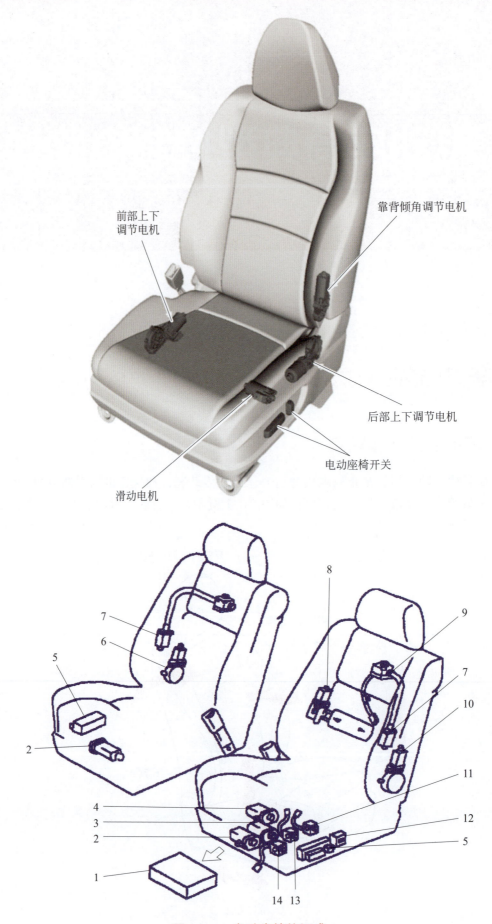

图 2-1-2 电动座椅的组成

1—电动座椅控制器；2—滑动电机；3—前垂直电机；4—后垂直电机；5—电动座椅开关；6—倾斜电机；7—头枕电机；8—腰垫电机；9—位置传感器（头枕）；10—倾斜电机和位置传感器；11—位置传感器（后垂直）；12—腰垫开关；13—位置传感器（前垂直）；14—位置传感器（滑动）

1. 座椅调节开关

座椅调节开关主要指以下 3 种开关：滑动与垂直调节开关、靠背与头枕调节开关、腰部支撑调节开关，当它们接通时分别向 ECU 输入滑动、前垂直、后垂直、倾斜或头枕位置的信号。

2. 电子控制器

座椅控制器控制电动座椅的电源通断、存储执行和复位动作。当收到来自电动座椅开关的输入信号后，控制器中的继电器动作，控制电动座椅运动。

3. 电机（图 2-1-3）

电机在来自控制器的电流驱动下为电动座椅的传动装置提供动力。大多数电动座椅采用永磁式电机。此类电机电枢的旋转方向随电流的方向改变而改变，可调节座椅两个方向的移动。我们常说的六向移动座椅是使用三个电机实现座椅六个不同方向的位置调整：上、下、前、后、前倾、后倾。很多高级轿车还增加了调整头枕、腰部头枕、腰部调节、扶手调节、座椅长度等功能，这些功能的增加都是为了使乘坐者更加舒服。所有这些功能都必须通过电机带动传动机构来实现。为了防止电机过载，电机内装有断路器。

图 2-1-3　电机

4. 传动装置

电动座椅的传动装置是把直流电机产生的旋转运动转变为座椅的位置调整的装置。

前后调整传动机构如图 2-1-4 所示，由蜗杆、蜗轮、齿条、导轨等组成，齿条装在导轨上。调整时，直流电机产生的力矩经蜗杆传至两侧的蜗轮上，经齿条的带动，使座椅前后移动。

上下调整传动机构如图 2-1-5 所示，由蜗杆轴、蜗轮、心轴等组成。调整时，直流电机产生的力矩带动蜗杆轴，驱动蜗轮转动，使心轴在蜗轮内旋进或旋出，带动座椅上下移动。

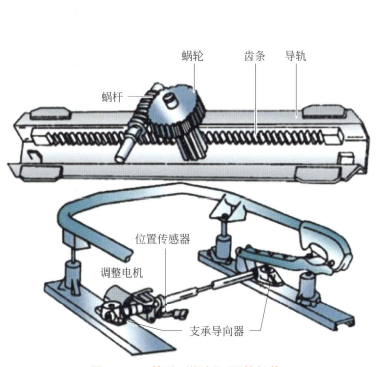

图 2-1-4　前后（纵向）调整机构

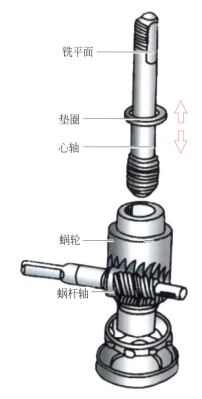

图 2-1-5　上下（高度）调整机构

二、电动座椅的工作原理

下面以卡罗拉电动座椅的前后调节为例,介绍电路的控制过程。

如图2-1-6所示,按下座椅向前滑动键时,驾驶员座椅调节开关C3的1—9号端子,6—4号端子接通,蓄电池正极→30A乘客座椅保险丝→驾驶员座椅调节开关端子1→驾驶员座椅调节开关端子9→左前座椅滑动电机→驾驶员座椅调节开关端子6→驾驶员座椅调节开关端子4→连接器端子4→L2搭铁→蓄电池负极,形成回路。此时电机顺向转动,使座椅向前滑动。

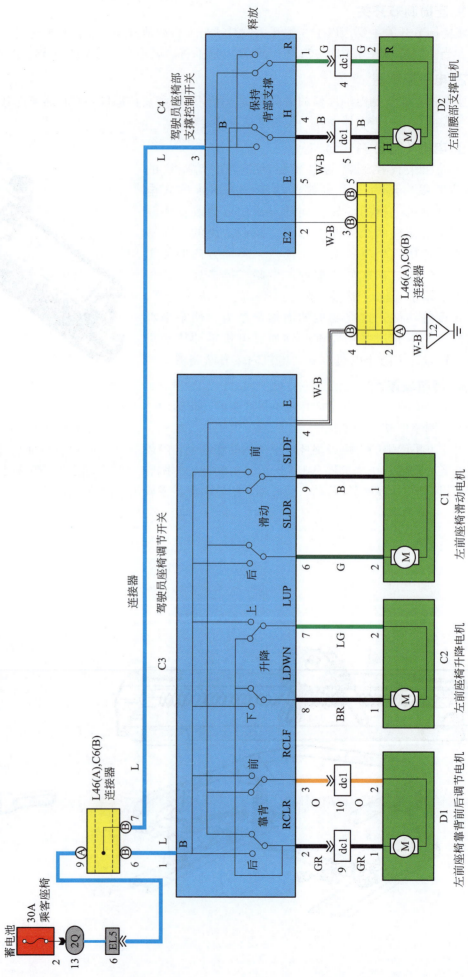

图2-1-6 丰田卡罗拉电动座椅电路

按下座椅向后滑动键时，驾驶员座椅调节开关 C3 的 1—6 号端子、9—4 号端子接通，蓄电池正极→30A 乘客座椅保险丝→驾驶员座椅调节开关 1 号端子→驾驶员座椅调节开关 6 号端子→左前座椅滑动电机→驾驶员座椅调节开关 9 号端子→驾驶员座椅调节开关 4 号端子→连接器端子（4、2）→L2 搭铁→蓄电池负极，形成回路。此时电机反向转动，使座椅向后滑动。

第二节　电动座椅典型控制电路

一、相关部件及作用

滑动电机：利用来自电动座椅开关的电力，前后移动座椅。
升降电机（后）：利用来自电动座椅开关的电力，上下移动座垫。
倾斜电机：利用来自电动座椅开关的电力，前后移动靠背。
升降电机（前）：利用来自电动座椅开关的电力，上下移动座垫。
驾驶侧电动座椅开关：内置倾斜开关、滑动开关和升降开关，控制各电机电源。
乘客侧电动座椅开关：内置倾斜开关、滑动开关。
腰部支撑电机：从腰部支撑开关供电，前后移动靠背支撑装置。

二、大众 / 奥迪车型电动座椅典型电路详解——大众迈腾控制电路

这里以大众迈腾车型为例进行介绍，同样适用于大众 / 奥迪其他车型，限于篇幅不再赘述。

1. 驾驶员座椅调整操纵单元电路（图 2-2-1）

驾驶员座椅调整操纵单元电路中部分端子作用说明如表 2-2-1 所示。

表 2-2-1　驾驶员座椅调整操纵单元电路中端子作用说明

所在部件	序号	作用说明
J136 带记忆功能的座椅调节和转向柱调节装置	T12ab/11	接电源
	T12ab/12	接地
E470 驾驶员座椅调整操纵单元	T12aa/1	座椅倾斜度调整信号线，与 J136-T32f/24 号端子连接
	T12aa/2	座椅高度调节信号线，与 J136-T32f/23 号端子连接
	T12aa/3	座椅纵向调整信号线，与 J136-T32f/25 号端子连接
	T12aa/4	为接地线，经 M95 节点与 J136-T32f/10 号端子连接
	T12aa/5	靠背调节信号线，与 J136-T32f/22 号端子连接
E336 腰部支撑的前后位置调整按钮	T6bn/2	信号线，与 J136-T32f/6 号端子连接
	T6bn/4	为接地线，经 M95 节点与 J136-T32f/10 号端子连接

天窗电路・电动座椅・电动尾门系统・安全气囊

E336—腰部支撑的前后位置调整按钮
E418—座椅纵向调整按钮
E421—倾斜度调节按钮
E424—座椅高度调节按钮
E425—靠背调节按钮
E470—驾驶员座椅调整操纵单元
J136—带记忆功能的座椅调节和转向柱调节装置
S44—驾驶员座椅调节装置热敏保险丝1
T6bn—6芯插头连接
T10c—10芯插头连接
T12aa—12芯插头连接
T12ab—12芯插头连接
T32f—32芯插头连接
77—左侧B柱下的接地点
96—接地连接1，在左座椅加热导线束中
684—接地点，在左前边梁上
B118—连接（驾驶员侧舒适/便捷系统），在车内导线束中
M95—连接3，在座椅调节装置导线束中

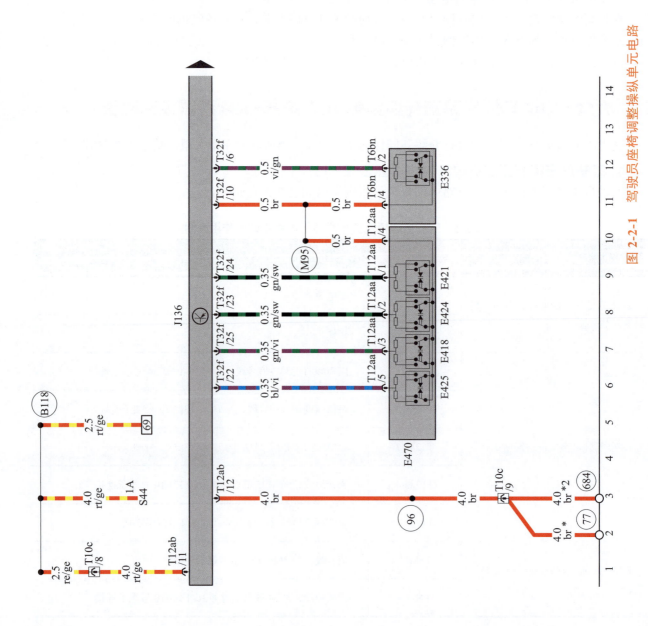

图 2-2-1 驾驶员座椅调整操纵单元电路

2. 驾驶员座椅的记忆功能操作单元电路（图2-2-2）

驾驶员座椅记忆功能操作单元电路端子作用说明见表2-2-2。

表2-2-2　驾驶员座椅记忆功能操作单元电路中端子作用说明

所在部件	序号	作用说明
E218 带记忆功能的座椅按钮 1/E219 带记忆功能的座椅按钮 2	T6bl/5	为信号线，与 J136-T32f/12 号端子连接
E220 带记忆功能的座椅按钮 3	T6bl/2	为信号线，与 J136-T32f/28 号端子连接
E447 座椅位置存储按钮	T6bl/6	为信号线，与 J136-T32f/27 号端子连接
E464 驾驶员侧记忆功能的操作单元	T6bl/3	为电源线，与 J136-T32f/11 号端子连接
J533 数据总线诊断接口	T20e/5	为 CAN-L 通信线，与 J136-T32f/15 号端子连接
	T20e/15	为 CAN-H 通信线，与 J136-T32f/16 号端子连接
V45 驾驶员座椅靠背调节开关	T4bx/1	与 J136-T12ab/6 号端子连接
	T4bx/2	与 J136 T12ab/1 号端子连接
G219 驾驶员座椅靠背调节传感器	T4bx/3	接地
	T4bx/4	为电源线，与 J136-T10ar/1 号端子连接

3. 驾驶员座椅调节传感器电路（图2-2-3）

驾驶员座椅调节传感器电路中部分端子作用说明见表2-2-3。

表2-2-3　驾驶员座椅调节传感器电路中端子作用说明

所在部件	序号	作用说明
V243 驾驶员座椅倾斜度调节电机	T4vk/1	与 J136-T12ab/7 号端子连接
	T4vk/2	与 J136-T12ab/10 号端子连接
G232 驾驶员座椅倾斜度调节传感器	T4vk/3	接地
	T4vk/4	为电源线，与 J136-T10ar/9 号端子连接
V28 驾驶员座椅纵向调节电机	T4bt/1	子与 J136-T12ab/5 号端子连接
	T4bt/2	与 J136-T12ab/9 号端子连接
G218 驾驶员座椅纵向调节传感器	T4bt/3	接地
	T4bt/4	为电源线，与 J136-T10ar/10 号端子连接
V138 驾驶员座椅高度调节电机	T4bs/1	与 J136-T12ab/8 号端子连接
	T4bs/2	与 J136-T12ab/3 号端子连接
G231 驾驶员座椅高度调节传感器	T4bs/3	接地
	T4bs/4	为电源线，与 J136-T10ar/8 号端子连接

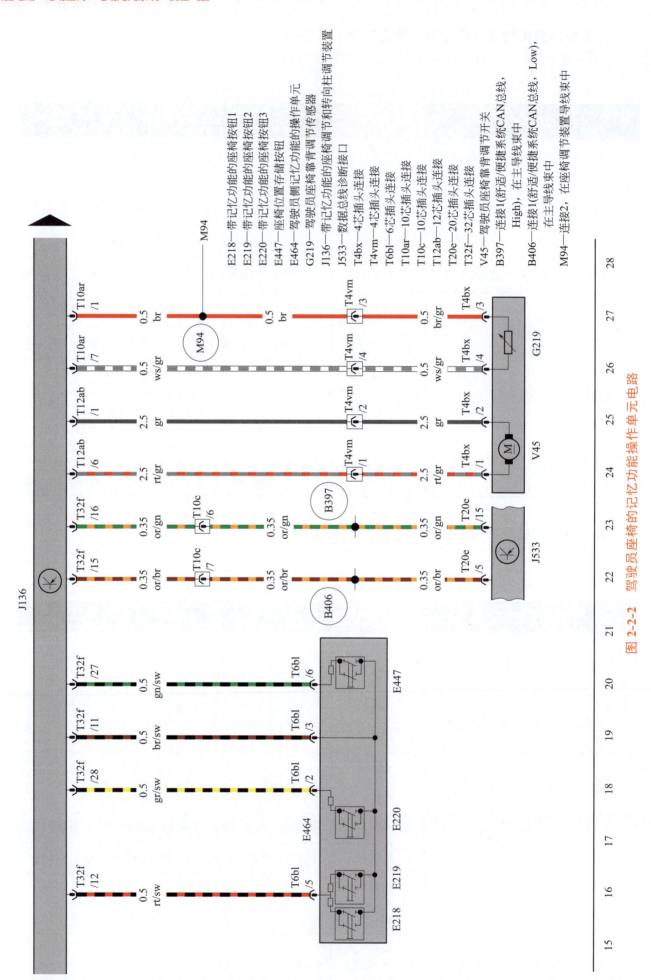

图 2-2-2 驾驶员座椅的记忆功能操作单元电路

第二章 电动座椅典型控制电路详解

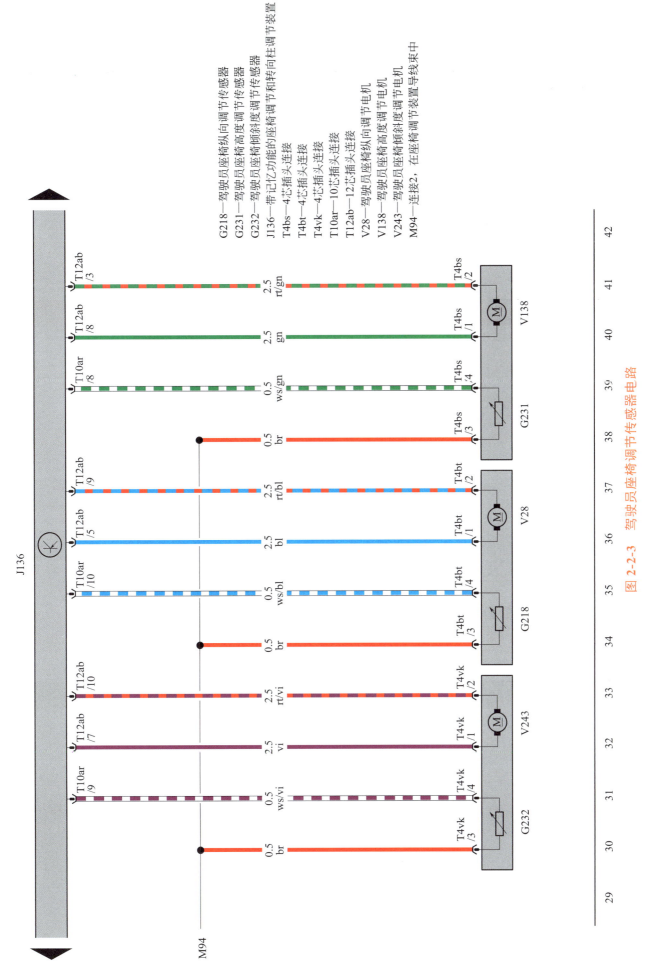

图 2-2-3 驾驶员座椅调节传感器电路

4. 副驾驶员座椅腰部支撑调节电路（图 2-2-4）

副驾驶员座椅腰部支撑调节电路中端子作用说明如表 2-2-4 所示。

表 2-2-4　副驾驶员座椅腰部支撑调节电路中端子作用说明

所在部件	序号	作用说明
V230 腰部支撑前后位置调节电机	T4ca/3	与 J136-T16n/12 号端子连接
	T4ca/4	与 J136-T16n/4 号端子连接
G375 腰部支撑前后调节传感器	T4ca/1	与 J136-T16n/13 号端子连接
	T4ca/2	与 J136-T16n/11 号端子连接

5. 副驾驶员座椅调整操纵单元电路（图 2-2-5）

副驾驶员座椅调节装置操纵单元端子作用如表 2-2-5 所示。

表 2-2-5　副驾驶员座椅调节装置操纵单元端子作用说明

序号	作用说明
T6dd/1、T6dd/3、T6dd/5	接地
T6dd/2、T6dd/4、T6dd/6	接电源
T10as/2	与 V244 副驾驶员座椅倾斜度调节电机 T4cr/1 号端子连接
T10as/1	与 V244 副驾驶员座椅倾斜度调节电机 T4cr/2 号端子连接
T10as/5	与 E475 后部扶手中的副驾驶员座椅前后位置调节开关 T10ac/6 号端子连接
T10as/6	与 E475 后部扶手中的副驾驶员座椅前后位置调节开关 T10ac/4 号端子连接
T10as/4	与 V191 副驾驶员座椅高度调节电机 T4cs/2 号端子连接
T10as/7	与 V191 副驾驶员座椅高度调节电机 T4cs/1 号端子连接
T10as/9	与 E478 后部扶手中的副驾驶员座椅的靠背调节开关 T10ac/3 号端子连接
T10as/10	与 E478 后部扶手中的副驾驶员座椅的靠背调节开关 T10ac/5 号端子连接

6. 后部扶手中的副驾驶员座椅调节开关电路（图 2-2-6）

后部扶手中的副驾驶员座椅调节开关电路中端子作用说明见表 2-2-6。

表 2-2-6　后部扶手中的副驾驶员座椅调节开关电路中端子作用说明

所在部件	序号	作用说明
E478 后部扶手中的副驾驶员座椅的靠背调节开关	T10ac/2	连接 V46 副驾驶员座椅高度调节电机 T14m/2 号端子
	T10ac/3	连接 E471-T10as/9 号端子
	T10ac/5	连接 E471-T10as/10 号端子
	T10ac/7	接电源
	T10ac/8	连接 V46 副驾驶员座椅高度调节电机 T14m/1 号端子
E475 后部扶手中的副驾驶员座椅前后位置调节开关	T10ac/1	与 V31 副驾驶员座椅纵向调节电机 T4n/2 号端子连接
	T10ac/9	与 V31 副驾驶员座椅纵向调节电机 T4n/1 号端子连接
	T10ac/4	连接 E471-T10as/6 号端子
	T10ac/6	连接 E471-T10as/5 号端子
	T10ac/10	接电源

第二章

电动座椅典型控制电路详解

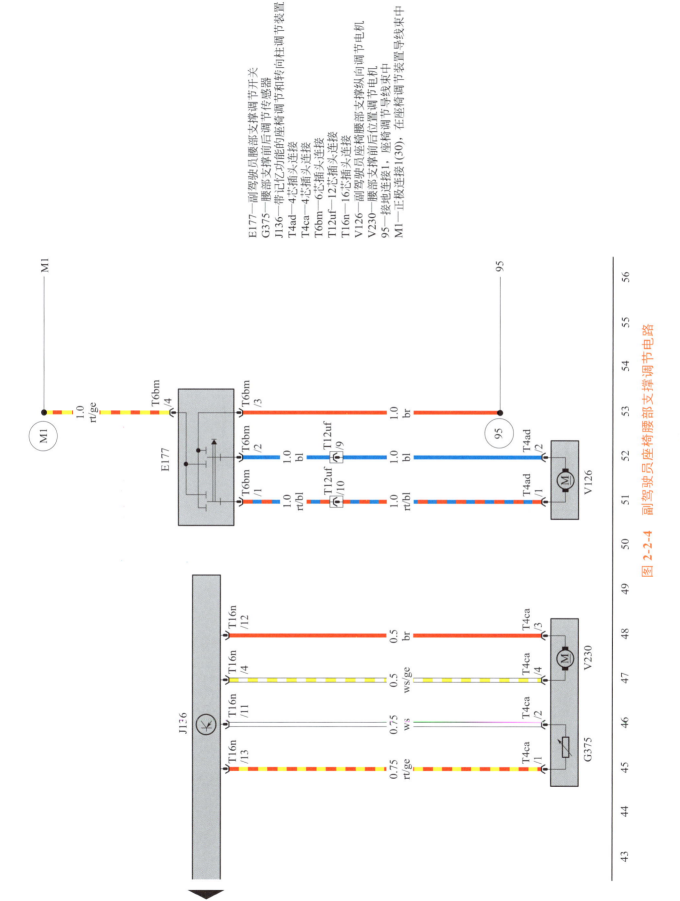

图 2-2-4 副驾驶员座椅腰部支撑调节电路

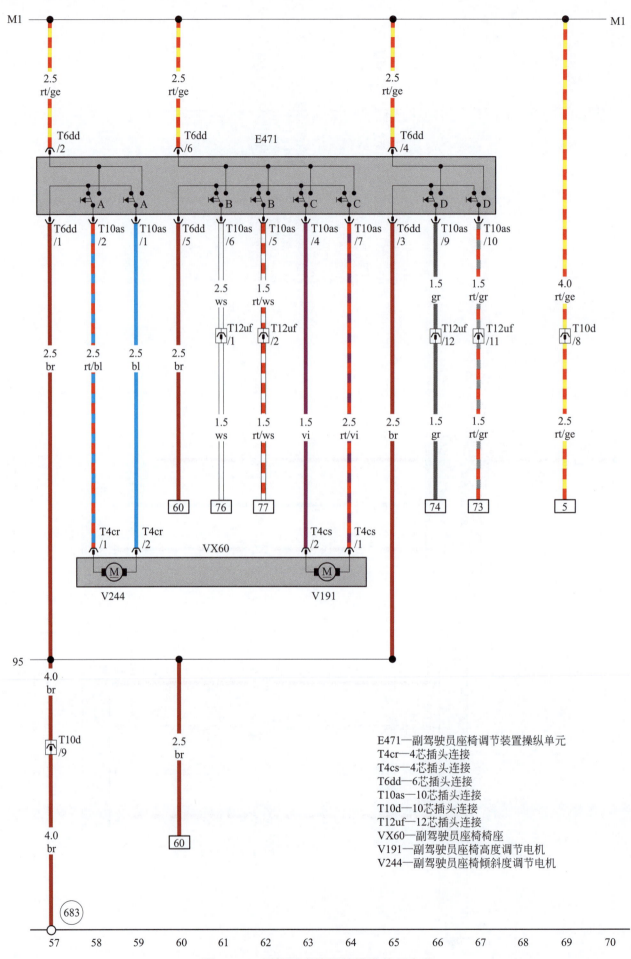

图 2-2-5 副驾驶座椅调整操纵单元电路

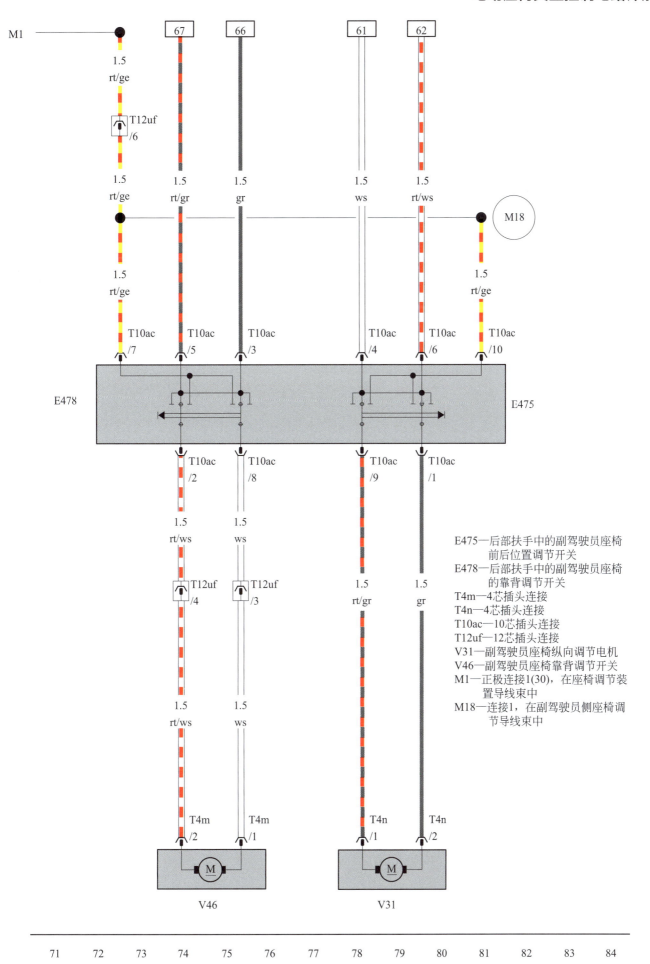

图 2-2-6 后部扶手中的副驾驶员座椅调节开关电路

三、别克/雪佛兰/凯迪拉克车型电动座椅典型电路详解——别克威朗控制电路（图2-2-7）

这里以别克威朗车型为例进行介绍，同样适用于别克/雪佛兰/凯迪拉克其他车型，限于篇幅不再赘述。

所有的座椅电机都独立工作。各电机都包括一个电子断路器（PTC），该断路器在电路过载情况下断开，而且仅在电路电压切断后才会复位。共有三个座椅位置电机，分别是水平调节电机、后部垂直调节电机和倾角调节电机。水平调节电机使整个座椅前后移动，后部垂直调节电机使座垫上下移动，而倾角调节电机使座椅靠垫前后移动。

驾驶员座椅调节器开关和乘客座椅调节开关中部分端子作用说明如表2-2-7所示。

表2-2-7 别克威朗驾驶员座椅和乘客座椅调节器开关端子作用说明

所在部件	序号	作用说明
驾驶员座椅调节器开关	A	为向上调节，与驾驶员座椅后部垂直调节电机3号端子连接
	K	为向下调节，与驾驶员座椅后部垂直调节电机1号端子连接
	D	为向右调节，与驾驶员座椅水平调节电机3号端子连接
	C	为向左调节，与驾驶员座椅水平调节电机1号端子连接
	G	为向左调节，与驾驶员座椅倾角调节电机3号端子连接
	H	为向右调节，与驾驶员座椅倾角调节电机1号端子连接
	E	接电源
	B	接地
乘客座椅调节器开关	A	为向下调节，与乘客座椅后部垂直调节电机1号端子连接
	K	为向上调节，与乘客座椅后部垂直调节电机3号端子连接
	C	为向左调节，与乘客座椅水平调节电机1号端子连接
	D	为向右调节，与乘客座椅水平调节电机3号端子连接
	G	为向左调节，与乘客座椅倾角调节电机3号端子连接
	H	为向右调节，与乘客座椅倾角调节电机1号端子连接
	E	接电源
	B	接地

四、吉利车型电动座椅典型电路详解——全球鹰GC7控制电路（图2-2-8）

驾驶员电动座椅调节开关IP08/1号端子为电源线。
驾驶员电动座椅调节开关IP08/4号端子为接地线。

电动座椅典型控制电路详解

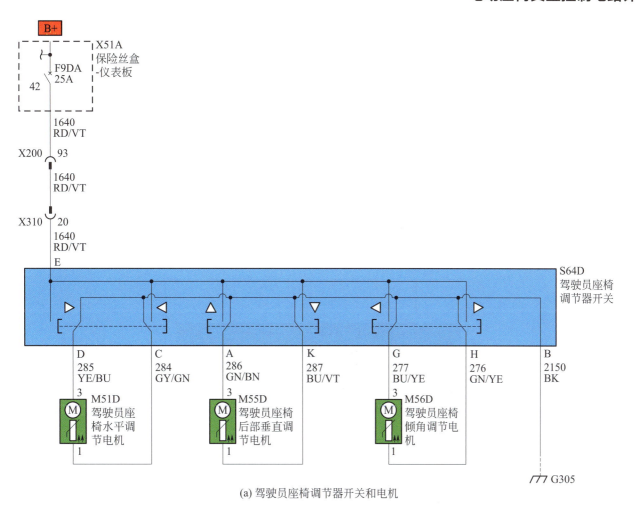

图 2-2-7　别克威朗电动座椅控制电路

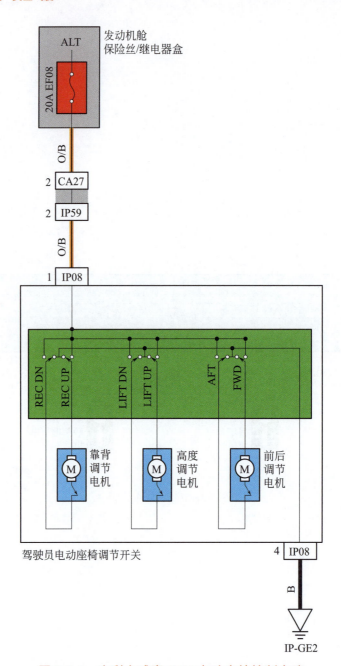

图 2-2-8　吉利全球鹰 GC7 电动座椅控制电路

五、比亚迪车型电动座椅典型电路详解——元控制电路（图 2-2-9）

电动座椅调节开关端子作用说明如表 2-2-8 所示。

表 2-2-8　比亚迪元电动座椅调节开关端子作用说明

所在部件	序号	作用说明
主驾电动座椅调节开关	2	接电源
	4	接地
副驾电动座椅调节开关	2	接电源
	4	接地

第二章
电动座椅典型控制电路详解

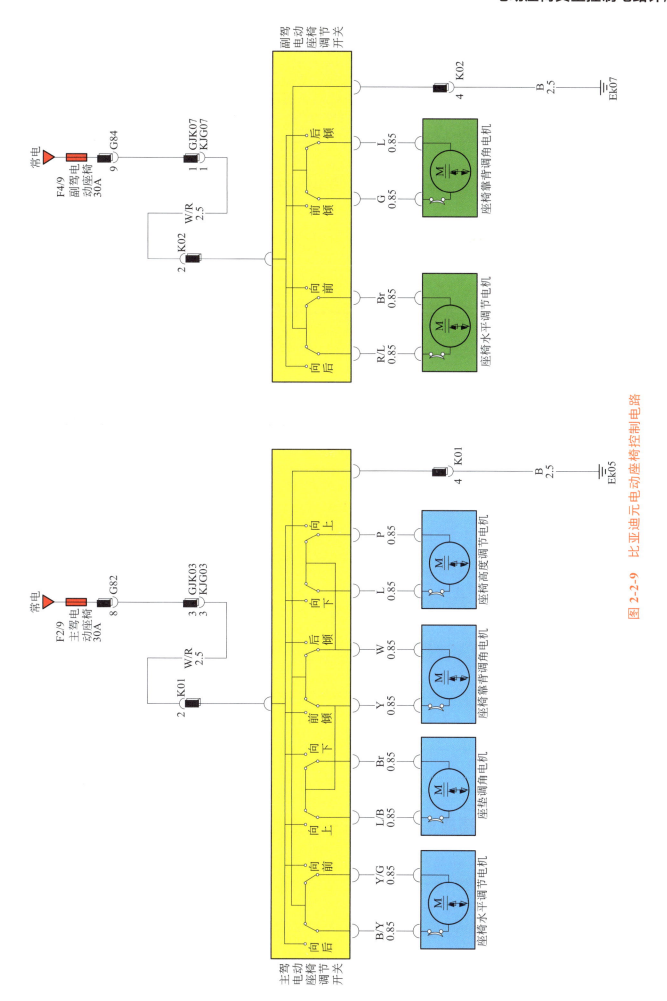

图 2-2-9 比亚迪元电动座椅控制电路

六、长安车型电动座椅典型电路详解——长安 CS95 控制电路（图 2-2-10）

电动座椅开关总成端子作用说明如表 2-2-9 所示。

表 2-2-9　长安 CS95 电动座椅调节开关端子作用说明

所在部件	序号	作用说明
驾驶员侧电动座椅开关总成	1	接电源
	5	接地
副驾驶员侧电动座椅开关总成	1	接电源
	5	接地

七、丰田车型电动座椅典型电路详解——卡罗拉控制电路（图 2-2-11）

前排电动座椅开关及前排电动座椅腰部开关端子作用说明见表 2-2-10。

表 2-2-10　丰田卡罗拉前排电动座椅开关及前排电动座椅腰部开关端子作用说明

所在部件	序号	作用说明
前排电动座椅开关	2	为滑动开关向后调整，与前排电动座椅前后滑动电机 1 号端子连接
	3	为升降开关向上调整，与前排电动座椅升降位置电机 2 号端子连接
	4	为升降开关向下调整，与前排电动座椅升降位置电机 1 号端子连接
	5	为滑动开关向前调整，与前排电动座椅前后滑动电机 4 号端子连接
	7	为前排电动座椅腰部开关电源线，与前排电动座椅腰部开关 5 号端子连接
	8	接电源，电路为蓄电池正极→30A 保险丝→前排电动座椅开关 8 号端子
	9	为座椅靠背倾角调节开关向后调整，与前排电动座椅靠背倾角位置电机 1 号端子连接
	10	为座椅靠背倾角调节开关向前调整，与前排电动座椅靠背倾角位置电机 4 号端子连接
	12	为前排电动座椅腰部开关接地线，与前排电动座椅腰部开关 2 号端子连接
前排电动座椅腰部开关	1	与前排电动座椅腰部支撑电机 2 号端子连接
	3	与前排电动座椅腰部支撑电机 1 号端子连接

八、本田车型电动座椅典型电路详解——杰德控制电路（图 2-2-12）

驾驶员电动座椅调节开关 10 号端子为电源线（为前部上下调节电机、滑动电机供电），电路为蓄电池正极→A2-2 号（60A）保险丝→B36 号（20A）保险丝→驾驶员电动座椅调节开关 10 号端子。

驾驶员电动座椅调节开关 4 号端子为电源线（为尾部上下调节电机、靠背倾角调节电机供电），电路为蓄电池正极→A2-2 号（60A）保险丝→B15 号（20A）保险丝→驾驶员电动座椅调节开关 4 号端子。

驾驶员电动座椅调节开关其余部分端子作用如表 2-2-11 所示。

表 2-2-11　本田杰德驾驶员电动座椅调节开关端子作用说明

序号	作用说明
1	为向下调节控制，与尾部上下调节电机 3 号端子连接
2	为接地线（为尾部上下调节电机、靠背倾角调节电机接地）
3	为向上调节控制，与前部上下调节电机 3 号端子连接
5	为向上调节控制，与尾部上下调节电机 4 号端子连接
6	为向前调节控制，与靠背倾角调节电机 1 号端子连接
7	为滑动电机向前控制，与滑动电机 3 号端子连接
8	为接地线（为前部上下调节电机、滑动电机接地）
9	为向下调节控制，与前部上下调节电机 4 号端子连接
11	为滑动电机向后控制，与滑动电机 4 号端子连接
12	为向后调节控制，与靠背倾角调节电机 2 号端子连接

九、马自达车型电动座椅典型电路详解——CX-4 控制电路（图 2-2-13）

驾驶员侧和乘客侧电动座椅开关端子作用说明如表 2-2-12 所示。

表 2-2-12　马自达 CX-4 驾驶员侧电动座椅开关和乘客侧电动座椅开关端子作用说明

所在部件	序号	作用说明
驾驶员侧电动座椅开关	A	接地
	B	为座椅靠背向后调节控制，与靠背电机 E 端子连接
	C	为座椅靠背向前调节控制，与靠背电机 A 端子连接
	D	为腰部电机向后调节控制，与腰部电机 B 端子连接
	E	为腰部电机向前调节控制，与腰部电机 A 端子连接
	F	为座垫向下调节控制，与升降电机 C 端子连接
	H	为座垫向上调节控制，与升降电机 A 端子连接
	J	为向上倾斜控制，与俯仰电机 B 端子连接
	K	为向下倾斜控制，与俯仰电机 A 端子连接
	L	向前滑动控制，与滑动电机 A 端子连接
	N	为向后滑动控制，与滑动电机 E 端子连接
乘客侧电动座椅开关	A	接地
	B	为靠背向后控制，与靠背电机 E 端子连接
	C	为靠背向前控制，与靠背电机 A 端子连接
	L	为向前滑动控制，与滑动电机 A 端子连接
	N	为向后滑动控制，与滑动电机 E 端子连接
	M	为电源线，电路为蓄电池正极→F-04 主保险丝（200A）→30A 保险丝→乘客侧电动座椅开关 M 端子

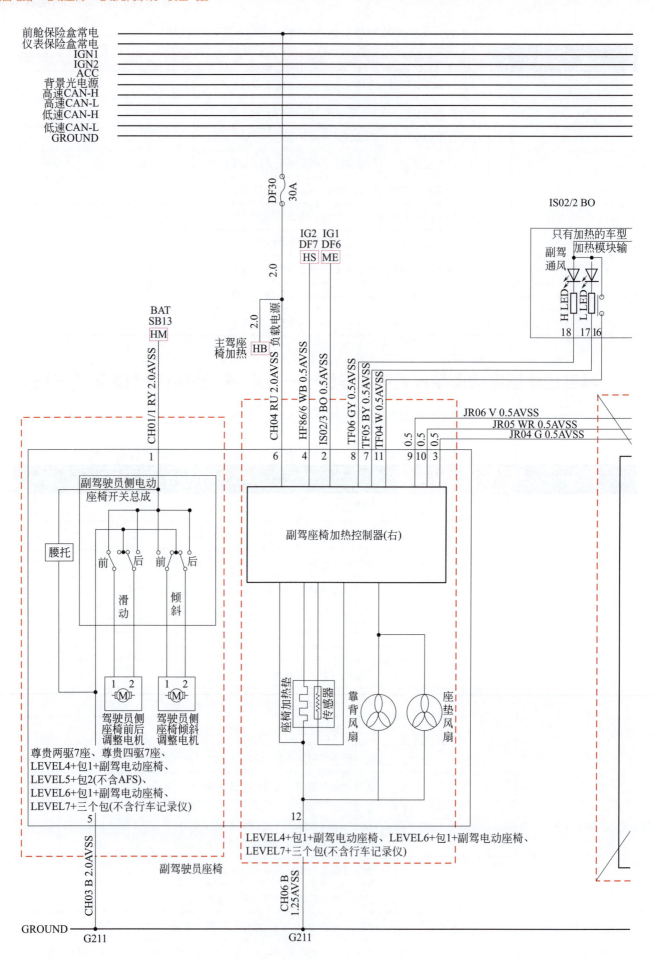

图 2-2-10　长安 CS95

第二章
电动座椅典型控制电路详解

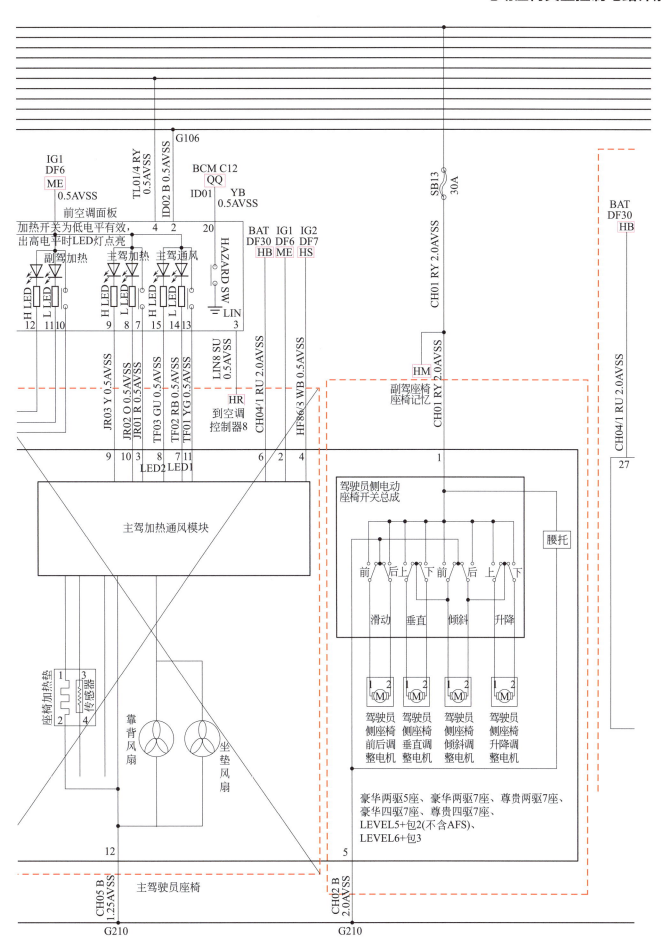

电动座椅控制电路

059

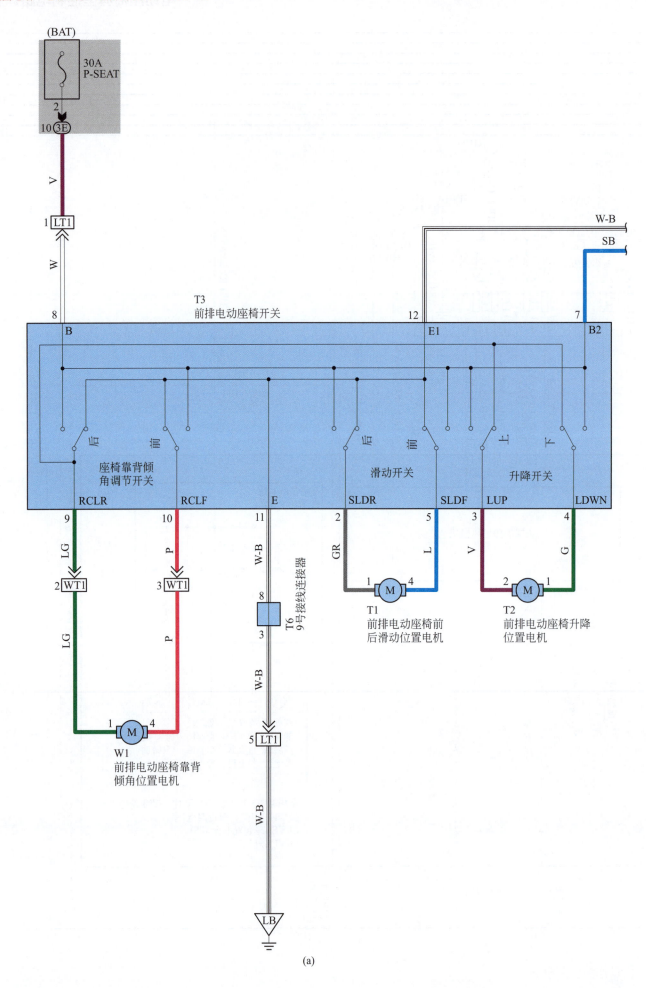

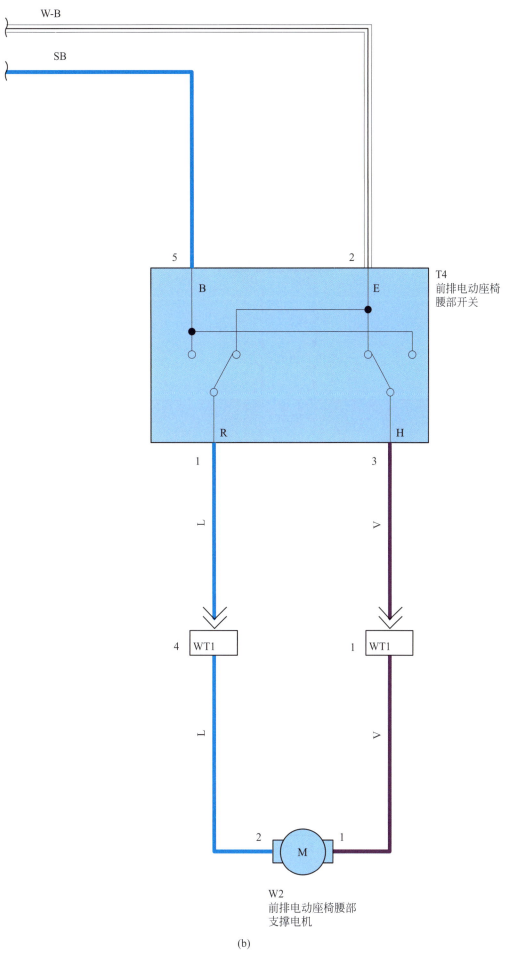

图 2-2-11　丰田卡罗拉电动座椅控制电路

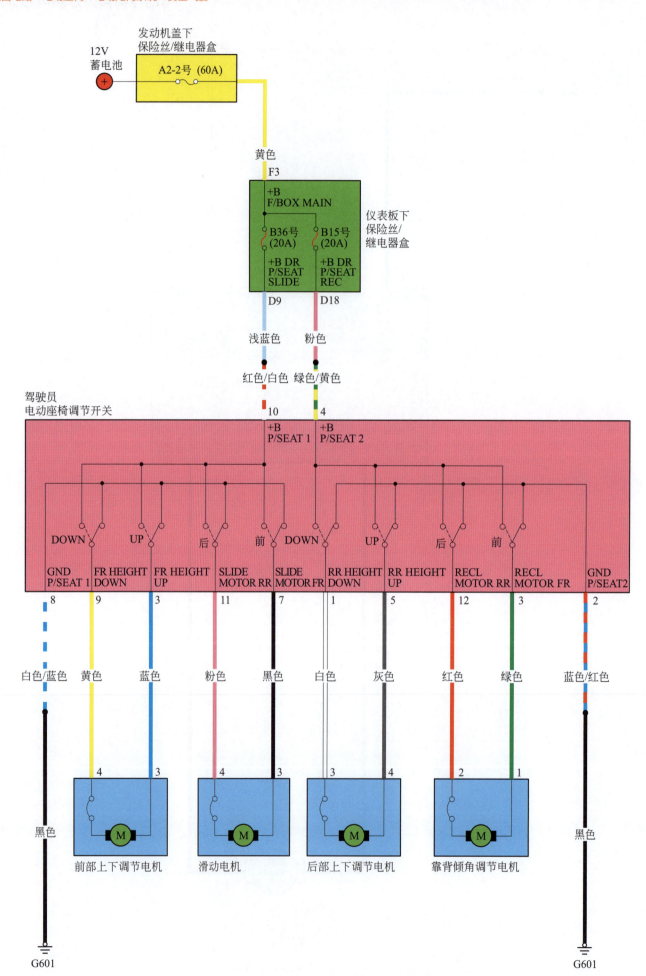

图 2-2-12 本田杰德电动座椅控制电路

第二章
电动座椅典型控制电路详解

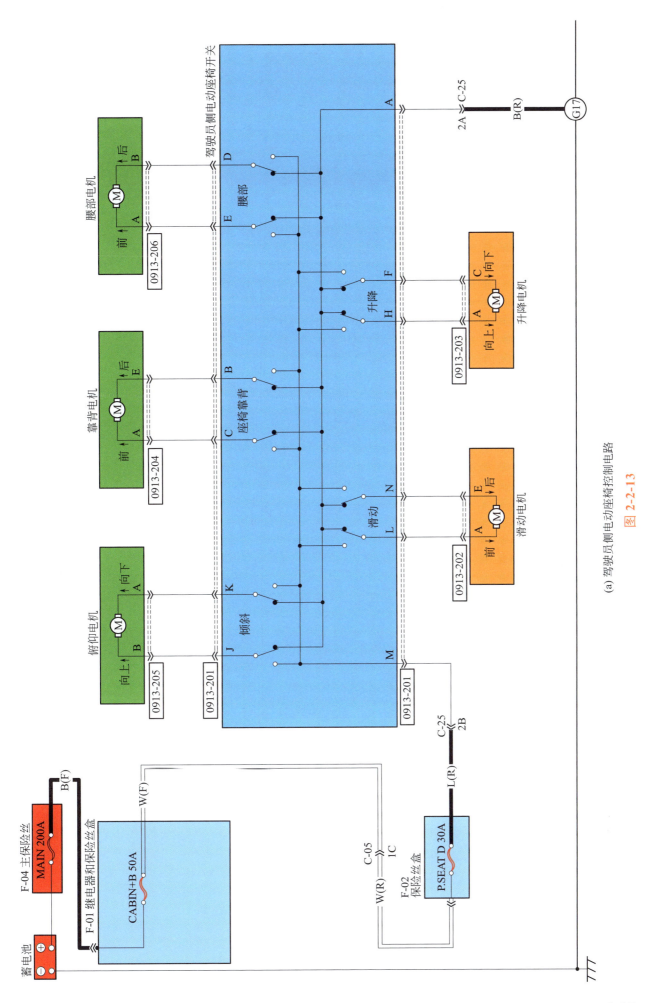

(a) 驾驶员侧电动座椅控制电路

图 2-2-13

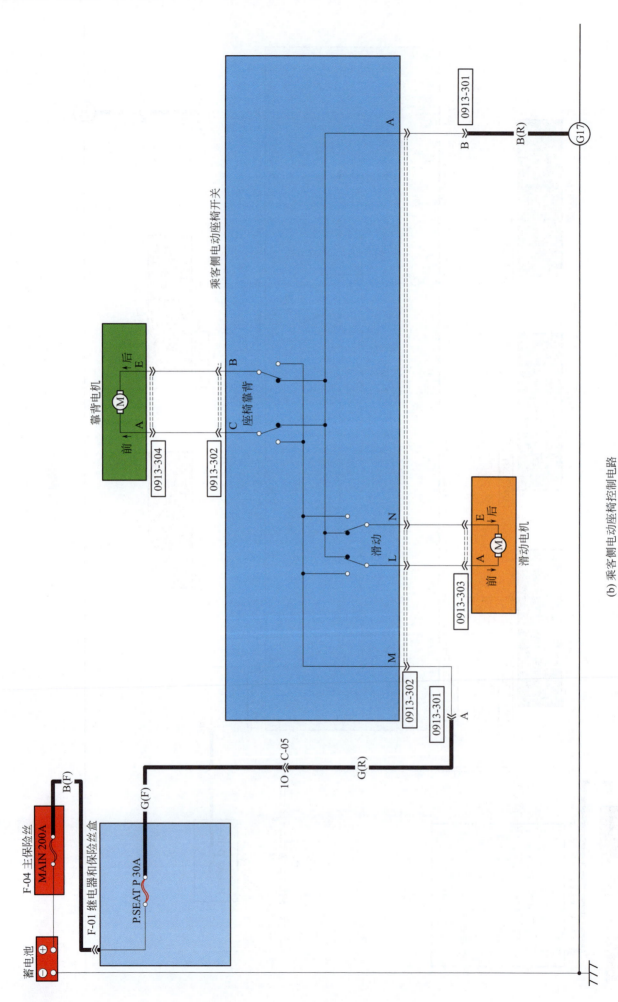

(b) 乘客侧电动座椅控制电路

图 2-2-13 马自达 CX-4 电动座椅控制电路

十、日产车型电动座椅典型电路详解——天籁控制电路（图2-2-14）

驾驶员侧和乘客侧电动座椅开关端子作用说明见表2-2-13。

表 2-2-13 日产天籁驾驶员侧电动座椅开关和乘客侧电动座椅开关端子作用说明

所在部件	序号	作用说明
驾驶员侧电动座椅开关	33	接电源
	43	接地
	35	为倾斜电机向前控制，与倾斜电机35号端子连接
	39	为倾斜电机向后控制，与倾斜电机39号端子连接
	34	为滑动电机向后控制，与滑动电机34号端子连接
	38	为滑动电机向前控制，与滑动电机38号端子连接
	36	为前升降电机下降控制，与前升降电机36号端子连接
	40	为前升降电机上升控制，与前升降电机40号端子连接
	41	为后升降电机上升控制，与后升降电机41号端子连接
	42	为后升降电机下降控制，与后升降电机42号端子连接
乘客侧电动座椅开关	*10/33	接电源
	*19/43	接地
	*13/35	为向前倾斜控制，与乘客侧倾斜电机35号端子连接
	*14/39	为向后倾斜控制，与乘客侧倾斜电机39号端子连接
	*11/38	为向前滑动控制，与乘客侧滑动电机38号端子连接
	*12/34	为向后滑动控制，与乘客侧滑动电机34号端子连接

十一、现代/起亚车型电动座椅典型电路详解——现代名图MISTRA控制电路（图2-2-15）

驾驶席座椅手动开关和靠背限位开关端子作用说明见表2-2-14。

表 2-2-14 现代名图驾驶席座椅手动开关和靠背限位开关端子作用说明

所在部件	序号	作用说明
驾驶席座椅手动开关	15	接电源
	2、5、8、17	接地
	1	为驾驶席腰垫向后控制，与驾驶席腰垫电机2号端子连接
	16	为驾驶席腰垫向前控制，与驾驶席腰垫电机1号端子连接

所在部件	序号	作用说明
驾驶席座椅手动开关	9	为驾驶席前高度上升控制，与驾驶席前高度调整电机 1 号端子连接
	20	为驾驶席前高度下降控制，与驾驶席前高度调整电机 2 号端子连接
	7	为驾驶席后高度上升控制，与驾驶席后高度调整电机 1 号端子连接
	6	为驾驶席后高度下降控制，与驾驶席后高度调整电机 2 号端子连接
	3	为驾驶席滑动向前控制，与驾驶席滑动电机 1 号端子连接
	4	为驾驶席滑动向后控制，与驾驶席滑动电机 4 号端子连接
	11	为驾驶席靠背向前控制，与驾驶席靠背电机 1 号端子连接
	13	为驾驶席靠背向后控制，与驾驶席靠背电机 4 号端子连接
驾驶席靠背限位开关	1	与驾驶席座椅手动开关 10 号端子连接
	2	与驾驶席座椅手动开关 12 号端子连接

十二、福特车型电动座椅典型电路详解——锐界 EDGE 控制电路

1. 左前座椅控制开关电路（图 2-2-16）

左前座椅控制开关端子作用说明见表 2-2-15。

表 2-2-15　福特锐界左前座椅控制开关端子作用说明

序号	作用说明
10	接电源
11	接地
16	为左前座椅前高度倾斜电机上侧调整控制，与左前座椅前高度倾斜电机 3 号端子连接
17	为左前座椅前高度倾斜电机下侧调整控制，与左前座椅前高度倾斜电机 1 号端子连接
12	为左前座椅后高度调节电机上侧调整控制，与左前座椅高度调节电机 3 号端子连接
13	为左前座椅后高度调节电机下侧调整控制，与左前座椅高度调节电机 1 号端子连接
14	为左前座椅水平轨道电机向后调整控制，与左前座椅轨道电机 3 号端子连接
15	为左前座椅水平轨道电机向前调整控制，与左前座椅轨道电机 1 号端子连接
7	为左前座椅倾斜电机倾斜调整控制，与左前座椅倾斜电机 3 号端子连接
9	为左前座椅倾斜电机直列调整控制，与左前座椅倾斜电机 1 号端子连接
2	为左前座椅电动腰靠充气控制，与左前座椅电动腰靠总成 B 端子连接
6	为左前座椅电动腰靠放气控制，与左前座椅电动腰靠总成 A 端子连接

第二章 电动座椅典型控制电路详解

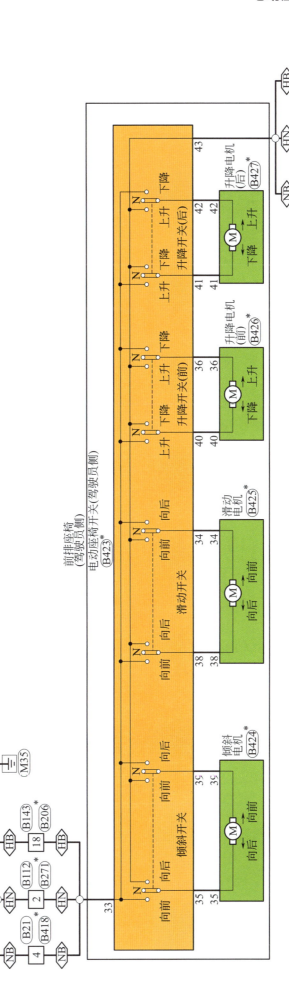

图 2-2-14 (a) 驾驶员侧电动座椅控制电路

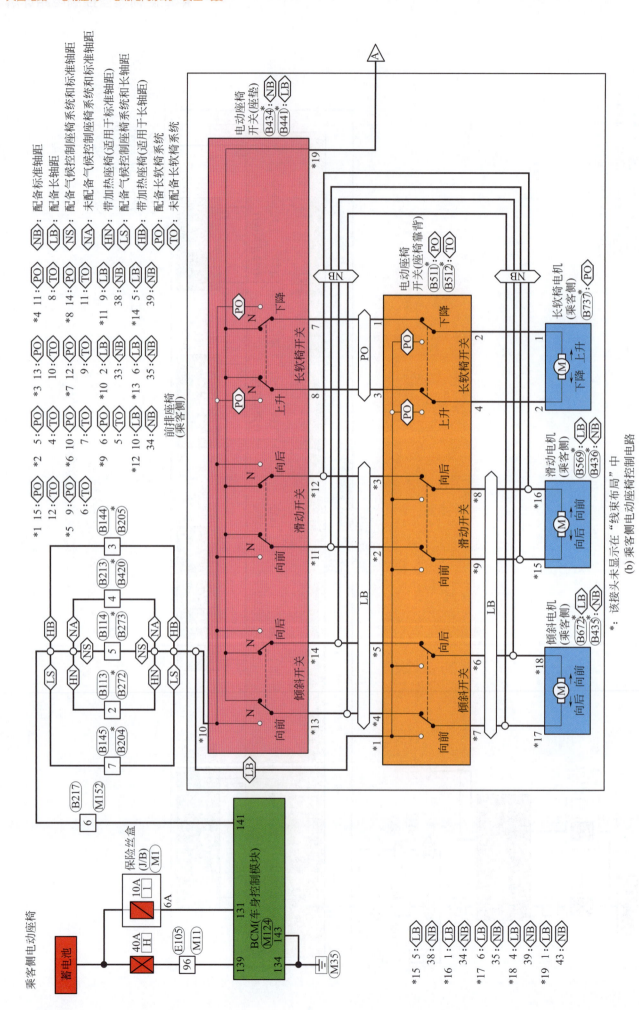

图 2-2-14 日产天籁电动座椅控制电路
(b) 乘客侧电动座椅控制电路

第二章
电动座椅典型控制电路详解

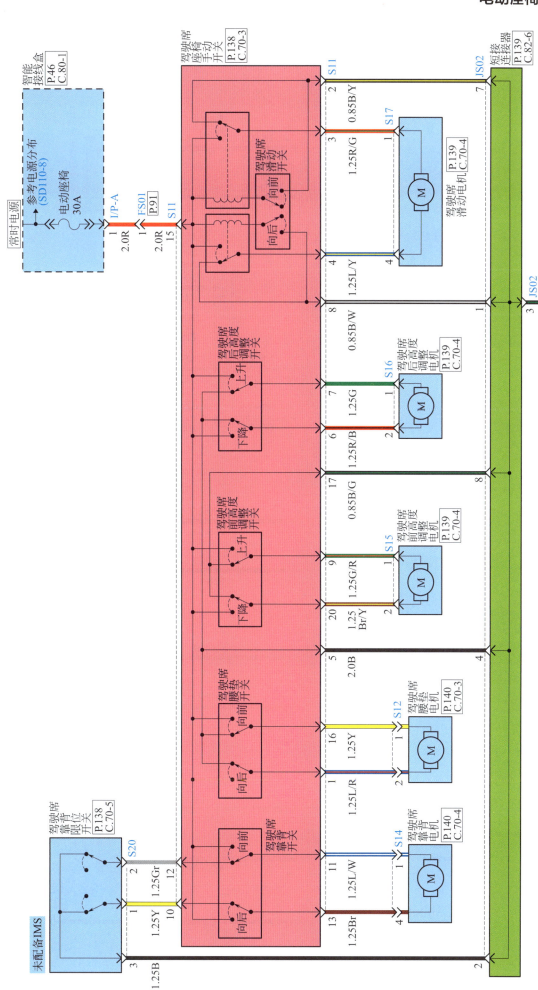

图 2-2-15 现代名图 MISTRA 电动座椅控制电路

069

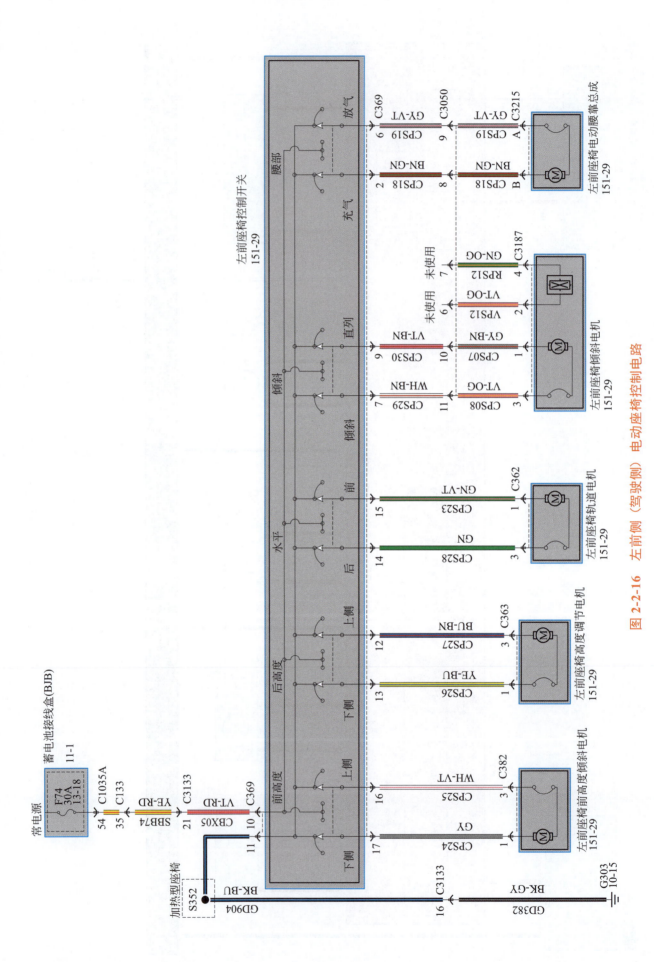

图 2-2-16 左前侧（驾驶侧）电动座椅控制电路

2. 右前座椅控制开关电路（图2-2-17）

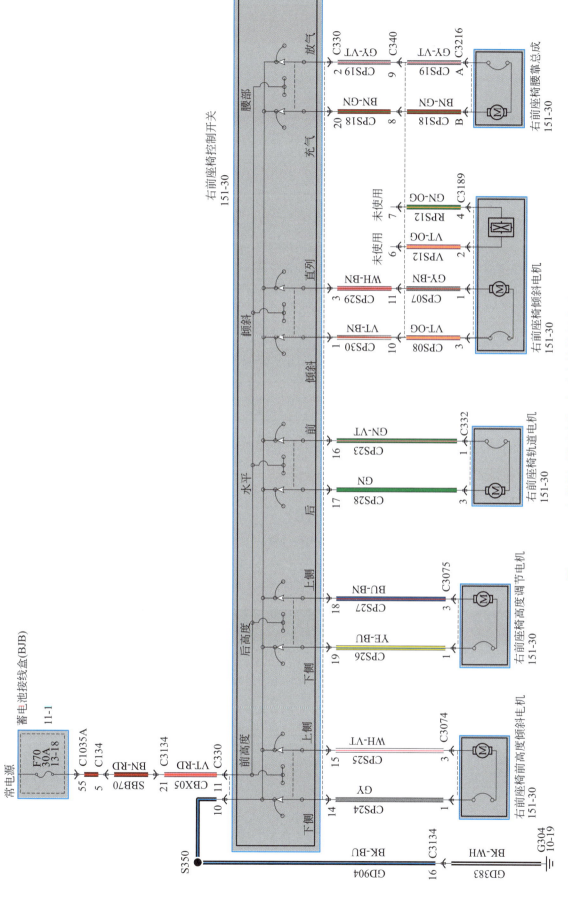

图2-2-17 右前侧（乘客侧）电动座椅控制电路

右前座椅控制开关端子作用说明见表 2-2-16。

表 2-2-16 福特锐界右前座椅控制开关端子作用说明

序号	作用说明
11	接电源
10	接地
14	为右前座椅前高度倾斜电机下侧调整控制，与右前座椅前高度倾斜电机 1 号端子连接
15	为右前座椅前高度倾斜电机上侧调整控制，与右前座椅前高度倾斜电机 3 号端子连接
18	为右前座椅后高度调节电机上侧调整控制，与右前座椅高度调节电机 3 号端子连接
19	为右前座椅后高度调节电机下侧调整控制，与右前座椅高度调节电机 1 号端子连接
16	为右前座椅水平轨道电机向前调整控制，与右前座椅轨道电机 1 号端子连接
17	为右前座椅水平轨道电机向后调整控制，与右前座椅轨道电机 3 号端子连接
20	为右前座椅电动腰靠充气控制，与右前座椅电动腰靠总成 B 端子连接
2	为右前座椅电动腰靠放气控制，与右前座椅电动腰靠总成 A 端子连接

十三、传祺车型电动座椅典型电路详解——GS5 控制电路

1. GS5 电动座椅电源电路（图 2-2-18）
2. 驾驶员侧座椅加热控制电路（图 2-2-19）

驾驶员侧座椅加热控制电路中端子作用说明见表 2-2-17。

表 2-2-17 传祺 GS5 驾驶员侧座椅加热控制电路中端子作用说明

所在部件	序号	作用说明
驾驶员侧座椅加热开关	IP76-1	接电源，电路为点火开关 IG2/IP27-4 号端子→IF25（7.5A）保险丝→驾驶员侧座椅加热开关 IP76-1 号端子
	IP76-2、IP76-4	接地
	IP76-5	与车身控制单元 BD22-13 号端子连接
	IP76-3	为低温控制信号，与前排驾驶员座椅加热器 BD25-5 号端子连接
	IP76-6	为高温控制信号，与前排驾驶员座椅加热器 BD25-4 号端子连接
前排驾驶员座椅加热器	BD25-8	接电源
	BD25-3	接地

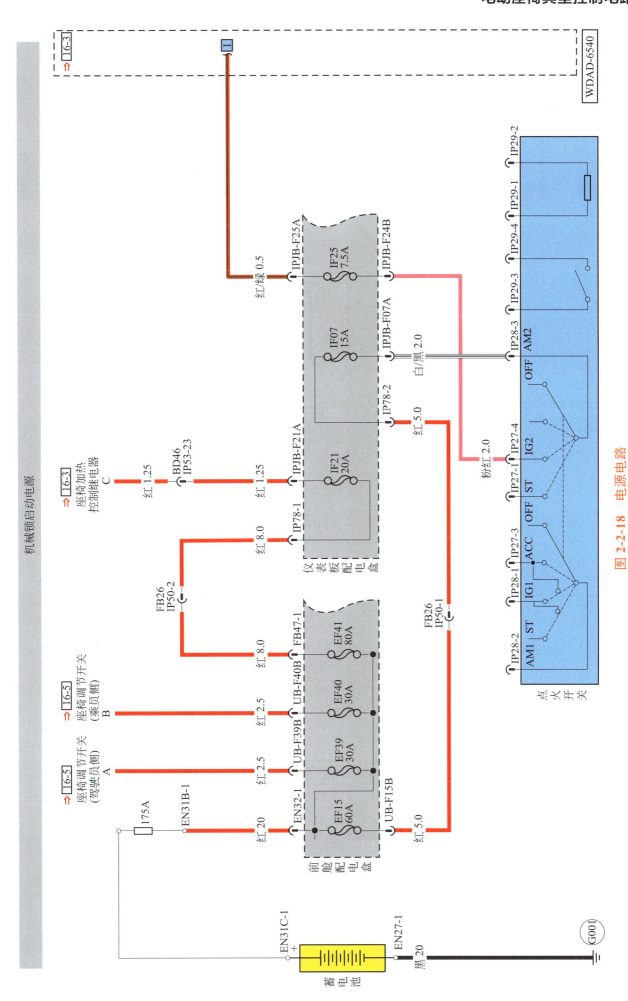

图 2-2-18 电源电路

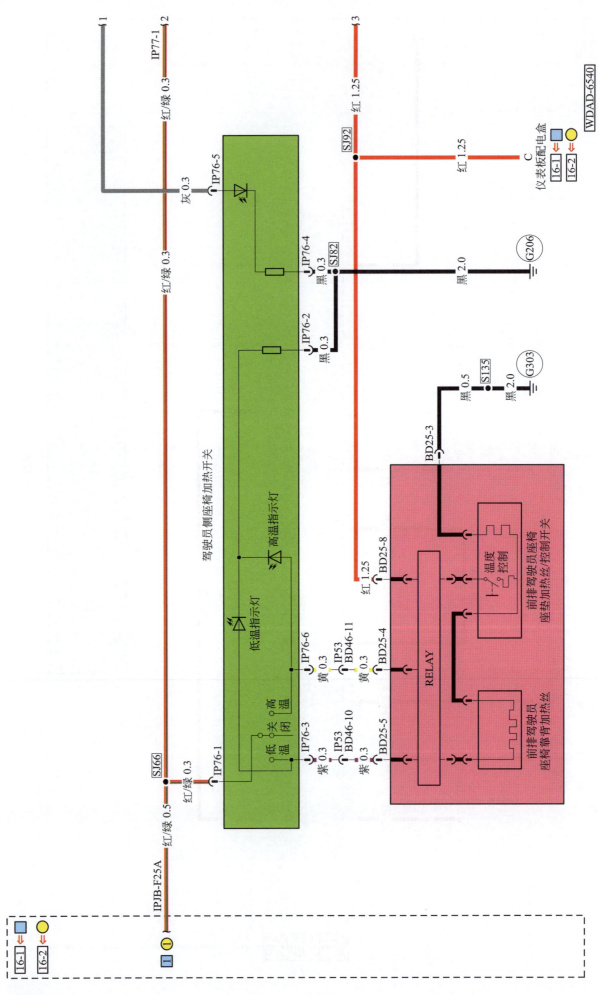

图 2-2-19 驾驶员侧座椅加热控制电路

3. 乘员侧座椅加热控制电路（图 2-2-20）

乘员侧座椅加热控制电路中端子作用说明如表 2-2-18 所示。

表 2-2-18　传祺 GS5 乘员侧座椅加热控制电路中端子作用说明

所在部件	序号	作用说明
乘员侧座椅加热开关	IP77-1	为电源线，电路为点火开关 IG2/IP27-4 号端子→IF25（7.5A）保险丝→乘员侧座椅加热开关 IP77-1 号端子
	IP77-2、IP77-4	接地
	IP77-5	与车身控制单元 BD22-13 号端子
	IP77-3	为低温控制信号，与前排乘员座椅加热器 BD26-5 号端子连接
	IP77-6	为高温控制信号，与前排乘员座椅加热器 BD26-4 号端子连接
前排乘员座椅加热器	BD26-8	接电源
	BD26-3	接地

4. 座椅调节控制电路（图 2-2-21）

座椅调节开关中端子的作用说明如表 2-2-19 所示。

表 2-2-19　传祺 GS5 座椅调节开关中端子作用说明

所在部件	序号	作用说明
驾驶员侧座椅调节开关	BD25-1	接电源，电路为蓄电池正极→175A→EF39（30A）保险丝→驾驶员侧座椅调节开关 BD25-1 号端子
	BD25-2	接地
乘员侧座椅调节开关	BD26-1	接电源，电路为蓄电池正极→175A→EF40（30A）保险丝→乘员侧座椅调节开关 BD26-1 号端子
	BD26-2	接地

十四、宝马车型电动座椅典型电路详解——3 系 G28 控制电路

1. 驾驶员侧座椅调整电路和电源电路（图 2-2-22）

（1）驾驶员座椅纵向调整驱动装置

调整电机 1 号端子为调整电机的控制（总线端 Kl30 或总线端 Kl31），与驾驶员座椅控制模块 A245*2B/16 号端子连接。

调整电机 3 号端子为调整电机的控制（总线端 Kl30 或总线端 Kl31），与驾驶员座椅控制模块 A245*2B/3 号端子连接。

霍尔传感器 2 号端子为传感器接地线，与驾驶员座椅控制模块 A245*2B/9 号端子连接。

霍尔传感器 4 号端子为霍尔传感器信号，与驾驶员座椅控制模块 A245*2B/13 号端子连接。

（2）驾驶员座椅高度调整驱动装置

调整电机 1 号端子为调整电机的控制（总线端 Kl30 或总线端 Kl31），与驾驶员座椅控制模块 A245*2B/14 号端子连接。

调整电机 3 号端子为调整电机的控制（总线端 Kl30 或总线端 Kl31），与驾驶员座椅控制模块 A245*2B/1 号端子连接。

霍尔传感器 2 号端子为传感器接地线，与驾驶员座椅控制模块 A245*2B/8 号端子连接。

霍尔传感器 4 号端子为霍尔传感器信号，与驾驶员座椅控制模块 A245*2B/12 号端子连接。

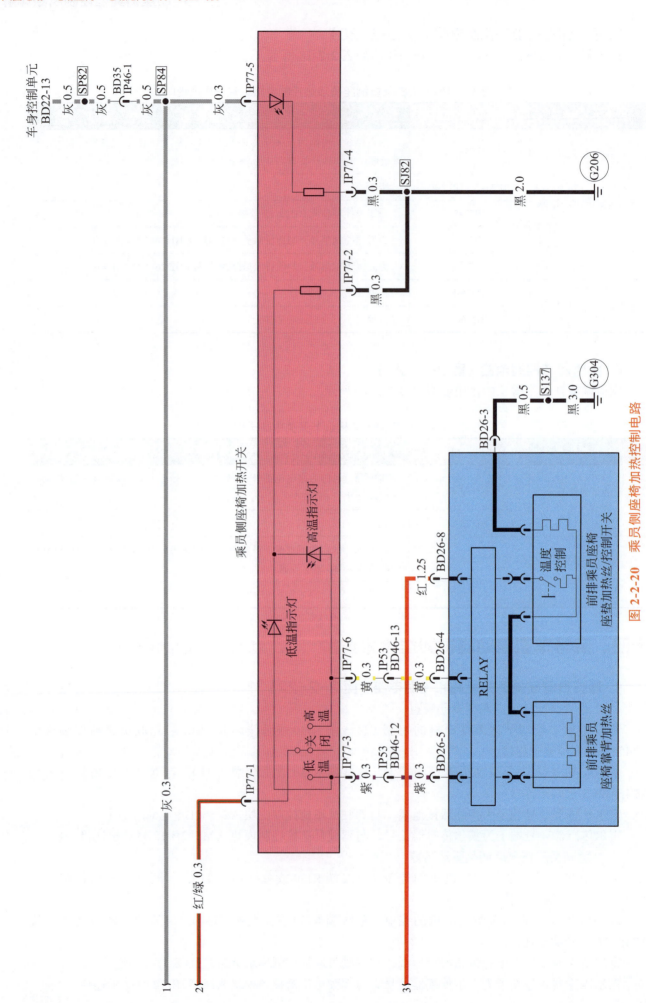

图 2-2-20 乘员侧座椅加热控制电路

第二章
电动座椅典型控制电路详解

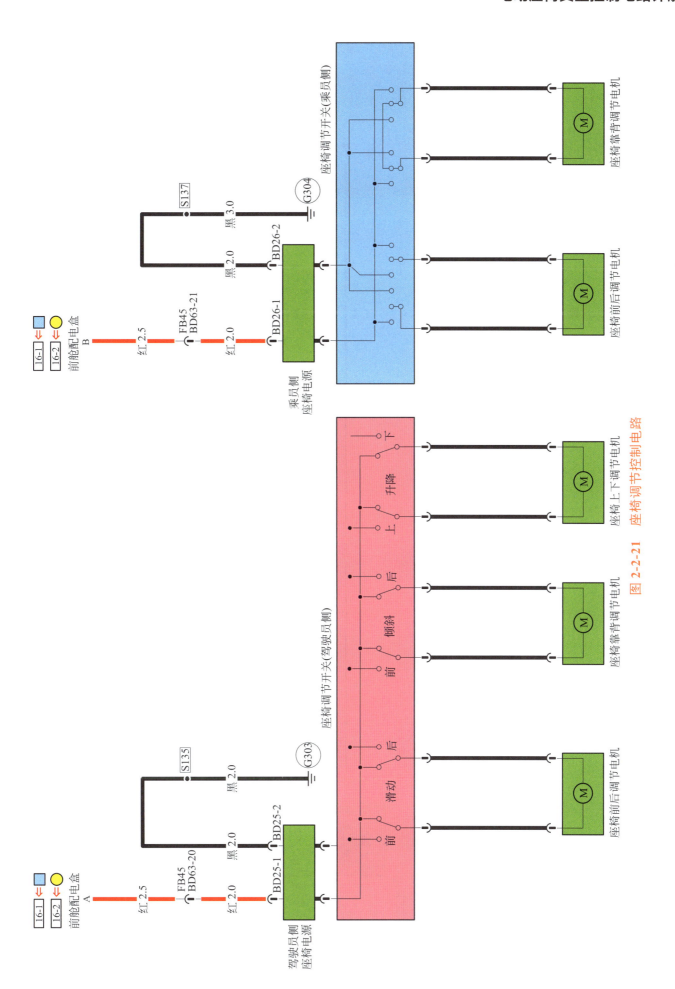

图 2-2-21 座椅调节控制电路

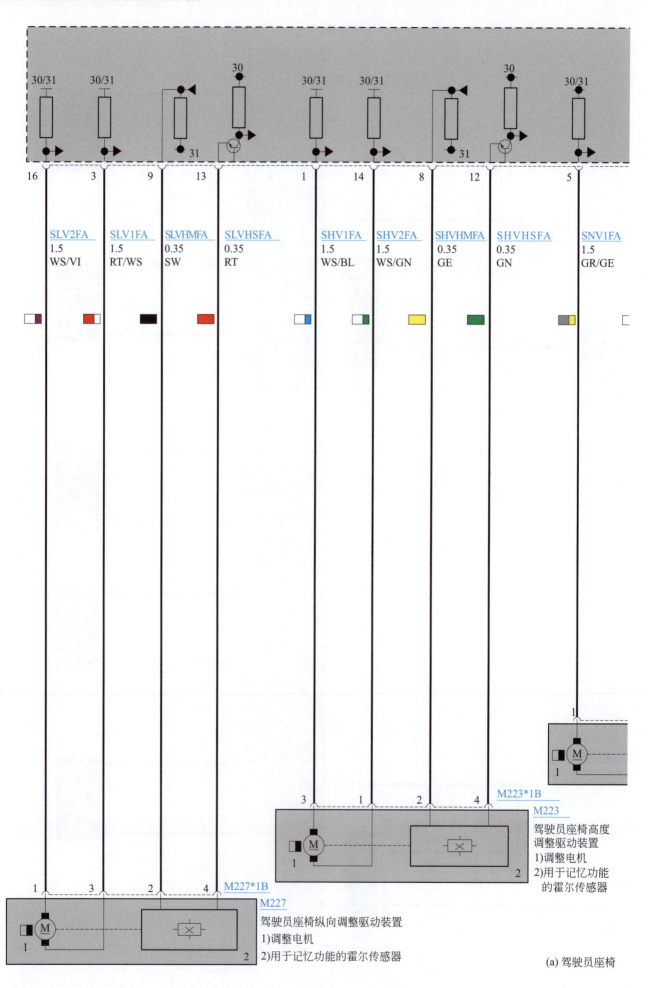

第二章
电动座椅典型控制电路详解

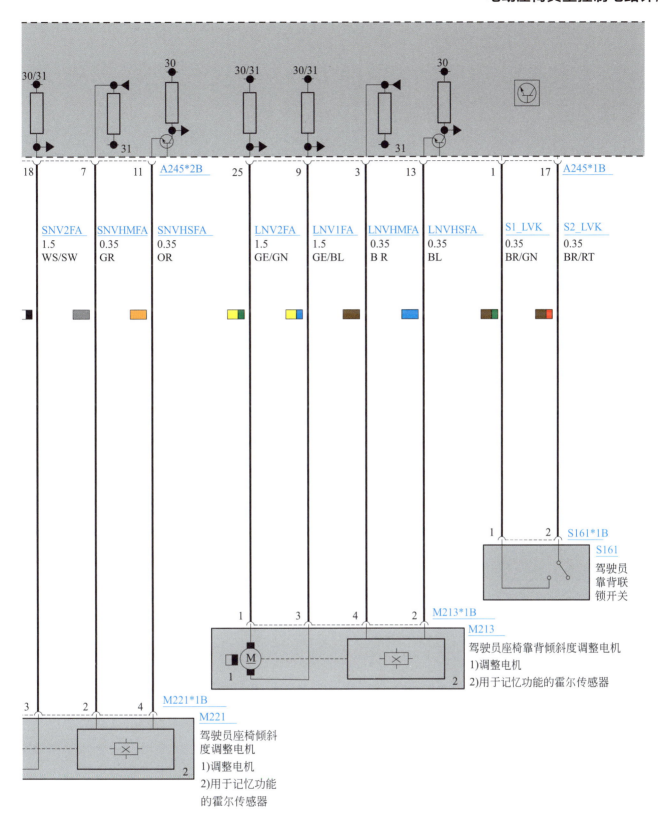

调整装置

图 2-2-22

079

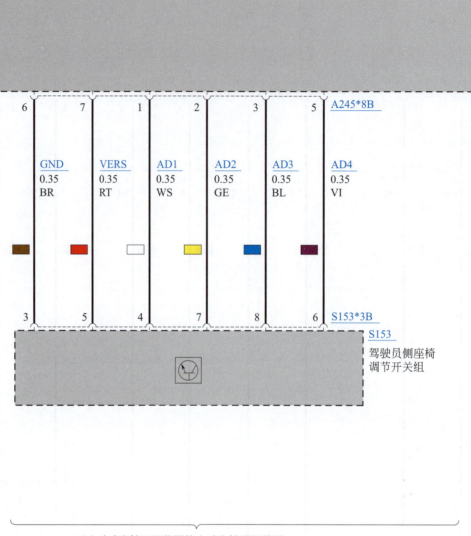

(a) 驾驶员座椅

第二章
电动座椅典型控制电路详解

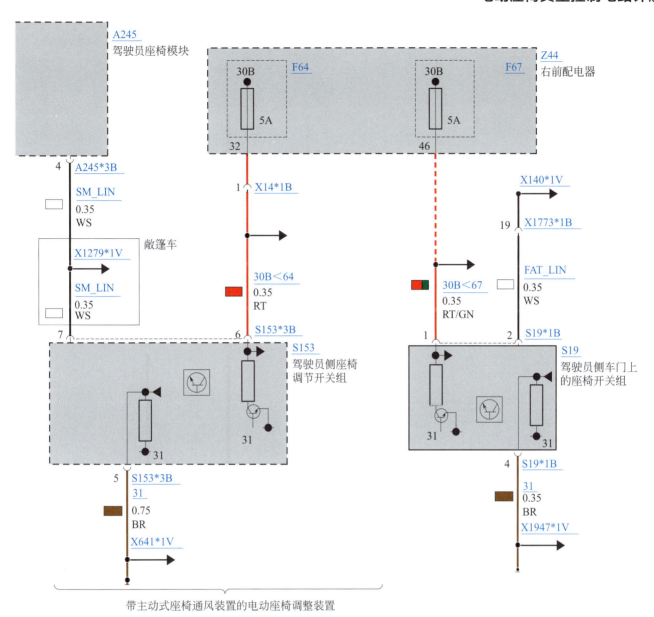

图 2-2-22

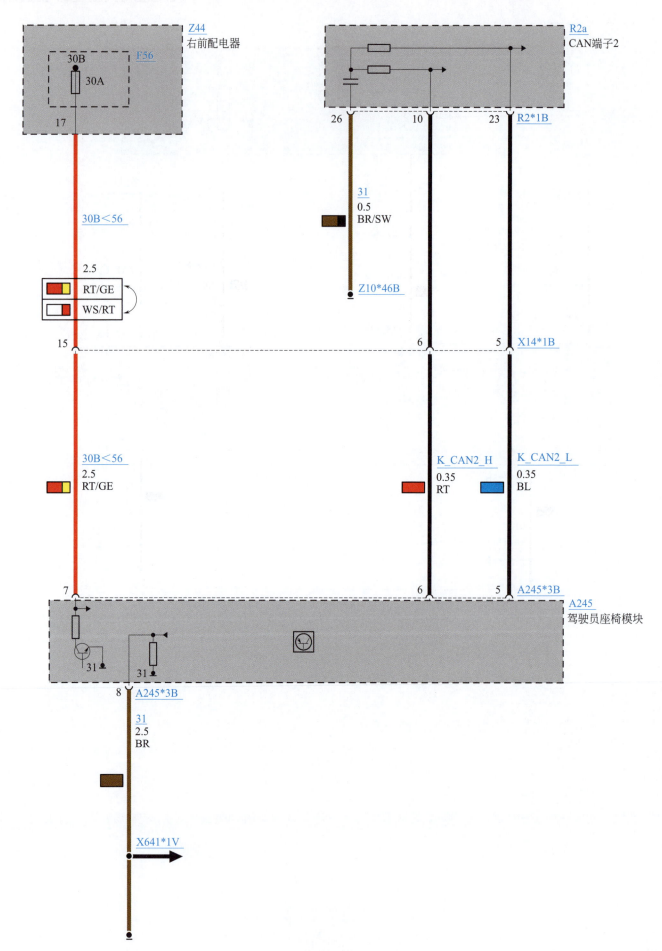

(b) 驾驶员座椅模块电源

图 2-2-22 驾驶员座椅调整及电源电路

(3) 驾驶员座椅的座椅靠背倾斜度调整电机

调整电机 1 号端子为调整电机的控制（总线端 Kl30 或总线端 Kl31），与驾驶员座椅控制模块 A245*1B/25 号端子连接。

调整电机 3 号端子为调整电机的控制（总线端 Kl30 或总线端 Kl31），与驾驶员座椅控制模块 A245*1B/9 号端子连接。

霍尔传感器 2 号端子为霍尔传感器信号，与驾驶员座椅控制模块 A245*1B/13 号端子连接。

霍尔传感器 4 号端子为传感器接地线，与驾驶员座椅控制模块 A245*1B/3 号端子连接。

(4) 驾驶员座椅的靠背联锁开关

驾驶员座椅的靠背联锁开关 1 号端子为座椅模块的信号线，与驾驶员座椅控制模块 A245*1B/1 号端子连接。

驾驶员座椅的靠背联锁开关 2 号端子为接地线，与驾驶员座椅控制模块 A245*8B/17 号端子连接。

(5) 驾驶员侧座椅调节开关组

驾驶员侧座椅调节开关组 3 号端子为接地线，与驾驶员座椅控制模块 A245*8B/6 号端子连接。

驾驶员侧座椅调节开关组 4 号端子为信号线，与驾驶员座椅控制模块 A245*8B/1 号端子连接。

驾驶员侧座椅调节开关组 5 号端子为电源线，与驾驶员座椅控制模块 A245*8B/7 号端子连接。

驾驶员侧座椅调节开关组 6 号端子为信号线，与驾驶员座椅控制模块 A245*8B/5 号端子连接。

驾驶员侧座椅调节开关组 7 号端子为信号线，与驾驶员座椅控制模块 A245*8B/2 号端子连接。

驾驶员侧座椅调节开关组 8 号端子为信号线，与驾驶员座椅控制模块 A245*8B/3 号端子连接。

(6) 驾驶员侧车门上的座椅开关组

驾驶员侧车门上的座椅开关组 1 号端子为电源线。

驾驶员侧车门上的座椅开关组 2 号端子为 LIN 线。

驾驶员侧车门上的座椅开关组 4 号端子为接地线。

(7) 驾驶员座椅模块电路

驾驶员座椅模块 5 号端子为 K_CAN2_L 通信线。

驾驶员座椅模块 6 号端子为 K_CAN2_H 通信线。

驾驶员座椅模块 7 号端子为电源线。

驾驶员座椅模块 8 号端子为接地线。

2. 前乘客座椅调整电路（图 2-2-23）

前乘客座椅调节开关组 8 号端子为电源线。

前乘客座椅调节开关组 12 号端子为接地线。

(1) 前乘客座椅靠背倾斜度调整电机

电机 1 号端子为调整电机的控制线，与前乘客座椅调节开关组 S154*1B/4 号端子连接。

电机 3 号端子为调整电机的控制线，与前乘客座椅调节开关组 S154*1B/11 号端子连接。

(2) 前乘客座椅靠背倾斜度调整电机

电机 1 号端子为调整电机的控制线，与前乘客座椅调节开关组 S154*1B/9 号端子连接。

电机 3 号端子为调整电机的控制线，与前乘客座椅调节开关组 S154*1B/10 号端子连接。

(3) 前乘客座椅纵向调整电机

电机 1 号端子为调整电机的控制线，与前乘客座椅调节开关组 S154*1B/2 号端子连接。

电机 3 号端子为调整电机的控制线，与前乘客座椅调节开关组 S154*1B/7 号端子连接。

(4) 前乘客座椅高度调整电机

电机 1 号端子为调整电机的控制线，与前乘客座椅调节开关组 S154*1B/6 号端子连接。

电机 3 号端子为调整电机的控制线，与前乘客座椅调节开关组 S154*1B/1 号端子连接。

十五、长城车型电动座椅典型电路详解——WEY（魏派）VV7 控制电路（图 2-2-24）

驾驶员座椅调整开关 1 号端子为电源线。驾驶员座椅调整开关 2 号端子为接地线。副驾驶座椅调整开关 1 号端子为电源线。副驾驶座椅调整开关 2 号端子为接地线。

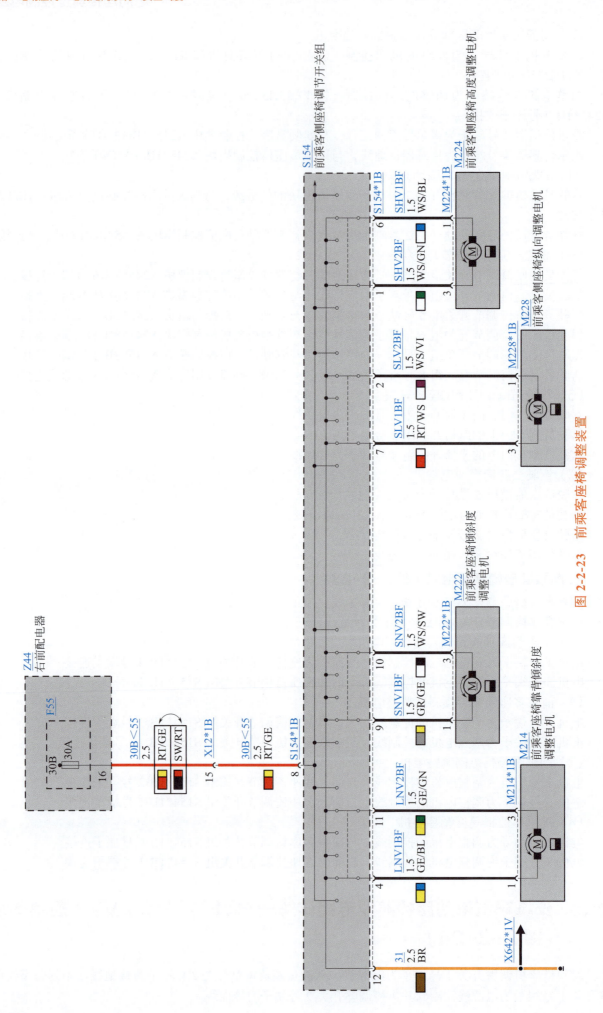

图 2-2-23 前乘客座椅调整装置

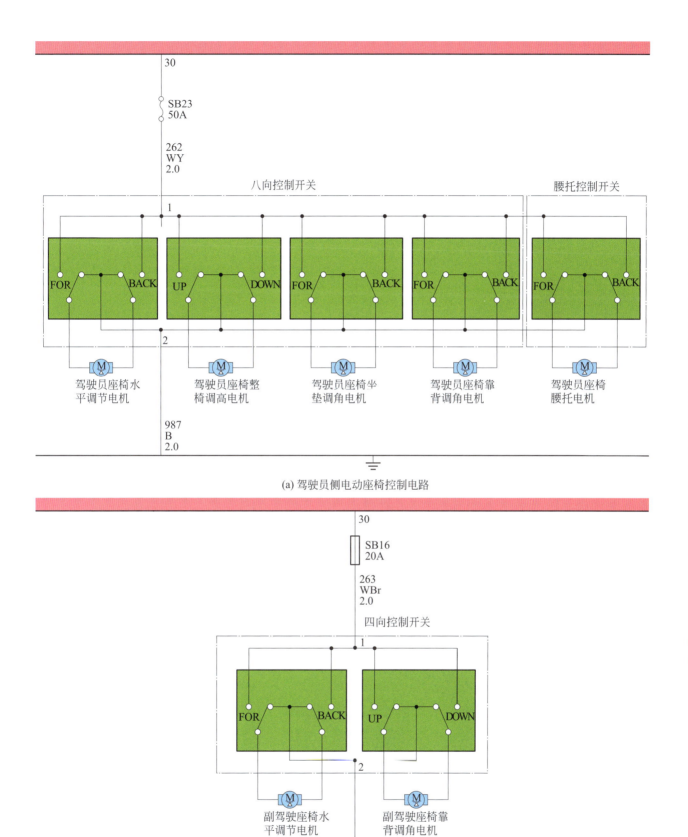

图 2-2-24 长城 WEY（魏派）VV7 电动座椅控制电路

第三节
电动座椅典型故障检修技巧

一、左前电动座椅不能前后调整故障诊断

本小节以吉利帝豪车型为例进行讲解。

1. 电路图（图 2-3-1）

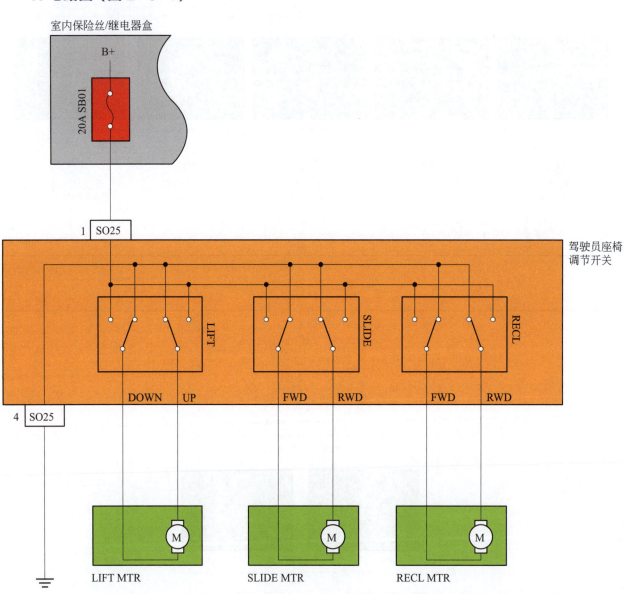

图 2-3-1　电路图

2. 故障诊断

（1）检查保险丝 SB01（图 2-3-2）

a. 断开蓄电池负极电缆。

b. 拆卸保险丝 SB01。

保险丝的额定值：20A。

c. 检查保险丝 SB01 是否熔断。

如果是，则更换额定容量的保险丝；如果否，则测量驾驶员座椅调节开关供电。

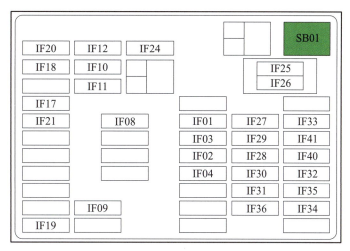

图 2-3-2　保险丝 SB01

（2）测量驾驶员座椅调节开关供电

a. 断开蓄电池负极电缆。

b. 断开驾驶员座椅调节开关线束连接器 SO25。

c. 测量 SO25 端子 1（图 2-3-3）的电压。

标准值：11～14V。

d. 确认测量值是否符合标准值。

如果是，则测量驾驶员座椅调节开关接地；如果否，则检修驾驶员座椅调节开关供电线路。

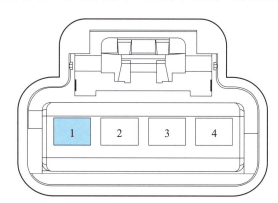

图 2-3-3　驾驶员座椅调节开关线束连接器 1 号端子

（3）测量驾驶员座椅调节开关接地

a. 断开蓄电池负极电缆。

b. 断开驾驶员座椅调节开关线束连接器 SO25。

c. 测量 SO25 端子 4（图 2-3-4）与可靠接地间电阻。

标准值：小于 1Ω。

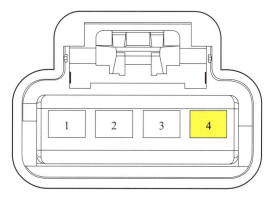

图 2-3-4　驾驶员座椅调节开关线束连接器 4 号端子

d. 确认测量值是否符合标准值。

如果是，则检查左前电动座椅前后调节电机与驾驶员座椅调节开关间的线束；如果否，则检修驾驶员座椅调节开关接地线路。

（4）检查左前电动座椅前后调节电机与驾驶员座椅调节开关间的线束

a. 断开驾驶员座椅调节开关线束连接器。

b. 断开左前电动座椅前后调节电机线束连接器。

c. 测量左前电动座椅前后调节电机与驾驶员座椅调节开关间的线束间的电阻。

标准值：小于 1Ω。

d. 确认测量值是否符合标准值。

如果是，则更换左前电动座椅前后调节电机；如果否，则维修或更换线束。

（5）更换左前电动座椅前后调节电机

更换左前电动座椅前后调节电机，并确认系统是否正常。

如果是，则表明系统正常；如果否，则更换驾驶员座椅调节开关。

二、左前电动座椅不能上下调整故障诊断

本小节以吉利帝豪车型为例进行讲解。

1. 电路图

参见图 2-3-1。

2. 故障诊断

（1）检查保险丝 SB01

a. 断开蓄电池负极电缆。

b. 拆卸保险丝 SB01（图 2-3-2）。

保险丝的额定值：20A。

c. 检查保险丝 SB01 是否熔断。

如果是，则检查保险丝相关线路，更换额定容量保险丝；如果否，则测量驾驶员座椅（左前座椅）调节开关供电。

（2）测量驾驶员座椅调节开关供电

a. 断开蓄电池负极电缆。

b. 断开驾驶员座椅调节开关线束连接器 SO25。

c. 测量 SO25 端子 1 的电压（图 2-3-3）。

标准值：11～14V。

d. 确认测量值是否符合标准值。

如果是，则测量驾驶员座椅调节开关接地；如果否，则检修驾驶员座椅调节开关供电线路。

（3）测量驾驶员座椅调节开关接地

a. 断开蓄电池负极电缆。

b. 断开驾驶员座椅调节开关线束连接器 SO25。

c. 测量 SO25 端子 4（图 2-3-4）与可靠接地间电阻。

标准值：小于 1Ω。

d. 确认测量值是否符合标准值。

如果是，则检查左前电动座椅升降电机与驾驶员座椅调节开关间的线束；如果否，则检修驾驶员座椅调节开关接地线路。

（4）检查左前电动座椅升降电机与驾驶员座椅调节开关间的线束

a. 断开驾驶员座椅调节开关线束连接器。

b. 断开左前电动座椅升降电机线束连接器。

c. 测量左前电动座椅升降电机与驾驶员座椅调节开关线束间的电阻。
标准值：小于1Ω。
d. 确认测量值是否符合标准值。
如果是，则更换左前电动座椅升降调节电机；如果否，则维修或更换线束。
（5）更换左前电动座椅升降调节电机
更换左前电动座椅升降调节电机，并确认系统是否正常。
如果是，则表明系统正常；如果否，则更换驾驶员座椅调节开关。

三、电动座椅整个系统不工作故障诊断

本小节以比亚迪S7车型为例进行故障诊断。

1. 电路图（图2-3-5）

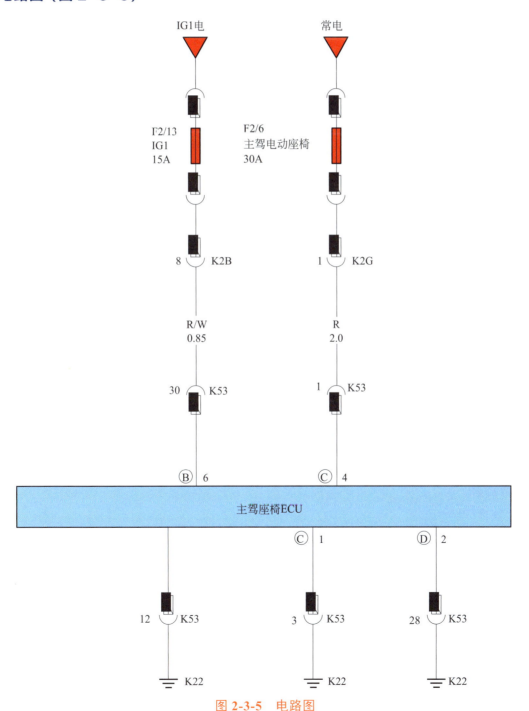

图2-3-5　电路图

2. 故障诊断

（1）检查保险丝

用万用表检查 F2/6、F2/13 保险丝通断。

若异常，则表明为保险丝故障，更换保险丝；若正常，则检查电源及接地线束。

（2）检查电源及接地线束

a. 断开主驾座椅 ECU 连接器 K53（图 2-3-6）。

b. 测量线束端电压，电压正常值见表 2-3-1。

若异常，则检查或更换线束；若正常，则检查主驾座椅 ECU。

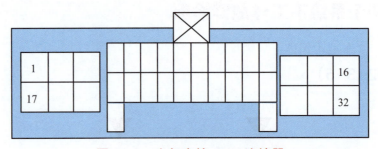

图 2-3-6　主驾座椅 ECU 连接器

表 2-3-1　电压标准数据

端子	线色	测试条件	正常情况
K53-1—车身地	W/R	常电	11～14V
K53-30—车身地	R/Y	ON 挡电	11～14V
K53-3—车身地	B	始终	小于 1V
K53-12—车身地	B	始终	小于 1V
K53-28—车身地	B	始终	小于 1V

（3）检查主驾座椅 ECU

临时更换一个座椅 ECU，检查故障是否再现。

若无故障，则表明系统正常

四、主驾座椅无法加热故障诊断

本小节以比亚迪 S7 车型为例进行故障诊断。

1. 电路图（图 2-3-7）

2. 故障诊断

（1）检查保险丝

用万用表检查 F2/9、F4/1 保险丝通断。

若异常，则保险丝故障，更换保险丝；若正常，则检查主驾加热电源。

（2）检查主驾加热电源

a. 断开主驾通风 K53 连接器。

b. 用万用表测试线束端电压，标准值见表 2-3-2。

表 2-3-2　电压标准数据

端子	线色	测试条件	正常情况
K53-15—K53-16	—	ON 挡电按下主驾加热开关	11～14V

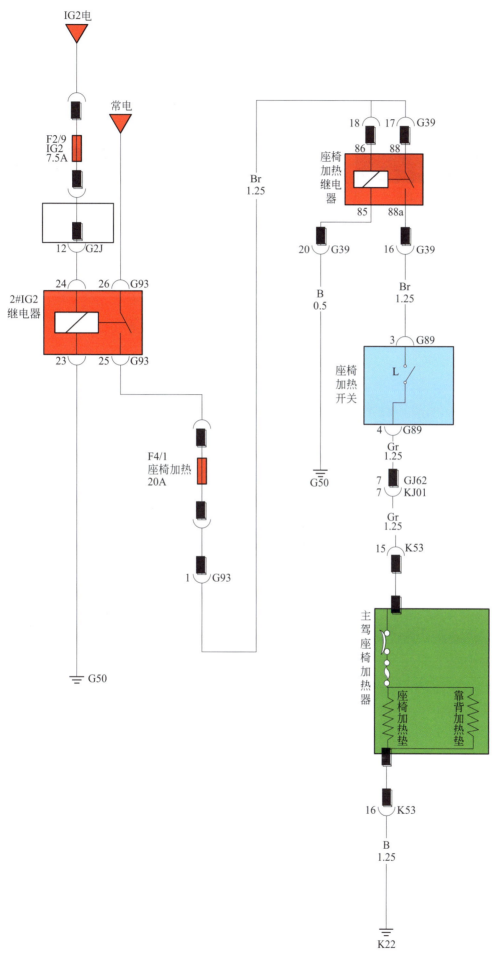

图 2-3-7 电路图

若异常,则更换主驾座椅;若正常,则检查主驾加热地线。

(3)检查主驾加热地线

a.断开主驾通风 K53 连接器。

b.用万用表测试线束端电阻,标准值见表 2-3-3。

若异常,则更换线束;若正常,则检查座椅加热开关。

表 2-3-3　电阻标准数据

端子	测试条件	正常情况
K53-16—车身地	始终	小于1Ω

(4)检查座椅加热开关

a.断开座椅加热开关连接器 G89(图 2-3-8)。

b.用万用表检查端子间阻值,标准值参考表 2-3-4。

若异常,则更换座椅加热开关;若正常,则检查座椅加热继电器。

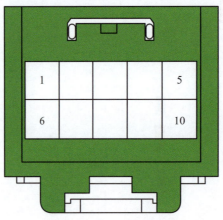

图 2-3-8　座椅加热开关连接器

表 2-3-4　电阻标准数据

端子	测试条件	正常情况
G89-3—K89-4	按下主驾加热开关	小于1Ω

(5)检查座椅加热继电器

a.拆下座椅加热继电器(图 2-3-9)。

b.用万用表检查端子间阻值,标准值参考表 2-3-5。

若异常,则更换座椅加热继电器;若正常,则检查线束。

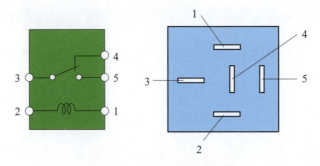

图 2-3-9　座椅加热继电器

表 2-3-5　电阻标准数据

端子	条件	正常值
3—5	—	大于 10kΩ
3—4	—	小于 1Ω
3—5	1—2 端子通 12V 电	小于 1Ω
3—4	1—2 端子通 12V 电	大于 10kΩ

(6) 检查线束

a. 断开主驾通风 K53、座椅加热开关 G89 连接器，拆下座椅加热继电器，拆下 2#IG2 继电器。

b. 按照表 2-3-6 用万用表测试线束端电阻。

表 2-3-6　标准数据

端子	测试条件	正常情况
K53-15—G89-4	始终	小于 1Ω
G89-3—G39-16	始终	小于 1Ω
G39-20—车身地	始终	小于 1Ω
G39-18—G93-25	始终	小于 1Ω
G39-17—G93-25	始终	小于 1Ω
G93-23—车身地	始终	小于 1Ω

c. 按表 2-3-7 用万用表测试线束端电压。

表 2-3-7　标准数据

端子	测试条件	正常情况
G93-26—车身地	始终	11～14V
G93-24—车身地	ON 挡	11～14V

若异常，则检查或更换线束；若正常，则系统正常。

第三章 电动尾门系统典型控制电路详解

第一节 电动尾门的组成、工作原理

一、电动尾门的组成（图 3-1-1）

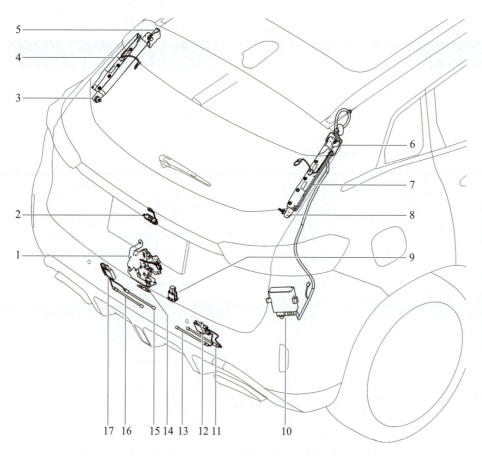

图 3-1-1 电动尾门的组成

1—自吸式后背门锁总成；2—后背门微动开关；3—左侧气动撑杆总成；4—左侧防夹感应条；5—左撑杆上支架；6—右撑杆上支架；7—右侧防夹感应条；8—右侧电动撑杆总成；9—后背门关闭开关；10—电动后背门控制器；11—后背门智能开启天线二；12—后背门智能开启 ECU；13—后背门智能开启天线四；14—后背门锁环；15—后背门智能开启天线一；16—后背门智能开启天线三；17—后背门智能开启 ECU

二、电动尾门的工作原理（图 3-1-2）

BCM 检测到后背门开启器开关已按下时，将启动车外钥匙天线（后保险杠）和车内钥匙天线并将请求信号发送至智能钥匙，然后确保智能钥匙在后背门附近。

如果智能钥匙在车外钥匙天线检测区域之内，它收到请求信号，并通过遥控无钥匙进入接收器向 BCM 发送钥匙 ID 信号。

BCM 收到钥匙 ID 信号，并与注册的钥匙 ID 进行比较。如果验证结果正常，BCM 打开后背门。如果选择性解锁功能关闭，所有车门同时解锁。

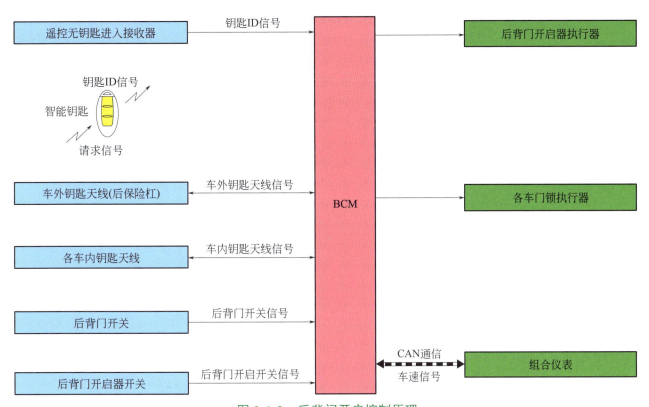

图 3-1-2　后背门开启控制原理

三、功能介绍

1. 后背门工作的前提条件

车辆处于 P 挡位置（P 挡开关信号）；车速不大于 5km/h；车辆处于非拖车模式。

2. 后背门开启方式（图 3-1-3）

（1）遥控钥匙开启

长按智能钥匙上的后背门控制按钮 2s，PEPS 向 BCM 发送遥控钥匙开关信号，BCM 将此信号转发给电动后背门控制器（PLG），后背门打开。后背门打开过程中，PLG 蜂鸣器以响 500ms、停 500ms 的频率鸣响，直至打开至全开位置。

（2）中控后背门控制开关开启

解锁或解防状态：按下中控后背门控制开关，开关信号发给 BCM，BCM 再路由至 PLG，PLG 在接到中控后背门控制开关信号后，后背门打开。在后背门打开过程中，PLG 蜂鸣器以响 500ms、停 500ms 的频率鸣响，直至打开至全开位置。

（3）后背门微动开关开启

❶ 上锁或设防状态

按下后背门微动开关，在 PEPS 的有效检测范围内（行李箱外部 1.5m 范围内）没有检测到合法钥匙时，不能打开后背门；检测到合法钥匙时，PEPS 向 BCM 发送后背门微动开关信号，BCM 将此信号路由至 PLG，后背门打开。后背门打开过程中，PLG 蜂鸣器以响 500ms、停 500ms 的频率鸣响。

❷ 解锁或解防状态

按下后背门微动开关，PEPS 不再检测钥匙，直接将后背门微动开关信号发给 BCM，再路由至 PLG，PLG 在接到后背门微动开关信号后，后背门打开。后背门打开过程中，PLG 蜂鸣器以响 500ms、停 500ms 的频率鸣响。

3. 后背门关闭方式

（1）遥控钥匙关闭

长按智能钥匙上的后背门控制按钮 2s，PEPS 向 BCM 发送遥控钥匙开关信号，BCM 将此信号路由至 PLG，后背门关闭。后背门关闭过程中，PLG 蜂鸣器以响 500ms、停 500ms 的频率鸣响，直到关门动作完成。

（2）中控后背门控制开关关闭

按下中控后背门控制开关，开关信号发给 BCM，BCM 再路由至 PLG，PLG 在接到驾驶员侧后背门控制开关信号后，后背门关闭。后背门关闭过程中，PLG 蜂鸣器以响 500ms、停 500ms 的频率鸣响，直至关门动作完成。

（3）后背门微动开关关闭

❶ 上锁或设防状态

按下后背门微动开关，PEPS 在有效区域内（后背门天线 1.5m 范围内）检测到合法的钥匙信号后，向 BCM 发送后背门微动开关信号，BCM 将此信号路由给 PLG，后背门电动关闭。关闭过程中，PLG 蜂鸣器以响 500ms、停 500ms 的频率鸣响，直至关门动作完成。

❷ 解锁或解防状态

按下后背门微动开关，PEPS 不检测钥匙，直接将后背门微动开关信号发送给 BCM，BCM 将此信号转发给 PLG，后背门电动关闭。关闭过程中，PLG 蜂鸣器以响 500ms、停 500ms 的频率鸣响，直至关门动作完成。

（4）后背门关闭开关关闭

按下后背门关闭开关，后背门关闭，后背门关闭过程中，PLG 蜂鸣器以响 500ms、停 500ms 的频率鸣响，直至关门动作完成。

4. 后背门开启最大位置设定功能

将后背门手动打开至所需设定的高度（此高度为门开 50° 及 50° 以上位置），然后长按后背门关闭开关 3s，按关闭开关的同时确保门的位置没有发生变化，系统将记忆当前的位置高度。

备注：
- 电动后背门出厂时开启角度设定为最大开启角度；
- 新记忆的高度位置必须低于出厂设置时的开启角度。

5. 电动后背门的学习

学习方式一：通过下线设备进行学习，可以触发学习功能，通过下线设备可以进行学习或对已学习的指令进行擦除，首先推荐采用通过下线设备进行电动后背门学习。

学习方式二：通过遥控钥匙进行学习，长按智能钥匙上的后背门控制按钮 2s，待后背门打开至全开位置后，等待 5s 以上，即可完成学习。

学习方式三：触发驾驶侧开关学习指令，待后背门打开至全开位置后，等待 5s 以上，即可完成学习。

学习方式二、学习方式三不能对已学习的初始位置进行更改。

6. 感应式电动后背门

通过后背门智能开启 ECU、后背门智能开启天线与电动后背门组件配合，感应脚部的扫动，自动开启和关闭后背门，方便乘客的操作。

第三章 电动尾门系统典型控制电路详解

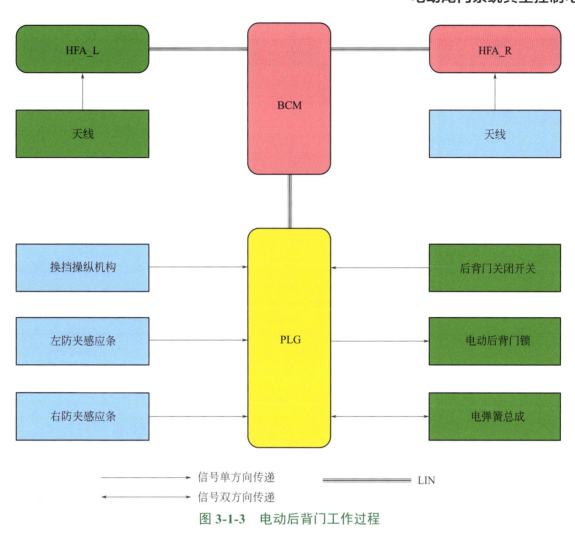

图 3-1-3 电动后背门工作过程

第二节 电动尾门控制电路

一、大众/奥迪车型电动尾门典型电路详解——奥迪 Q5 控制电路

这里以奥迪 Q5 车型为例进行介绍，同样适用于大众/奥迪其他车型，限于篇幅不再赘述。

1. 行李箱盖（电动尾门）开启装置控制单元电路（图 3-2-1）

行李箱盖开启装置控制单元电路中端子的作用说明如表 3-2-1 所示。

表 3-2-1 奥迪 Q5 行李箱盖开启装置控制单元电路中端子作用说明

所在部件	序号	作用说明
J938 行李箱盖开启装置控制单元	T4bs/1	接地
	T4bs/4	接电源
	T4bs/3	为 LIN 线
	T4Ggy/1	接电源

097

续表

所在部件	序号	作用说明
J938 行李箱盖开启装置控制单元	T4Ggy/2	接地
	T4Ggy/3	接地
	T4Ggy/4	接电源
VX25 行李箱盖闭锁单元	T4fq/1	为 F443 止动爪按触开关信号线，与 J393 控制单元 T32d/28 号端子连接
	T4fq/2	为 F111 行李箱盖接触开关信号线，与 J393 控制单元 T32d/15 号端子连接
	T4fq/3	接地
	T4fq/4	接电源

2. 行李箱盖已关闭传感器电路（图 3-2-2）

电路中部分端子作用说明如表 3-2-2 所示。

表 3-2-2　奥迪 Q5 行李箱盖已关闭传感器电路中端子作用说明

所在部件	序号	作用说明
G525 行李箱盖已关闭传感器 1	T4qa/1	与 J393 控制单元 T32d/29 号端子连接
	T4qa/2	与 J393 控制单元 T32d/13 号端子连接
	T4qa/3	与 J393 控制单元 T32d/17 号端子连接
J393 舒适/便捷系统的中央控制单元	T32d/1	为 CAN-L 信号线，与 J533 数据诊断接口 T54/33 号端子连接
	T32d/2	为 CAN-H 信号线，与 J533 数据诊断接口 T54/15 号端子连接
J605 行李箱盖控制单元	T10q/1	接电源
	T10q/31	为 CAN-L 信号线，与 J533 数据诊断接口 T54/33 号端子连接
	T10q/32	为 CAN-H 信号线，与 J533 数据诊断接口 T54/15 号端子连接

3. 行李箱盖驱动单元电路（图 3-2-3）

行李箱盖驱动单元及警报蜂鸣器电路中端子作用如表 3-2-3 所示。

表 3-2-3　奥迪 Q5 行李箱盖驱动单元及警报蜂鸣器端子作用说明

所在部件	序号	作用说明
VX77 行李箱盖驱动单元 2	T10ae/1	与 J605 控制单元 T32e/11 号端子连接
	T10ae/2	与 J605 控制单元 T10q/3 号端子连接
	T10ae/3	与 J605 控制单元 T32e/25 号端子连接

续表

所在部件	序号	作用说明
VX77 行李箱盖驱动单元 2	T10ae/8	与 J605 控制单元 T32e/12 号端子连接
	T10ae/9	与 J605 控制单元 T10q/9 号端子连接
	T10ae/10	与 J605 控制单元 T32e/24 号端子连接
VX69 行李箱盖驱动单元	T10ad/1	与 J605 控制单元 T32e/10 号端子连接
	T10ad/2	与 J605 控制单元 T10q/2 号端子连接
	T10ad/3	与 J605 控制单元 T32e/27 号端子连接
	T10ad/8	与 J605 控制单元 T32e/28 号端子连接
	T10ad/9	与 J605 控制单元 T10q/4 号端子连接
	T10ad/10	与 J605 控制单元 T32e/26 号端子连接
H32 行李箱盖的警报蜂鸣器	T2fa/1	与 J605 控制单元 T32e/21 号端子连接
	T2fa/2	与 J605 控制单元 T32e/5 号端子连接

4. 行李箱盖控制操作单元电路（图 3-2-4）

行李箱盖控制操作单元电路中端子的作用如表 3-2-4 所示。

表 3-2-4　奥迪 Q5 行李箱盖控制操作单元端子作用说明

所在部件	序号	作用说明
VX16 行李箱盖关闭辅助功能	T6ah/2	与 J605 控制单元 T10q/10 号端子连接
	T6ah/3、T6ah/6	接地
	T6ah/4	与 J605 控制单元 T10q/5 号端子连接
	T6ah/5	与 J605 控制单元 T32e/7 号端子连接
E406 行李箱盖锁按钮	T4fo/1	与 J393 控制单元 T17a/5 号端子连接
	T4fo/2	与 J605 控制单元 T32e/14 号端子连接
EX58 行李箱盖近控制操作单元	T4bh/1	与 J393 控制单元 T17a/5 号端子连接
	T4bh/2	与 J605 控制单元 T32e/14 号端子连接
	T4bh/3	接地
	T4bh/4	与 J605 控制单元 T32e/13 号端子连接

F111	—	行李箱盖接触开关
F443	—	止动爪接触开关
G750	—	行李箱盖打开传感器
G760	—	行李箱盖开启装置的传感器2
J393	—	舒适/便捷系统的中央控制单元
J938	—	行李箱盖开启装置控制单元
T4bs	—	4芯插头连接，黑色
T4fq	—	4芯插头连接，黑色
T4gy	—	4芯插头连接，棕色
T16c	—	16芯插头连接，棕色
T16cx	—	16芯插头连接，棕色
T17b	—	17芯插头连接，黑色
T20e	—	20芯插头连接，黑色
T32c	—	32芯插头连接，黑色
T32d	—	32芯插头连接，蓝色
THRL	—	行李箱内的左侧连接位置
VX25	—	行李箱盖闭锁单元
V53	—	行李箱中中央门锁电机
50	—	接地连接25，在主导线束中
390	—	行李箱内左侧的接地点
398	—	接地连接33，在主导线束中
*	—	已预先布线的部件

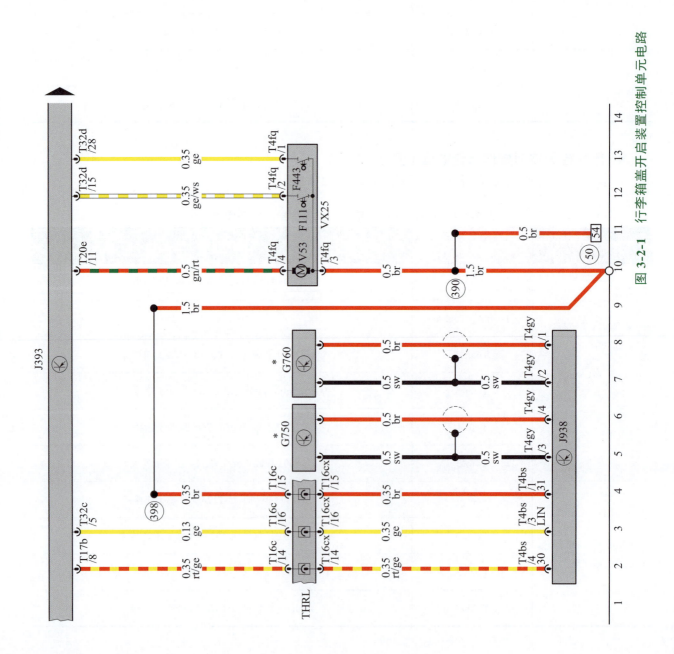

图 3-2-1 行李箱盖开启装置控制单元电路

第三章
电动尾门系统典型控制电路详解

G525	—	行李箱盖已关闭传感器1
G526	—	行李箱盖已关闭传感器2
J393	—	舒适/便捷系统的中央控制单元
J533	—	数据总线诊断接口
J605	—	行李箱盖控制单元
ST1	—	保险丝座1，黑色
SR2	—	继电器和保险丝座2，行李箱内
SF12	—	左侧的侧饰板之后
T4qa	—	保险丝架F上的保险丝12
T10q	—	4芯插头连接
T17a	—	10芯插头连接，黑色
T32d	—	17芯插头连接，棕色
T32e	—	32芯插头连接，蓝色
T54	—	32芯插头连接，黑色
676	—	54芯插头连接，黑色
B397	—	行李箱中的左侧接地点2
B406	—	连接1(舒适CAN总线，High)，在主导线束中
*	—	连接1(舒适CAN总线，Low)，在主导线束中
*2	—	选装装备
		见保险丝布置所适用的电路图

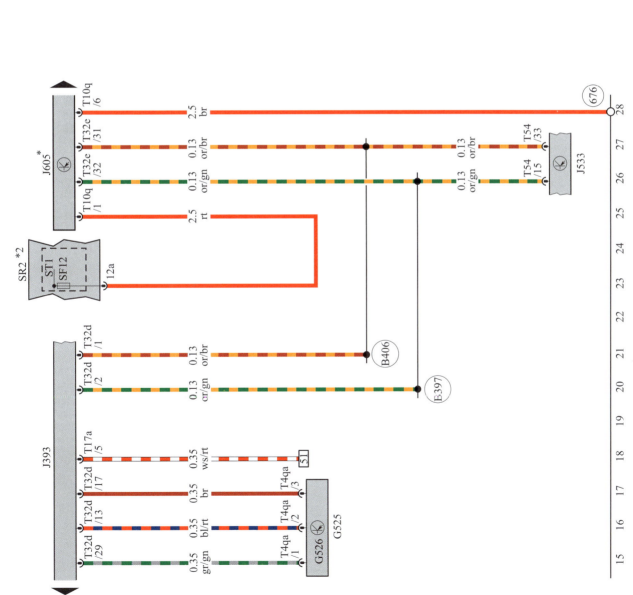

图 3-2-2　行李箱盖已关闭传感器电路

101

G745—电机1中的传感器，用于行李箱盖
G746—电机2中的传感器，用于行李箱盖
H32—用于行李箱盖的警报蜂鸣器
J605—行李箱盖控制单元
T2fa—2芯插头连接，黑色
T10ad—10芯插头连接，黑色
T10ae—10芯插头连接，黑色
T10q—10芯插头连接，黑色
T32e—32芯插头连接，黑色
VX69—行李箱盖驱动单元
VX77—行李箱盖驱动单元2
V444—行李箱盖电机1
V445—行李箱盖电机2

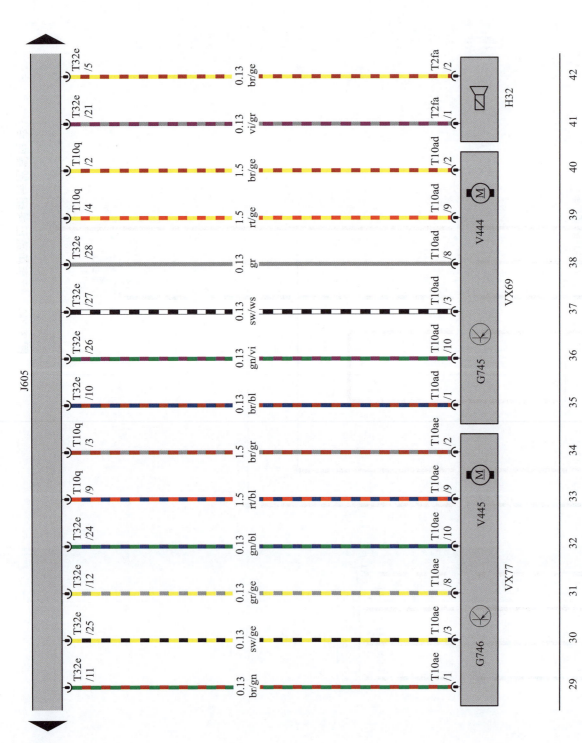

图 3-2-3 行李箱盖驱动单元电路

第三章

电动尾门系统典型控制电路详解

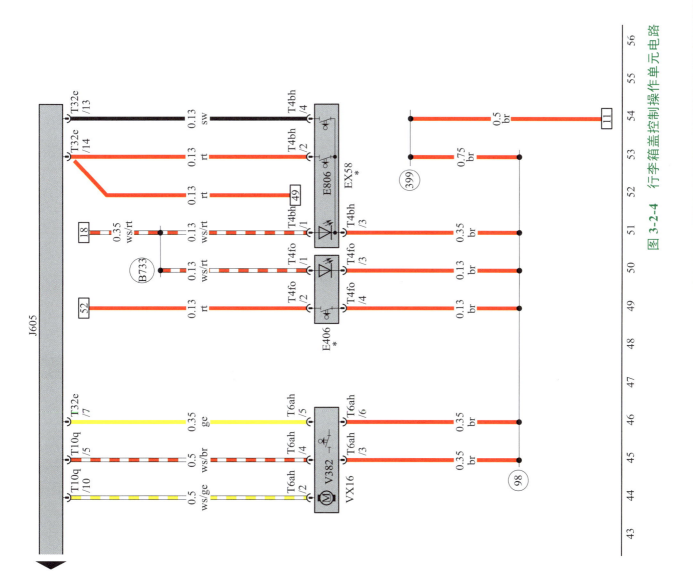

图 3-2-4 行李箱控制操作单元电路

EX58 — 行李箱盖控制操作单元
E406 — 行李箱盖上锁按钮
E806 — 行李箱盖锁止件按钮
J605 — 行李箱盖控制单元
T4bh — 4芯插头连接，棕色
T4fo — 4芯插头连接，黑色
T6ah — 6芯插头连接，黑色
T10q — 10芯插头连接，黑色
T32e — 32芯插头连接，黑色
VX16 — 行李箱盖关闭辅助功能
X382 — 行李箱盖关闭辅助装置电机
98 — 接地连接，在行李箱盖导线束中
399 — 接地连接34，在主导线新束中
B733 — 连接3(58s)，在主导线束中
* — 依汽车装备而定

103

二、别克/雪佛兰/凯迪拉克车型电动尾门典型电路详解——凯迪拉克CT6控制电路（图 3-2-5）

这里以凯迪拉克CT6车型为例进行介绍，同样适用于别克/雪佛兰/凯迪拉克其他车型，限于篇幅不再赘述。

举升门控制模块中端子的作用说明见表 3-2-5。

表 3-2-5　凯迪拉克 CT6 举升门控制模块端子作用说明

序号	作用说明
X1/7	为通信线，与组合仪表连接
X2/3	接常电电源
X2/4	为蓄电池节电继电器电源
X3/1	为举升门向下控制，与举升门电机总成 1 号端子连接
X3/2	为举升门向上控制，与举升门电机总成 4 号端子连接
X3/8	为举升门角度传感器电源线，与举升门电机总成 2 号端子连接
X3/9	为举升门角度传感器信号线，与举升门电机总成 7 号端子连接
X3/10	为举升门角度传感器信号线，与举升门电机总成 8 号端子连接
X3/11	为举升门角度传感器接地线，与举升门电机总成 3 号端子连接
X2/1	为向上控制，与举升门锁闩总成 4 号端子连接
X2/2	向下控制，与举升门锁闩总成 1 号端子连接
X1/5	为开关信号，与举升门锁闩总成 2 号端子连接
X1/6	为开关信号，与举升门锁闩总成 3 号端子连接
X1/14	为举升门开关信号，与举升门解锁开关 1 号端子连接
X1/3	为举升门关闭开关信号，与举升门关闭开关 3 号端子连接
X1/13	为照明灯开关，与举升门关闭开关 2 号端子连接
X1/16	接地
X1/12	为行李箱盖开闭开关信号，与行李箱盖开闭开关 5 号端子连接

三、吉利电动尾门典型电路详解——帝豪控制电路（图 3-2-6）

电动尾门控制电路中端子作用说明见表 3-2-6。

表 3-2-6　吉利帝豪电动尾门控制电路端子作用说明

所在部件	序号	作用说明
行李箱开启开关	1	为开关背景灯电源线
	2	为行李箱开启开关接地线
	3	为开关背景灯接地线
	5	为开关信号线，与 BCM 控制单元 IP12/1 号端子连接
后背门微动开关	1	为开关信号线，与 BCM 控制单元 SO06/11 号端子连接
	2	接地
后背门门锁电机	1	为电机接地线
	2	为电机控制线，与 BCM 控制单元 SO05/7 号端子连接
	3	为开关状态信号线，与 BCM 控制单元 SO06/5 号端子连接
	4	为开关状态接地线
BCM 控制单元	IP14/10	为电源线

第三章

电动尾门系统典型控制电路详解

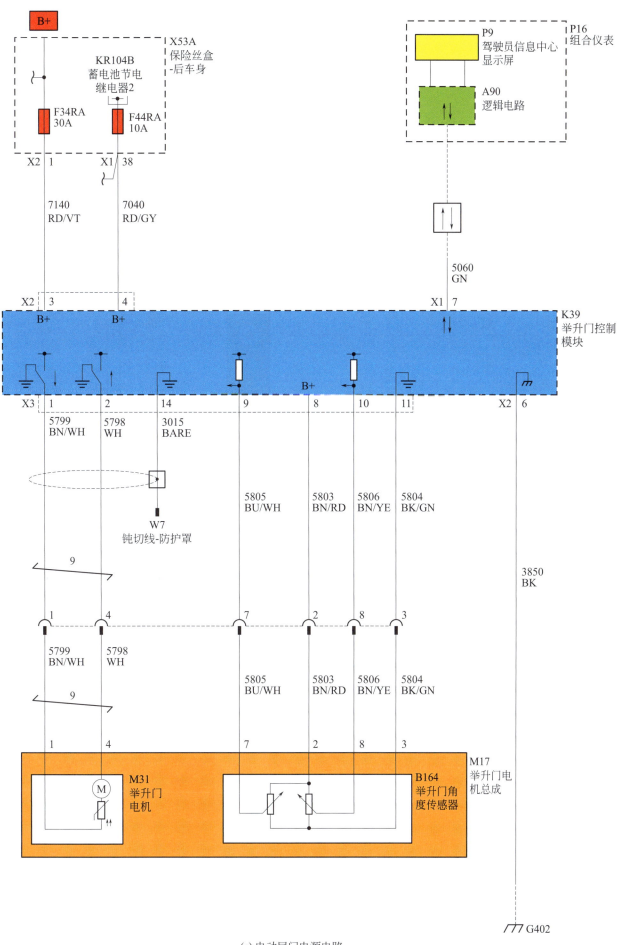

(a) 电动尾门电源电路

图 3-2-5

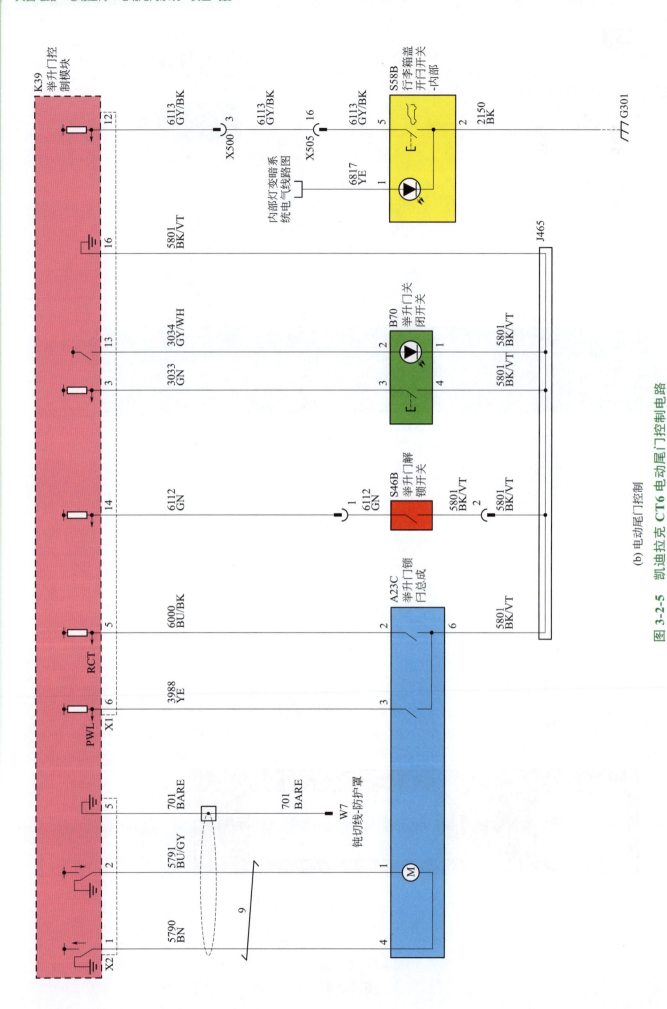

(b) 电动尾门控制

图 3-2-5 凯迪拉克 CT6 电动尾门控制电路

第三章

电动尾门系统典型控制电路详解

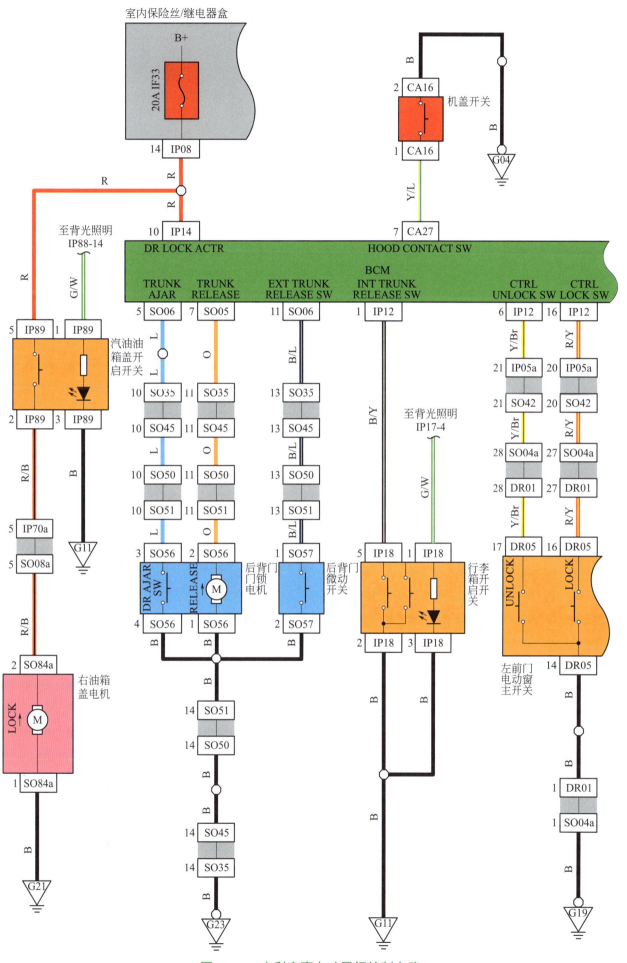

图 3-2-6 吉利帝豪电动尾门控制电路

四、比亚迪电动尾门典型电路详解——速锐控制电路（图 3-2-7）

行李箱盖开启电机 1 号端子为电源线，行李箱盖开启电机电源控制线：蓄电池正极→100A 主保险丝→行李箱门锁（电动尾门锁）10A 保险丝→行李箱门锁（电动尾门锁）继电器 1 号端子→行李箱门锁（电动尾门锁）继电器 2 号端子→BCM 控制单元 G50/22 号端子，此时电动尾门锁继电器线圈通电，常开开关闭合。

行李箱盖开启电机主电源：蓄电池正极→100A 主保险丝→电动尾门锁 10A 保险丝→电动尾门锁继电器 4 号端子→电动尾门锁继电器 3 号端子→行李箱盖开启电机 1 号端子，此时行李箱盖开启电机得电。

电动尾门控制电路中端子的作用说明见表 3-2-7。

表 3-2-7　比亚迪速锐电动尾门控制电路端子作用说明

所在部件	序号	作用说明
行李箱灯开关	2	接地
	3	为开关状态信号线，与 BCM 控制单元 G50/20 号端子连接
行李箱灯	1	为电源线
	2	接地
行李箱微动开关 1#	1	为开关状态信号线，与 BCM 控制单元 K2E/7 号端子连接
	2	接地
KEY less 智能钥匙系统	G38/3	与行李箱微动开关 2#/1 号端子连接
	G38/10	与行李箱微动开关 2#/2 号端子连接
	G39/19	与车外磁卡控测天线 - 行李箱 K47/1 号端子连接
	G39/20	与车外磁卡控测天线 - 行李箱 K47/2 号端子连接

五、长安电动尾门典型电路详解——睿骋控制电路（图 3-2-8）

电动尾门控制电路中端子作用说明见表 3-2-8。

表 3-2-8　长安睿骋电动尾门控制电路端子作用说明

所在部件	序号	作用说明
BCM 控制单元	P32/7	接 ACC 电源，电路为 ACC 电源→IF42（10A）保险丝→BCM 控制单元 P32/7 号端子
	P31/12	接电源，电路为蓄电池正极→IF16（15A）保险丝→BCM 控制单元 P31/12 号端子
	P31/18	接电源，电路为蓄电池正极→IF17（15A）保险丝→BCM 控制单元 P31/18 号端子
	P31/7	接地
背门释放开关	1	为开关信号线，与 BCM 控制单元 P33/28 号端子连接
	2	为接地线，连接 G1101
背门门锁电机	1	为接地线，连接 G1101
	2	为开关信号线，与 BCM 控制单元 P32/11 号端子连接
	3	为电机控制线，与 BCM 控制单元 P31/9 号端子连接

第三章
电动尾门系统典型控制电路详解

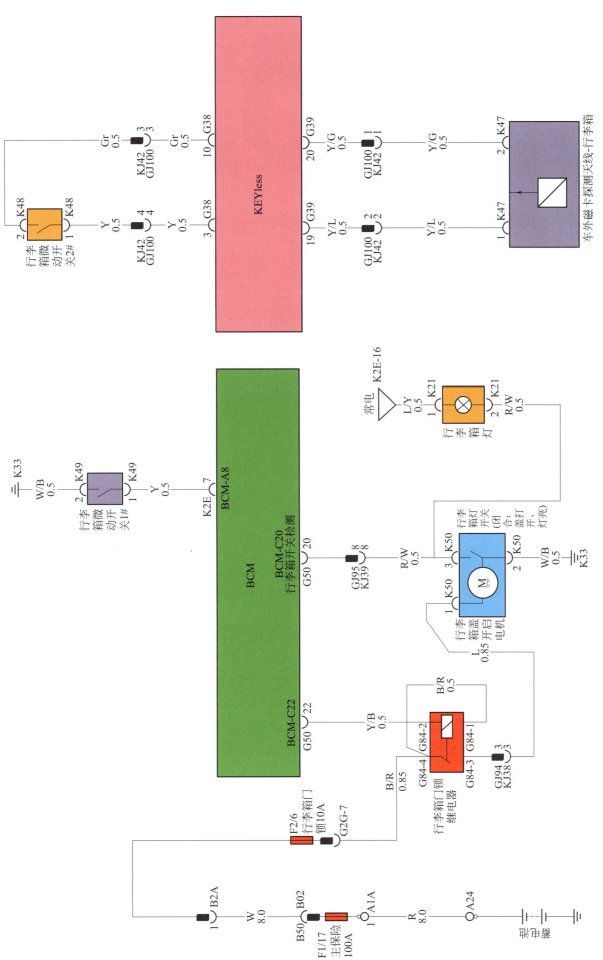

图 3-2-7 比亚迪速锐电动尾门控制电路

109

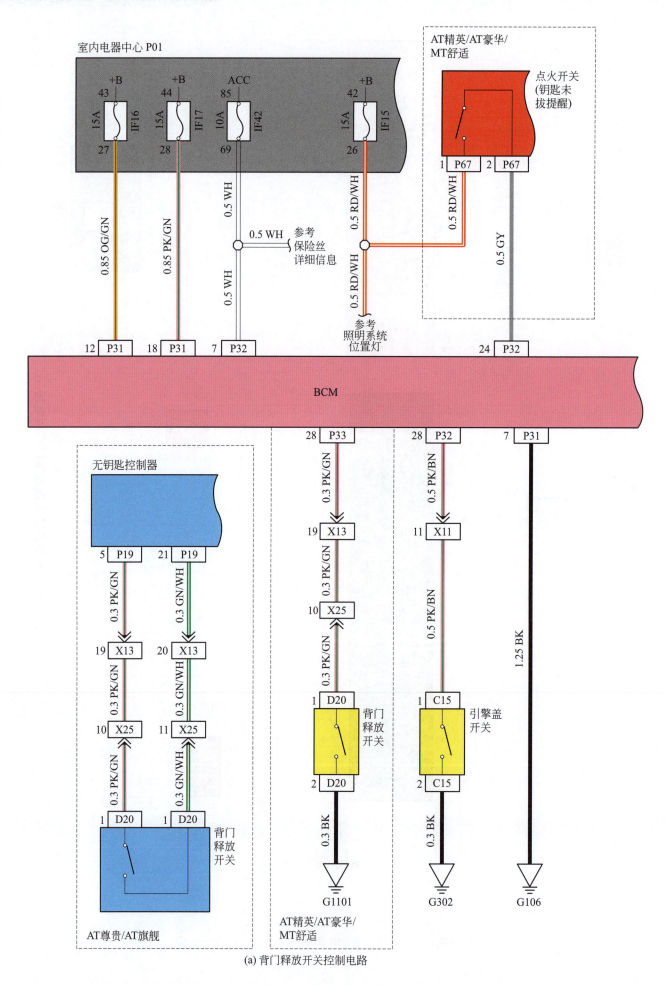

(a) 背门释放开关控制电路

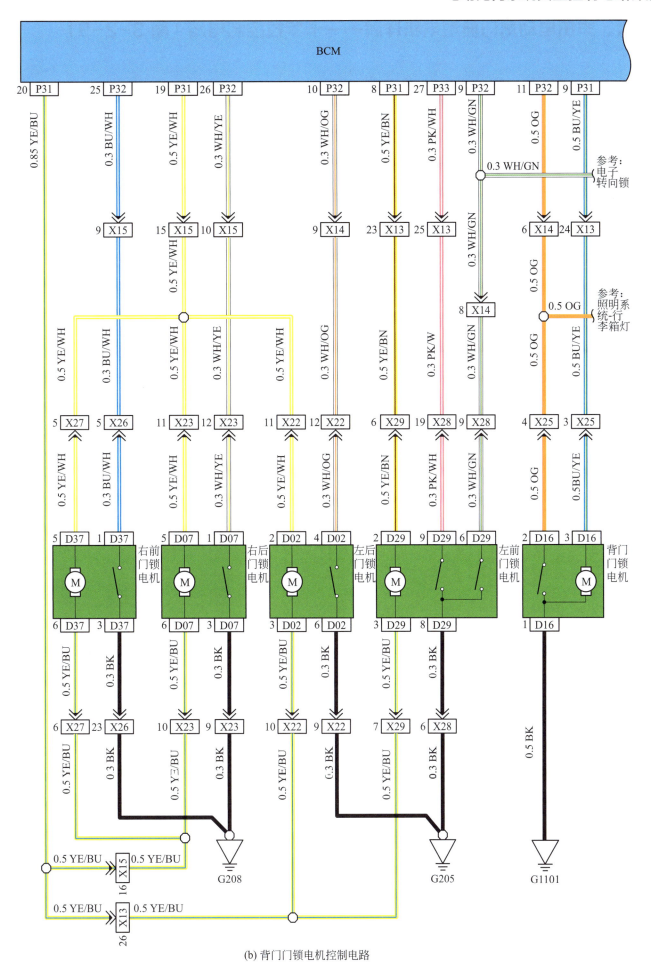

(b) 背门门锁电机控制电路

图 3-2-8　长安睿骋电动尾门控制电路

六、丰田电动尾门典型电路详解——卡罗拉控制电路（图3-2-9）

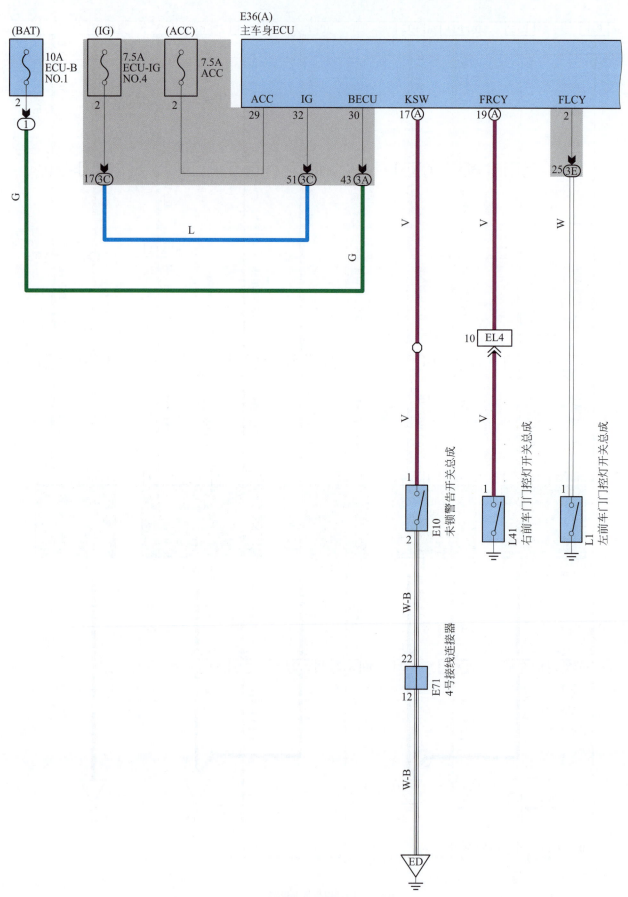

(a) 主车身ECU电源电路

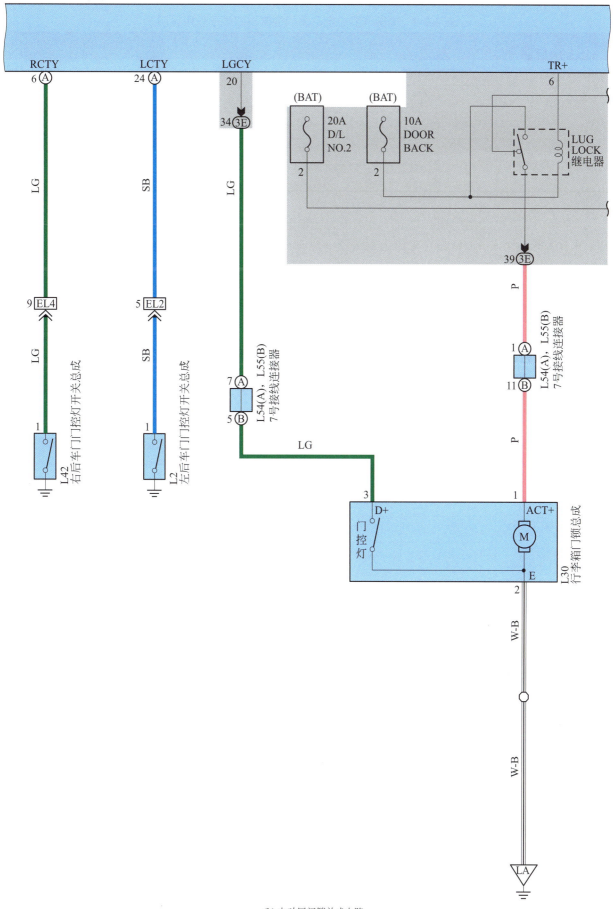

(b) 电动尾门锁总成电路

图 3-2-9 丰田卡罗拉电动尾门控制电路

主车身 ECU 和电动尾门锁总成部分端子作用说明见表 3-2-9。

表 3-2-9　丰田卡罗拉电动尾门控制电路端子作用说明

所在部件	序号	作用说明
主车身 ECU	29	接 ACC 挡位电源
	30	接常电电源
	32	IG 挡位电源
电动尾门锁总成	2	接地
	3	为门控灯控制开关

行李箱门锁（电动尾门锁）总成 1 号端子为门锁电机电源，LUG LOCK 继电器控制电路：蓄电池正极→10A 保险丝→LUG LOCK 继电器线圈→主车身 ECU 6 号端子，此时 LUG LOCK 继电器线圈通电，常开开关闭合。

LUG LOCK 继电器主电路：蓄电池正极→10A 保险丝→LUG LOCK 继电器开关→电动尾门锁总成 1 号端子→接地，此时门锁电机得电。

七、本田电动尾门典型电路详解——杰德控制电路（图 3-2-10）

尾门锁闩和尾门外把手开关端子作用说明如表 3-2-10 所示。

表 3-2-10　本田杰德尾门锁闩和尾门外把手端子作用说明

所在部件	序号	作用说明
尾门锁闩	1	为尾门闩锁开关信号线，与 MICU 控制单元 D37 号端子连接
	2	为尾门闩锁开关接地线，与 G603 连接
	3	为尾门释放作动器接地线，与 G603 连接
	4	为尾门释放作动器电源线，电路为蓄电池正极→A1 号（100A）保险丝→A12-1 号（60A）保险丝→B42 号（20A）保险丝→尾门锁闩 4 号端子→接地
尾门外把手开关	1	为接地线，与 G603 连接
	2	为尾门外把手开关信号线，与 MICU 控制单元连接

八、马自达电动尾门典型电路详解——CX-4 控制电路（图 3-2-11）

后舱门锁和锁执行器以及后舱开启开关中端子作用说明见表 3-2-11。

表 3-2-11　马自达 CX-4 后舱门锁和锁执行器以及后舱门开启开关端子作用说明

所在部件	序号	作用说明
后舱门锁和锁执行器	A	为后舱门锁开关接地线，与 G20 连接
	B	为后舱门锁电机接地线，与 G20 连接
	C	为后舱门锁开关电源线，与 RBCM 控制单元 4K 端子连接
	D	为后舱门锁电机电源线，与 RBCM 控制单元 4C 端子连接
后舱开启开关	A	为接地线，与 G20 连接
	C	为电源线，与 RBCM 控制单元 4M 端子连接

第三章 电动尾门系统典型控制电路详解

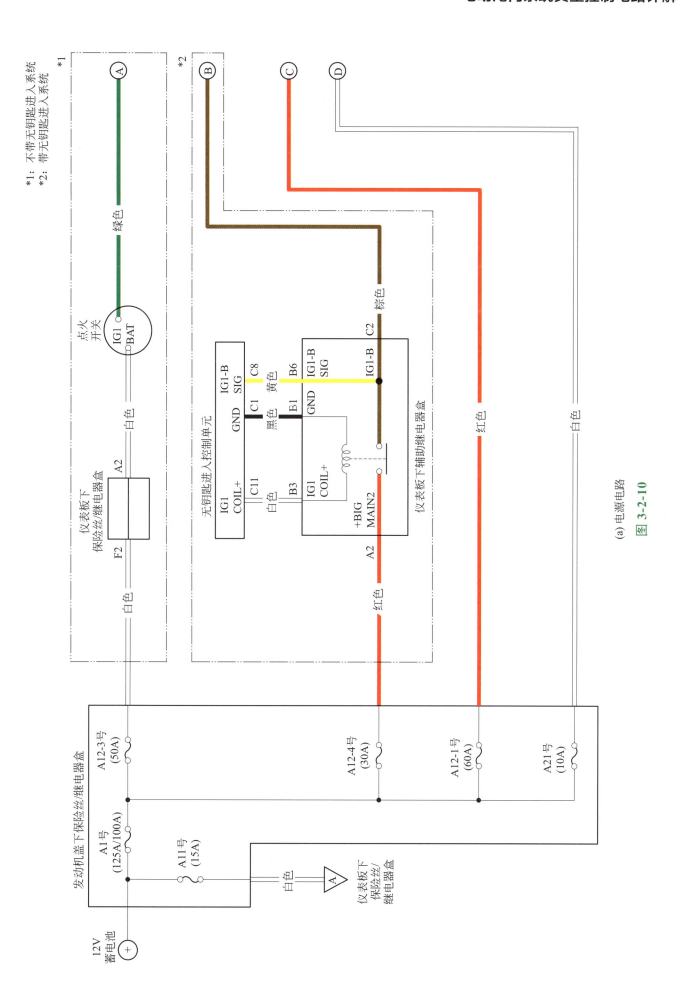

(a) 电源电路

图 3-2-10

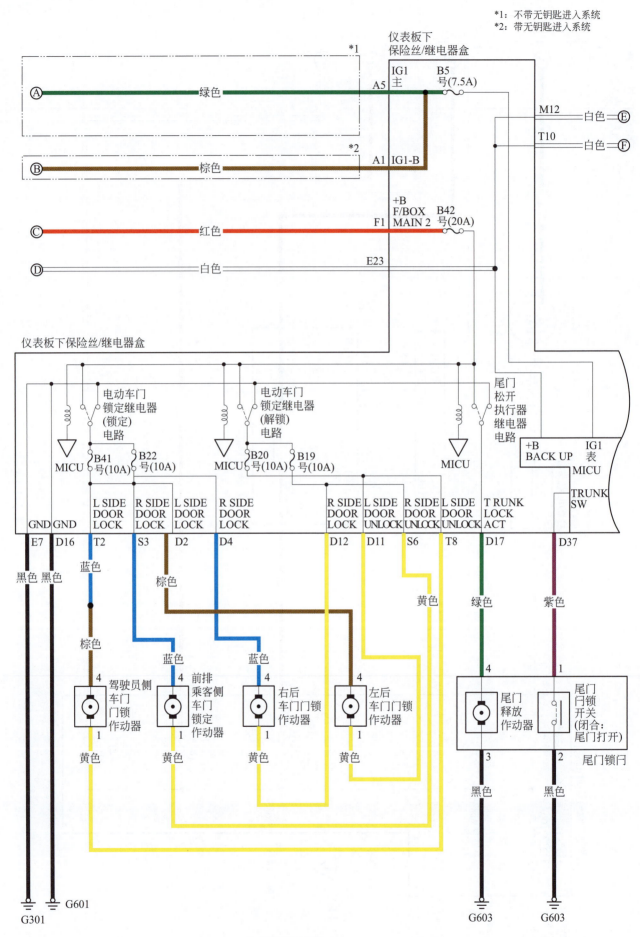

(b) 尾门锁闩电路

第三章

电动尾门系统典型控制电路详解

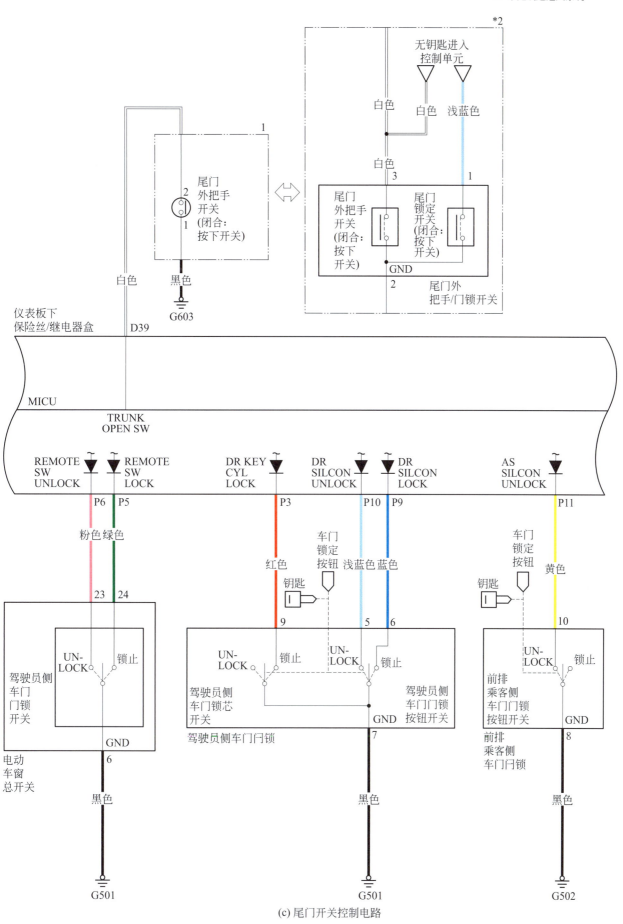

(c) 尾门开关控制电路

图 3-2-10　本田杰德电动尾门控制电路

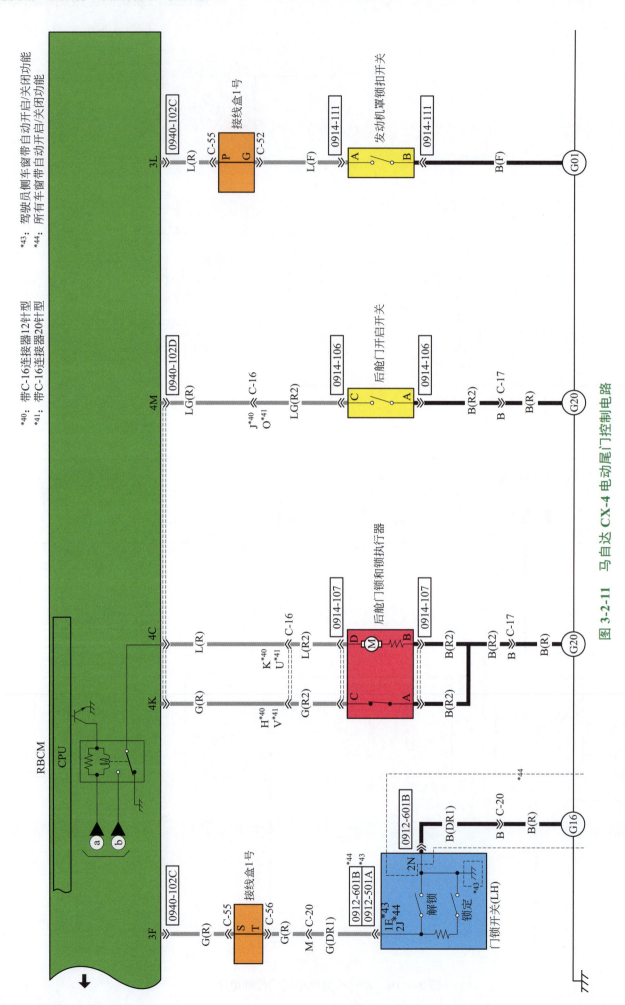

图 3-2-11 马自达 CX-4 电动尾门控制电路

九、日产电动尾门典型电路详解——楼兰控制电路（图 3-2-12）

电动尾门控制电路中部分端子作用说明见表 3-2-12。

表 3-2-12　日产楼兰电动尾门控制电路中端子作用说明

所在部件	序号	作用说明
BCM 控制单元	131	接电源，电路为蓄电池正极→10A 保险丝→BCM 控制单元 131 号端子
	139	接电源，电路为蓄电池正极→40A 保险丝→BCM 控制单元 139 号端子
	134、143	接地
	59	为 CAN-L 通信线
	60	为 CAN-H 通信线
后背门开启器开关总成	1	为后背门开启开关信号线，与 BCM 控制单元 80 号端子连接
	2	接地
后背门锁总成	1	为后背门打开信号线，与 BCM 控制单元 91 号端子连接
	2	接地

十、现代/起亚电动尾门典型电路详解——现代名图 MISTRA 控制电路（图 3-2-13）

电动尾门控制电路中部分端子作用说明见表 3-2-13。

表 3-2-13　现代名图电动尾门控制电路中端子作用说明

所在部件	序号	作用说明
行李箱灯	1	为电源线，蓄电池正极→暗电流自动切断装置→内部灯 10A 保险丝→行李箱灯 1 号端子
	2	为接地线，与 IPS 控制模块连接
行李箱盖手柄开关	6	为行李箱盖手柄开关信号线，与 IPS 控制模块连接
	9	为接地线，与 GF04 连接
行李箱盖碰锁	2	为行李箱灯开关信号线，与 IPS 控制模块连接
	3	接地

行李箱盖碰锁 1 号端子为电机电源线。

行李箱盖继电器控制电路：蓄电池正极→行李箱盖继电器 1 号端子→行李箱盖继电器 3 号端子→IPS 控制模块，此时行李箱盖继电器线圈通电，常开开关闭合。

行李箱盖继电器主电路：蓄电池正极→行李箱盖继电器 5 号端子→行李箱盖继电器 4 号端子→行李箱盖碰锁 1 号端子→接地，此时行李箱盖碰锁电机得电。

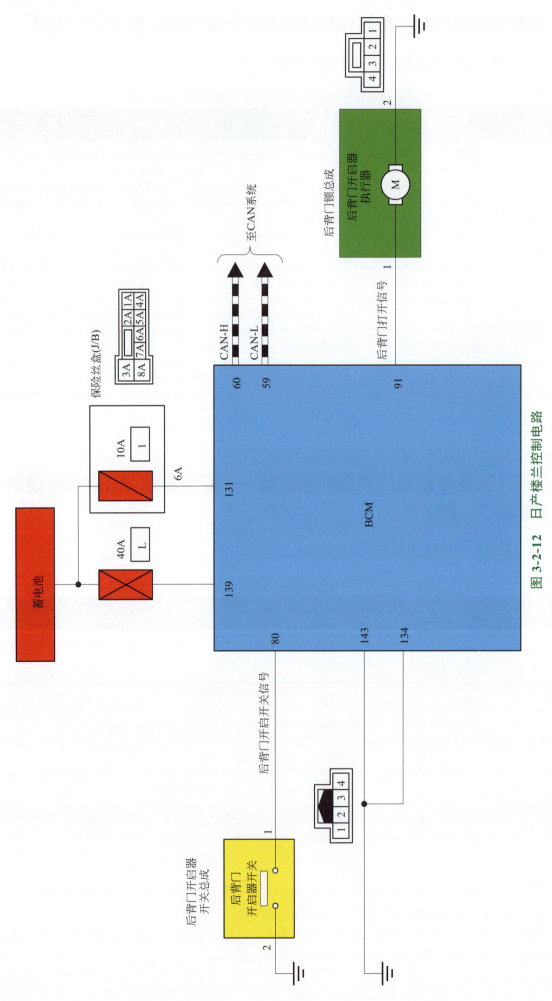

图 3-2-12 日产楼兰控制电路

第三章

电动尾门系统典型控制电路详解

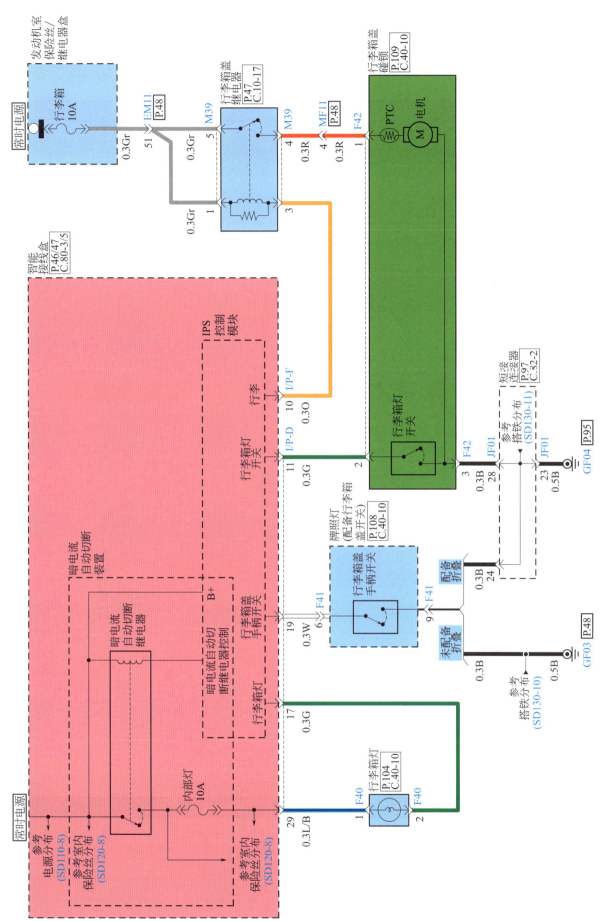

图 3-2-13 现代名图MISTRA 电动尾门控制电路

十一、福特电动尾门典型电路详解——锐界控制电路

1. 后门行李箱模块电源电路（图 3-2-14）

后门行李箱模块中部分端子作用说明见表 3-2-14。

表 3-2-14　福特锐界后门行李箱模块端子作用说明

序号	作用说明
C4174A/1	接地
C4174A/4	接电源，电路为蓄电池正极→40A 保险丝→后门行李箱模块 4 号端子
C4174A/9	接电源，电路为蓄电池正极→5A 保险丝→后门行李箱模块 9 号端子
C4174B/23	为 CAN- 通信线
C4174B/24	为 CAN+ 通信线

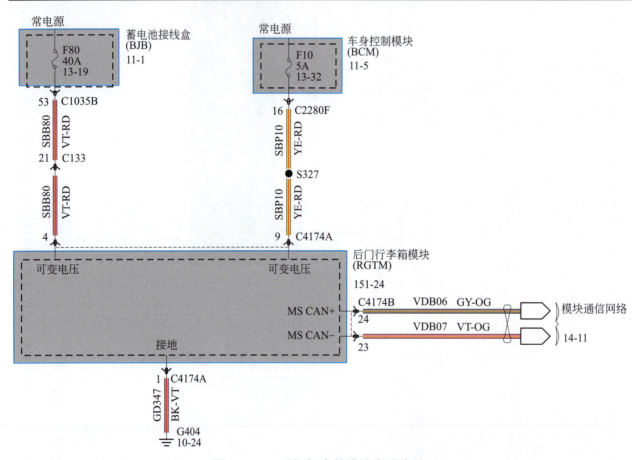

图 3-2-14　后门行李箱模块电源电路

2. 电动尾门开关控制电路（图 3-2-15）

电动尾门开关控制电路中端子作用说明见表 3-2-15。

表 3-2-15　福特锐界电动尾门开关电路中端子作用说明

所在部件	序号	作用说明
后门行李箱模块	C4174B/3	为前部电动尾门开关信号线，与前部电动尾门开关 6 号端子连接
	C4174B/11	为后电动尾门开关信号线，与后电动尾门开关 1 号端子连接
	C4174B/15	为尾门微开信号线，与车身控制模块 34 号端子连接
后电动尾门开关	2	为接地线，与 G404 号端子连接
前部电动尾门开关	2	为接地线，与 G200 号端子连接
	3	为前部电动尾门开关背景灯电源线

第三章
电动尾门系统典型控制电路详解

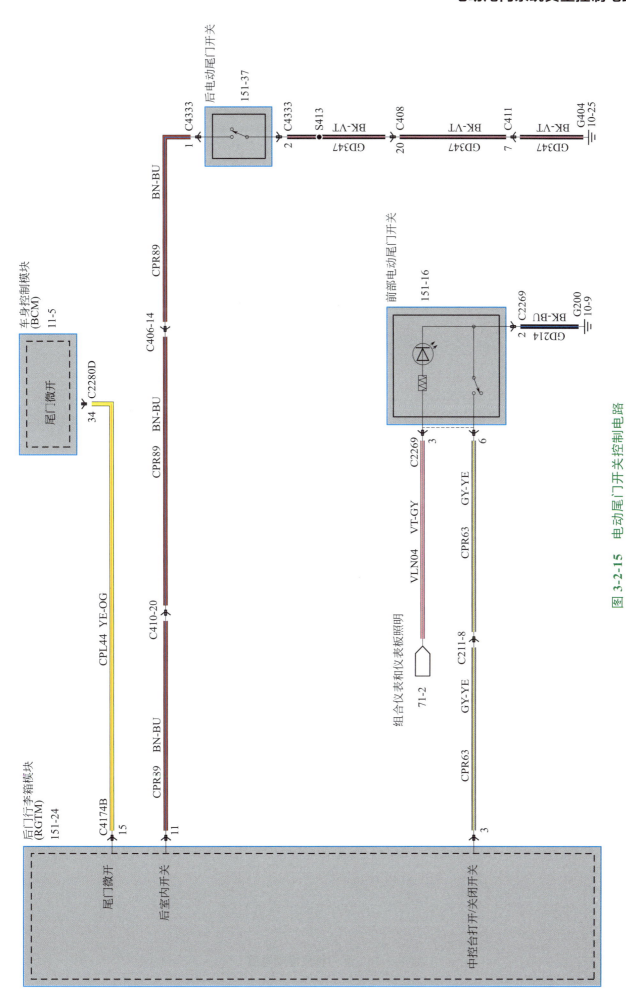

图 3-2-15 电动尾门开关控制电路

3. 尾门释放控制电路（图 3-2-16）

尾门释放控制电路中部分端子作用说明见表 3-2-16。

表 3-2-16　福特锐界尾门释放控制电路中端子作用说明

所在部件	序号	作用说明
后门行李箱模块	C4174B/25	为牌照灯电源线，与牌照灯 2 号端子连接
车身控制模块	1	为牌照灯电源线，与牌照灯 2 号端子连接
牌照灯	4	为接地线，与 G404 连接

4. 尾门/行李箱盖门闩控制电路（图 3-2-17）

尾门/行李箱盖门闩控制电路中部分端子作用说明见表 3-2-17。

表 3-2-17　福特锐界尾门/行李箱盖门闩控制电路中端子作用说明

所在部件	序号	作用说明
后门行李箱模块	C4174A/2	为束带信号线，与尾门/行李箱盖门闩 C4223B/1 号端子连接
	C4174A/3	为无束带信号线，与尾门/行李箱盖门闩 C4223B/2 号端子连接
	C4174A/8	为释放信号线，与尾门/行李箱盖门闩 C4223A/2 号端子连接
	C4174B/2	为零点位置信号线，与尾门/行李箱盖门闩 C4223B/4 号端子连接
	C4174A/16	为锁爪/微开信号线，与尾门/行李箱盖门闩 C4223A/1 号端子连接
	C4174A/17	为主要棘轮信号线，与尾门/行李箱盖门闩 C4223A/4 号端子连接
	C4174A/18	为次要棘轮信号线，与尾门/行李箱盖门闩 C4223A/3 号端子连接
尾门/行李箱盖门闩	3、5	为接地线，与 G404 连接

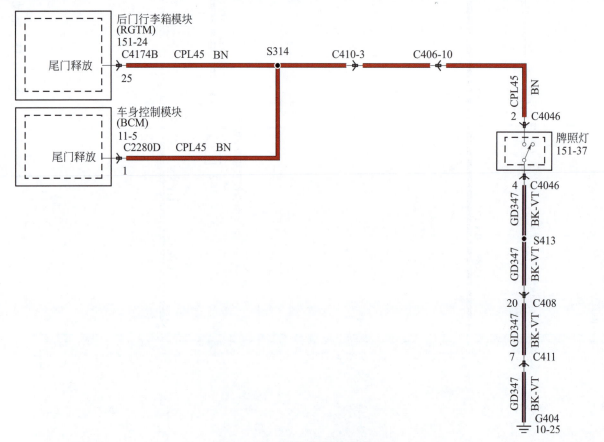

图 3-2-16　尾门释放控制电路

第三章
电动尾门系统典型控制电路详解

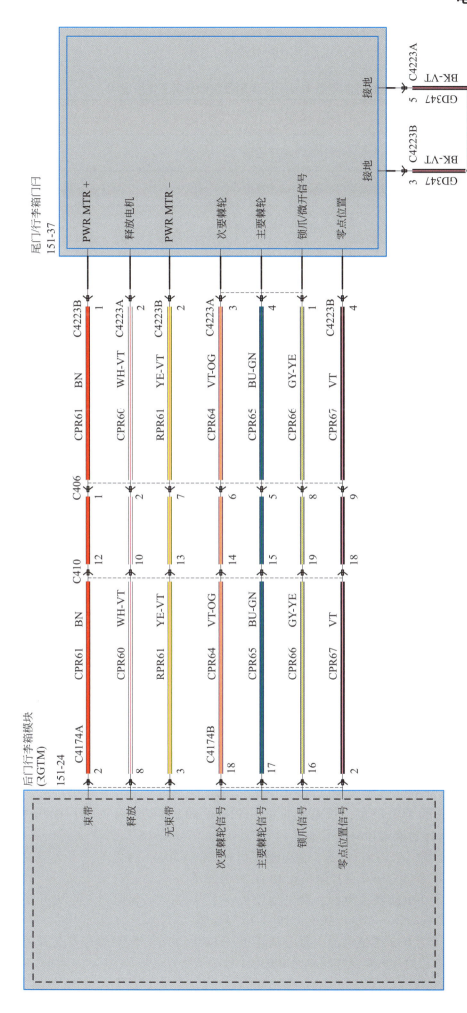

图 3-2-17 尾门/行李箱盖门门控制电路

125

5. 电动尾门电机控制电路（图 3-2-18）

电动尾门电机控制电路中后门行李箱模块部分端子作用说明见表 3-2-18。

表 3-2-18　福特锐界电动尾门电机控制电路中后门行李箱模块部分端子作用说明

序号	作用说明
C4174A/5	为电机打开信号线，与电动尾门电机 2 号端子连接
C4174A/6	为电机关闭信号线，与电动尾门电机 9 号端子连接
C4174B/7	为位置传感器 1 信号线，与电动尾门电机 6 号端子连接
C4174B/8	为位置传感器 2 信号线，与电动尾门电机 7 号端子连接
C4174B/19	为位置传感器电源线，与电动尾门电机 4 号端子连接
C4174B/20	为位置传感器回路线，与电动尾门电机 5 号端子连接
C4174B/12	为左侧尾门防夹条信号线，与左侧尾门防夹条 1 号端子连接
C4174B/14	为右侧尾门防夹条信号线，与右侧尾门防夹条 1 号端子连接
C4174B/21	为左/右侧尾门防夹条回路线，与左/右侧尾门防夹条 2 号端子连接

6. 免提尾门控制电路（图 3-2-19）

免提尾门触动模块部分端子作用说明见表 3-2-19。

表 3-2-19　福特锐界免提尾门模块部分端子作用说明

序号	作用说明
1	为输入信号线，与车身控制模块 29 号端子连接
2	为输入电源线
3	为输入接地线，与 G404 连接

十二、传祺电动尾门典型电路详解——GS4 控制电路（图 3-2-20）

车身控制单元 IP04-6 号端子为常电电源，蓄电池正极→EF10（50A）保险丝→IF1 SHORT PIN→IF41（10A）保险丝→车身控制单元 IP04-6 号端子。

车身控制单元 IP03-29 号端子为 ACC 挡位电源，蓄电池正极→EF9（30A）保险丝→点火开关 AMI/ACC 挡位接通→IF28（10A）保险丝→车身控制单元 IP03-29 号端子。

车身控制单元 IP03-20 号端子为 IG1 挡位电源，蓄电池正极→EF9（30A）保险丝→点火开关 AMI/IG1 挡位接通→IF35（10A）保险丝→车身控制单元 IP03-20 号端子。

车身控制单元 IP03-21 号端子为 IG2 挡位电源，蓄电池正极→EF9（30A）保险丝→点火开关 AM2/IG2 挡位接通→IF26（10A）保险丝→车身控制单元 IP03-21 号端子。

第三章 电动尾门系统典型控制电路详解

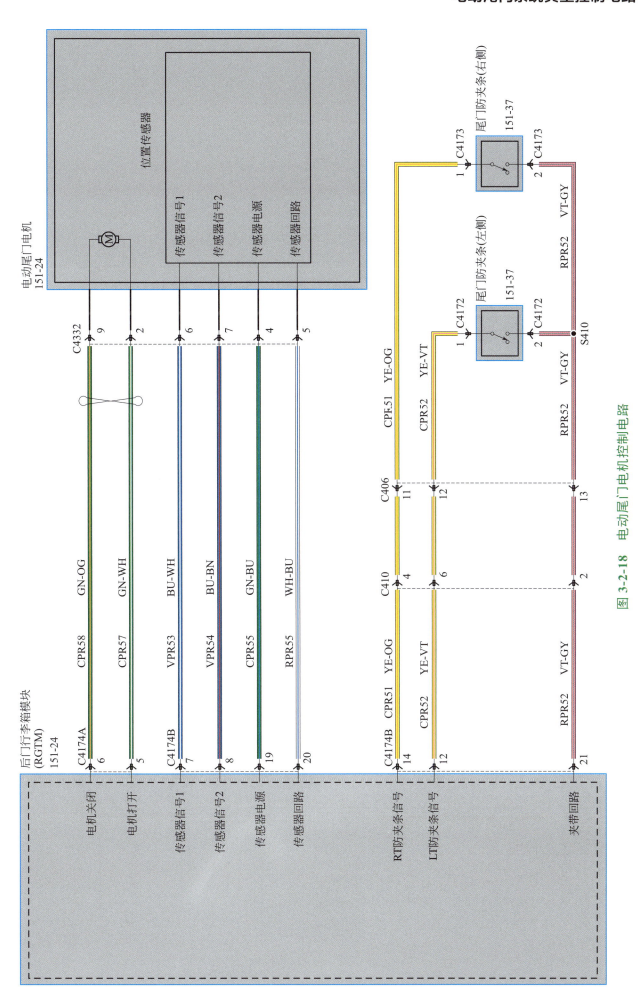

图 3-2-18 电动尾门电机控制电路

127

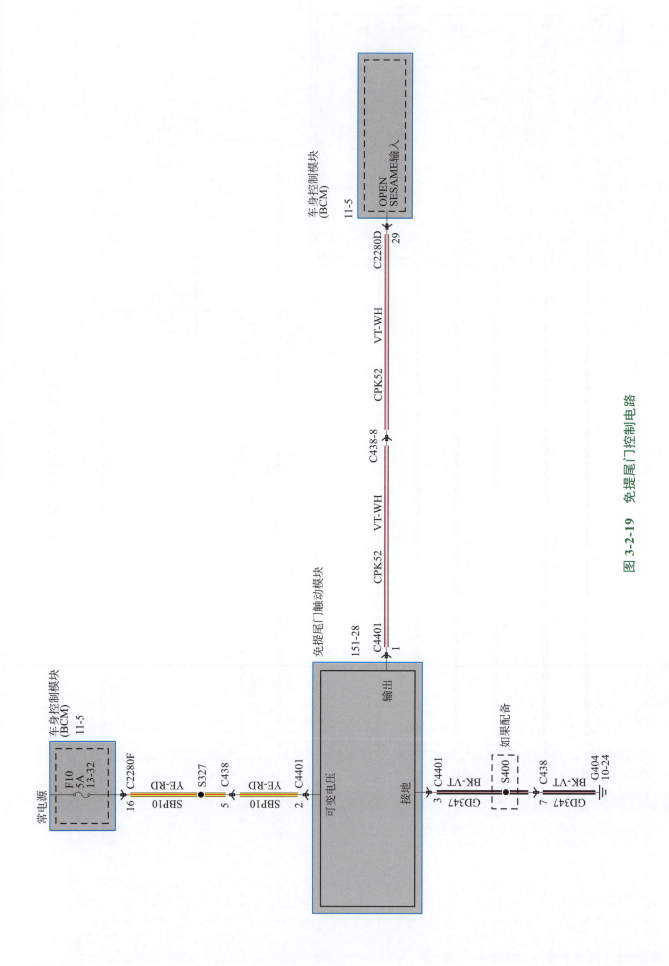

图 3-2-19 免提尾门控制电路

电动尾门控制电路中部分端子作用说明见表 3-2-20。

表 3-2-20　传祺 GS4 电动尾门控制电路中端子作用说明

所在部件	序号	作用说明
行李箱开关	1	为行李箱开关接地线，与 TKG501 连接
	2	为行李箱开关信号线，与车身控制单元 BD15-10 号端子连接
	3	为行李箱开关电机接地线，与 TKG501 连接
	4	为行李箱开关电机电源线，与车身控制单元 IP04-4 号端子连接
行李箱灯	1	为电源线
	2	为接地线，与车身控制单元 BD15-10 号端子连接
车身控制单元	IP01-3、4	为接地线，与 G201 连接
	IP03-23	为接地线，与 G201 连接
	IP04-3	为接地线，与 G201 连接
	BD15-35	为接地线，与 G210 连接

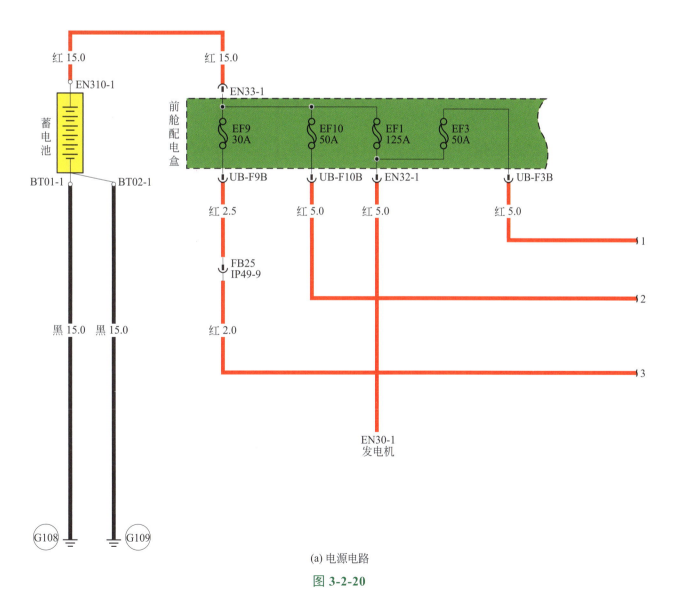

(a) 电源电路

图 3-2-20

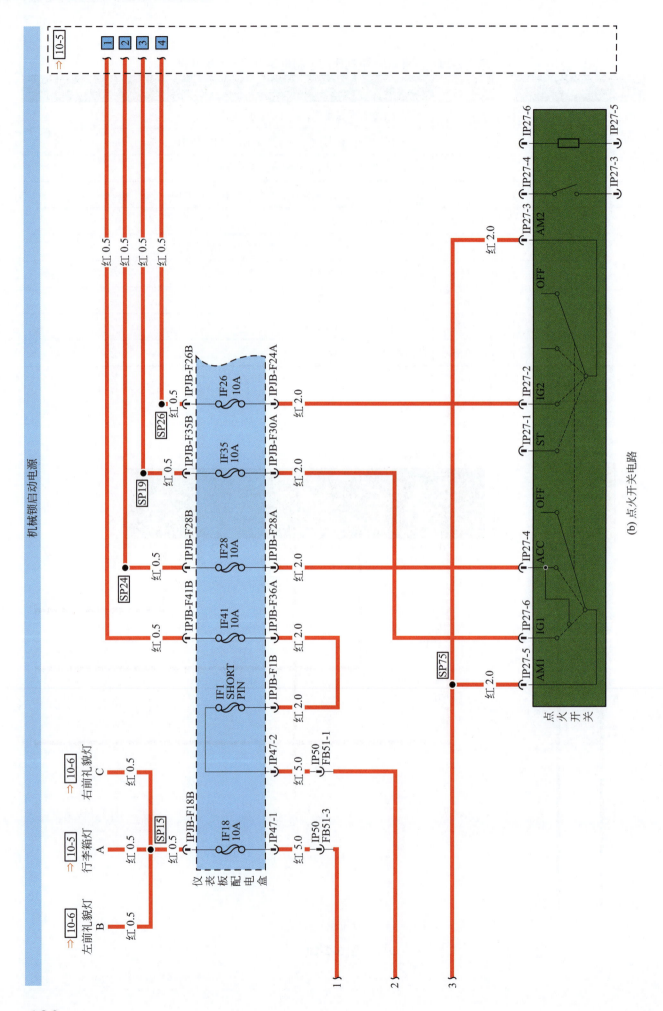

第三章
电动尾门系统典型控制电路详解

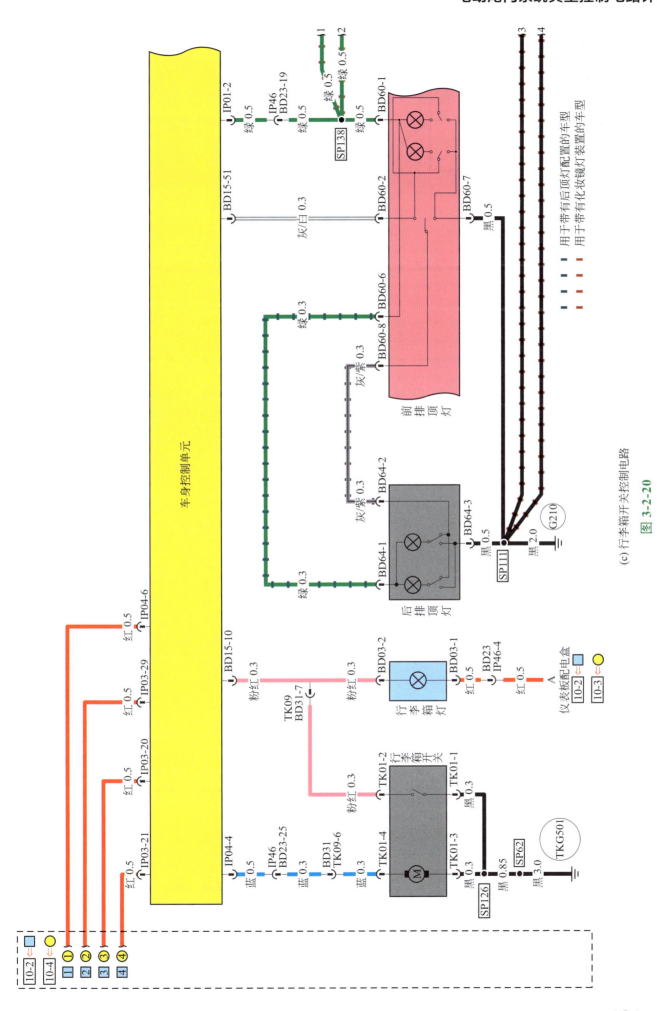

(c) 行李箱开关控制电路

图 3-2-20

131

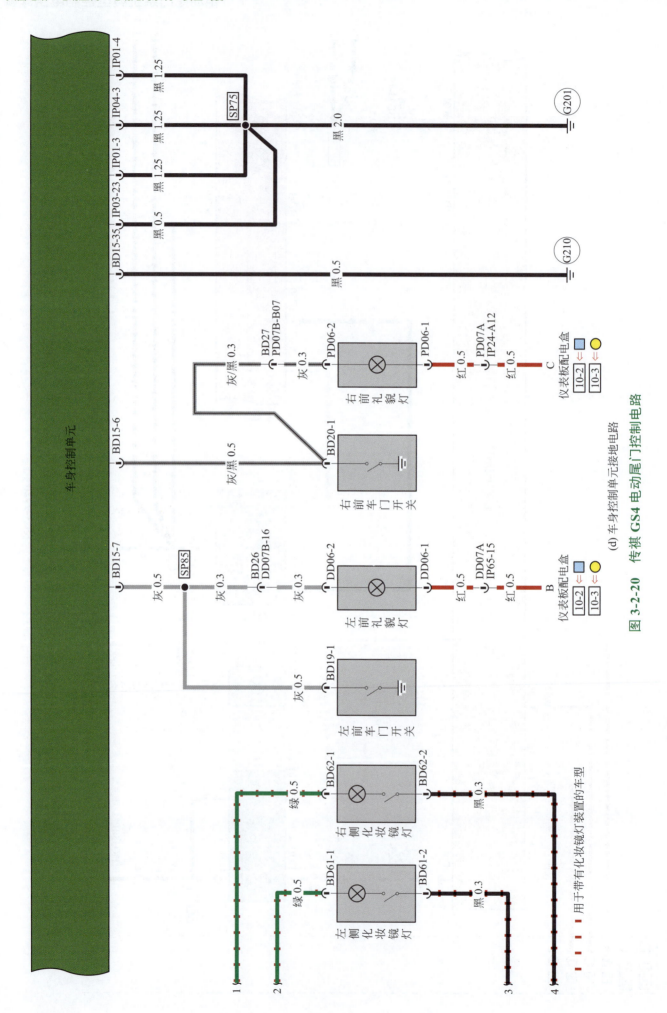

十三、宝马电动尾门典型电路详解——X5 控制电路（图 3-2-21）

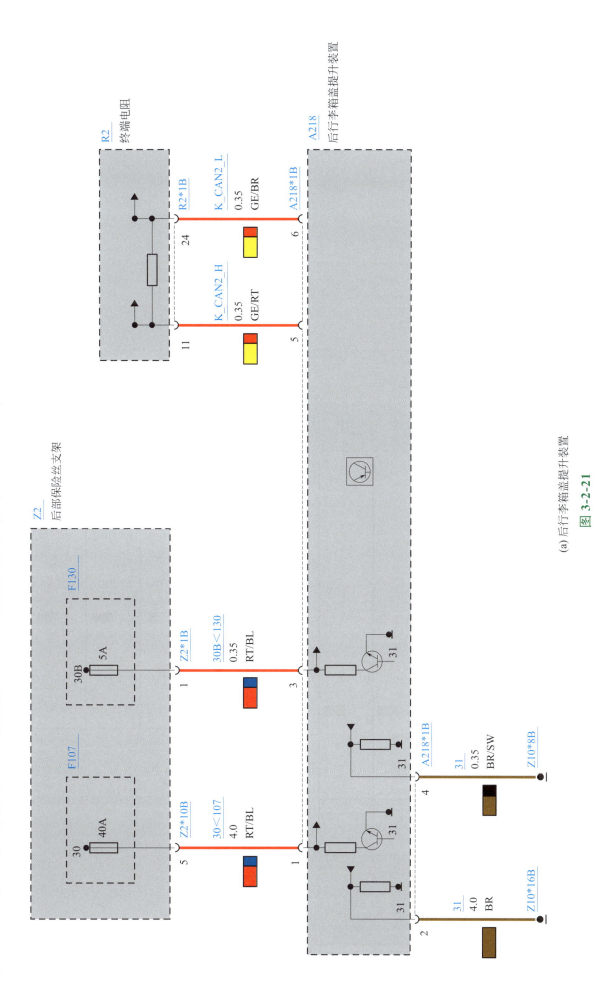

(a) 后行李箱盖提升装置

图 3-2-21

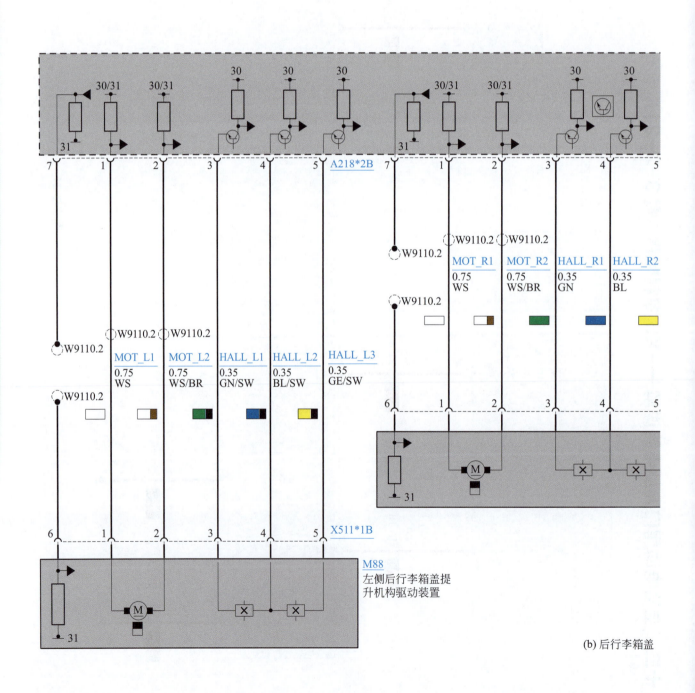

(b) 后行李箱盖

第三章

电动尾门系统典型控制电路详解

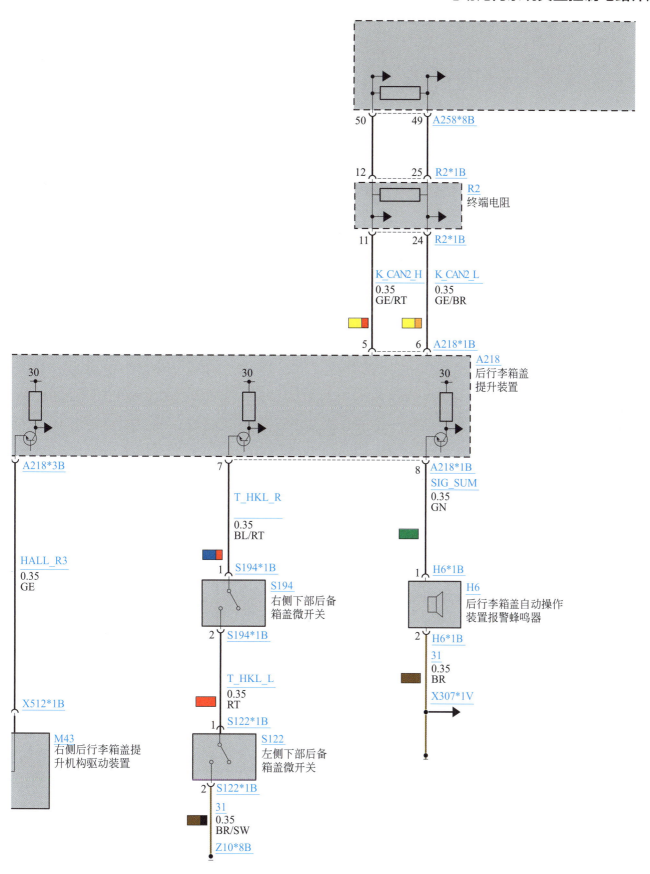

提升机构驱动装置

图 3-2-21

135

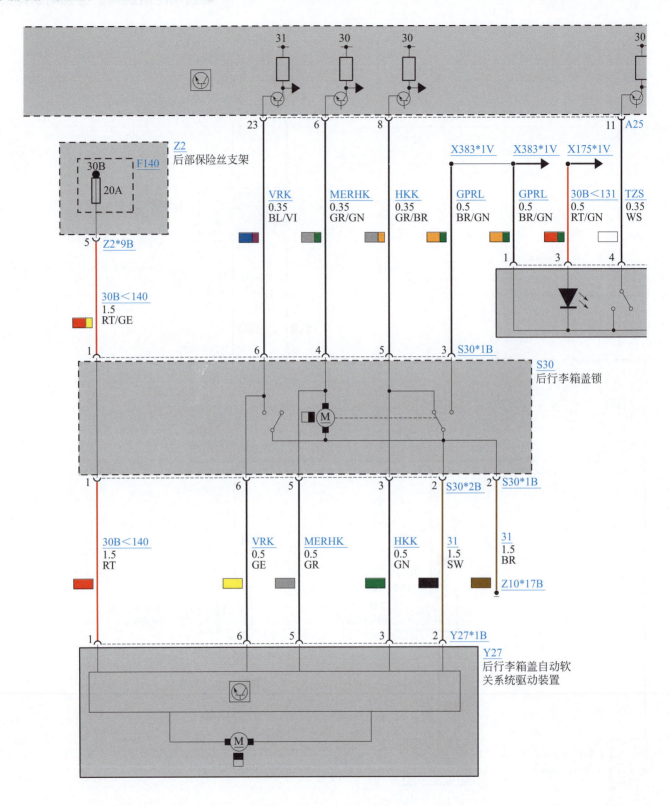

(b) 后行李箱盖

图 3-2-21 宝马 X5 电动

第三章
电动尾门系统典型控制电路详解

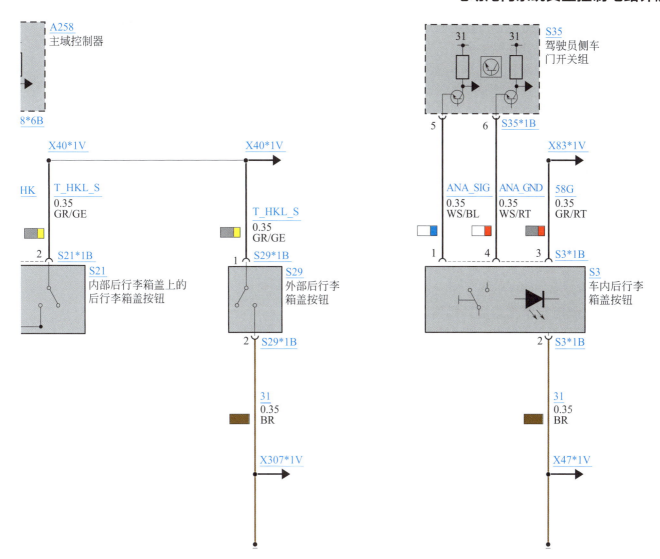

提升机构驱动装置

尾门控制电路

137

后行李箱盖提升装置1号端子为电源线，由F107（40A）保险丝供电。

后行李箱盖提升装置3号端子为电源线，由F130（5A）保险丝供电。

后行李箱盖提升装置2、4号端子为接地线。

后行李箱盖提升装置5号端子为K_CAN2_H通信线。

后行李箱盖提升装置6号端子为K_CAN2_L通信线。

1. 左侧后行李箱盖提升机构驱动装置

电机1号端子为直流电机的控制（正极信号），与后行李箱盖提升装置A218*2B/1号端子连接。

电机2号端子为直流电机的控制（负极信号），与后行李箱盖提升装置A218*2B/2号端子连接。

电机3号端子为霍尔传感器1的信号线，与后行李箱盖提升装置A218*2B/3号端子连接。

电机4号端子为霍尔传感器的供电电压，与后行李箱盖提升装置A218*2B/4号端子连接。

电机5号端子为霍尔传感器2的信号线，与后行李箱盖提升装置A218*2B/5号端子连接。

电机6号端子为屏蔽线。

2. 右侧后行李箱盖提升机构驱动装置

电机1号端子为直流电机的控制（正极信号），与后行李箱盖提升装置A218*3B/1号端子连接。

电机2号端子为直流电机的控制（负极信号），与后行李箱盖提升装置A218*3B/2号端子连接。

电机3号端子为霍尔传感器1的信号线，与后行李箱盖提升装置A218*3B/3号端子连接。

电机4号端子为霍尔传感器的供电电压，与后行李箱盖提升装置A218*3B/4号端子连接。

电机5号端子为霍尔传感器2的信号线，与后行李箱盖提升装置A218*3B/5号端子连接。

电机6号端子为屏蔽线。

3. 后行李箱盖自动软关系统驱动装置

后行李箱盖自动软关系统驱动装置1号端子为总线端Kl.30基本运行模式，来自后部配电器的供电。

后行李箱盖自动软关系统驱动装置2号端子为总线端Kl.31功率管接地。

后行李箱盖自动软关系统驱动装置3号端子为旋转锁销开关的信号线。

后行李箱盖自动软关系统驱动装置5号端子为门销开关的信号线。

后行李箱盖自动软关系统驱动装置6号端子为解锁驱动装置的信号线。

4. 后行李箱盖内部的后行李箱盖按钮

后行李箱盖内部的后行李箱盖按钮1号端子为接地线。

后行李箱盖内部的后行李箱盖按钮2号端子为从用于继续打开的后行李箱盖按钮到后行李箱盖自动操作装置（HKL）的信号线。

后行李箱盖内部的后行李箱盖按钮3号端子为电源线。

后行李箱盖内部的后行李箱盖按钮4号端子为从后行李箱盖按钮到接线盒电子装置（JBE）的信号线。

5. 外部后行李箱盖按钮

外部后行李箱盖按钮1号端子为接线盒电子装置（JBE）或车尾电子模块（REM）的信号线。

外部后行李箱盖按钮2号端子为接地线。

6. 车内后行李箱盖按钮

车内后行李箱盖按钮1号端子为信号线。

车内后行李箱盖按钮2号端子为接地线。

车内后行李箱盖按钮3号端子为照明灯电源线。

车内后行李箱盖按钮4号端子为信号线。

十四、长城电动尾门典型电路详解——哈弗H6控制电路（图3-2-22）

电动尾门控制电路中部分端子作用说明见表3-2-21。

第三章

电动尾门系统典型控制电路详解

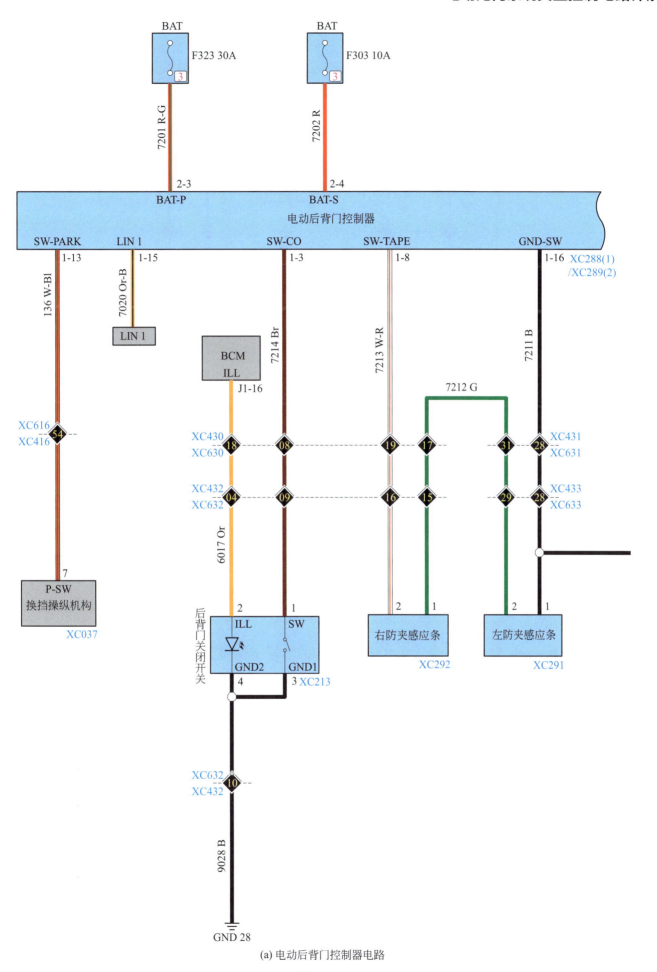

(a) 电动后背门控制器电路

图 3-2-22

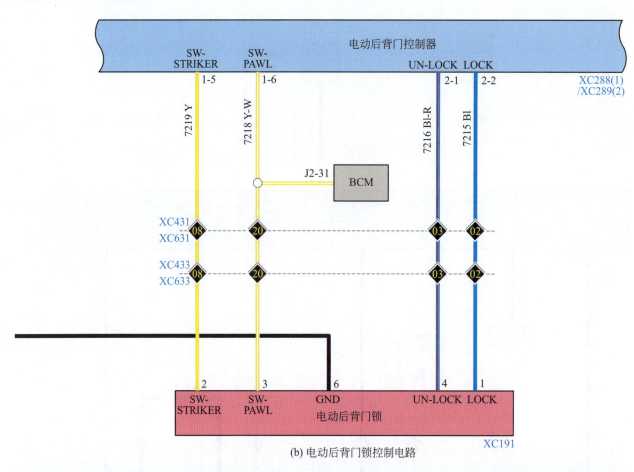

(b) 电动后背门锁控制电路

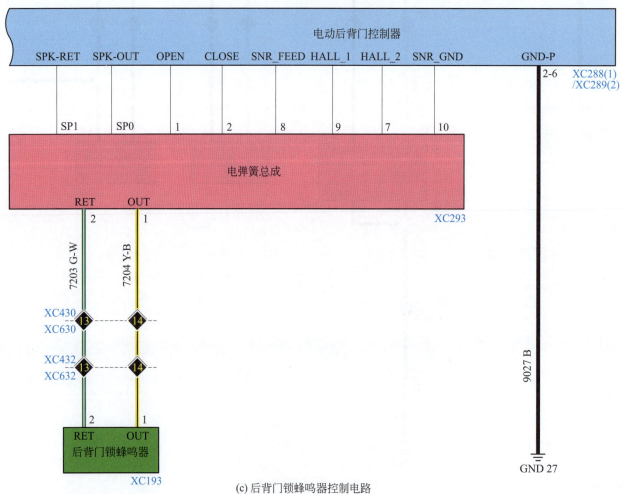

(c) 后背门锁蜂鸣器控制电路

第三章 电动尾门系统典型控制电路详解

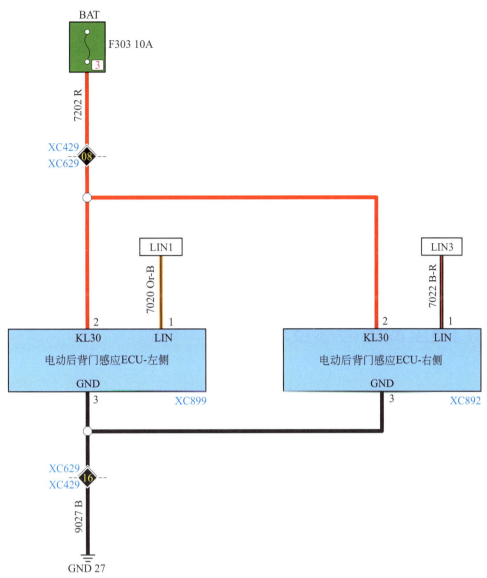

(d) 电动后背门ECU电源电路

图 3-2-22　长城哈弗 H6 电动尾门控制电路

表 3-2-21　长城哈弗 H6 电动尾门控制电路中端子作用说明

所在部件	序号	作用说明
电动后背门控制器	2-3	接电源
	2-4	接电源
	1-13	为挡位信号，与换挡操纵机构7号端子连接
	1-15	为LIN通信线
	1-3	为后背门关闭开关信号线，与后背门关闭开关1号端子连接
	1-8	为右防夹感应条信号线，与右防夹感应条2号端子连接
	1-16	为接地线，与左防夹感应条1号端子连接
	1-5	与电动后背门锁2号端子连接
	1-6	与电动后背门锁3号端子连接
	2-1	为解锁信号，与电动后背门锁4号端子连接
	2-2	为锁止信号，与电动后背门锁1号端子连接

续表

所在部件	序号	作用说明
后背门关闭开关	2	为开关背景灯控制线，与BCM控制单元J1-18号端子连接
	3	为后背门关闭开关接地线，与GND28连接
	4	为后背门关闭开关背景灯接地线，与GND28连接
右防夹感应条	1	与左防夹感应条2号端子连接
电动后背门锁	6	为接地线，与GND28连接

第三节
电动尾门典型故障检修技巧

一、举升门内部开关不工作故障诊断

本小节故障诊断以凯迪拉克CT6为例，电路图可参考图3-2-5。

❶ 将车辆熄火断电

将点火开关置于OFF（关闭）位置/将车辆熄火并关闭所有车辆系统，断开S58B行李箱盖内部解锁开关的线束连接器，可能需要2min才能让所有车辆系统断电。

❷ 测试搭铁电路端子2和搭铁之间的电阻是否小于10Ω

如果等于或大于10Ω：

a. 则将点火开关置于OFF（关闭）位置/将车辆熄火。

b. 测试搭铁电路的端对端电阻是否小于2Ω。

如果大于或等于2Ω，则修理电路中的开路/电阻过大故障；如果小于2Ω，则修理搭铁连接中的开路/电阻过大故障。

如果小于10Ω，则按步骤❸和❹进行诊断。

❸ 将点火开关置于ON（打开）位置/将车辆置于维修模式

❹ 确认故障诊断仪 Liftgate Front Control Switch（举升门前控制开关）参数为Inactive（未激活）

如果不为Inactive（未激活）：

a. 将点火开关置于OFF（关闭）位置/将车辆熄火，断开K39举升门控制模块的线束连接器。

b. 测试信号电路端子4和搭铁之间的电阻是否为无穷大。如果电阻不为无穷大，则修理电路中对搭铁短路故障；如果电阻为无穷大，则更换K39举升门控制模块。

如果为Inactive（未激活），则按步骤❺和❻进行诊断。

❺ 在信号电路端子4和搭铁电路端子2之间安装一条带3A保险丝的跨接线

❻ 确认故障诊断仪 Liftgate Front Control Switch（举升门前控制开关）参数为Active（激活）

如果不为Active（激活）：

a. 将点火开关置于OFF（关闭）位置/将车辆熄火；拆下跨接线，断开K39举升门控制模块的线束连接器；将点火开关置于ON（打开）位置/将车辆置于维修模式。

b. 测试信号电路和搭铁之间的电压是否小于1V。

如果等于或大于1V，则修理电路上的对电压短路故障；如果低于1V，则测试信号电路的端对端电阻是否小于2Ω。

如果大于或等于2Ω，则修理电路中的开路/电阻过大故障；如果小于2Ω，则更换K39举升门控制模块。

如果为Active（激活），则执行步骤 ❼。

❼ 测试或更换S58B行李箱盖内部开闭开关

二、举升门释放开关故障诊断

本小节以凯迪拉克CT6为例，电路图可参考图3-2-5。

❶ 将车辆熄火断电

将点火开关置于OFF（关闭）位置/将车辆熄火并关闭所有车辆系统，断开S46B举升门释放开关的线束连接器，可能需要2 min才能让所有车辆系统断电。

❷ 测试低电平参考电压电路端子1和搭铁之间的电阻是否小于10Ω

如果等于或大于10Ω：

a. 将点火开关置于OFF（关闭）位置/将车辆熄火。断开K39举升门控制模块的线束连接器。

b. 测试低电平参考电压电路的端对端电阻是否小于2Ω。

如果大于或等于2Ω，则修理电路中的开路/电阻过大故障；如果小于2Ω，则修理低电平参考电压电路中的开路/电阻过大故障。

如果小于10Ω，则执行步骤 ❸ 和 ❹。

❸ 将点火开关置于ON（打开）位置/将车辆置于维修模式

❹ 确认故障诊断仪Liftgate Handle Switch（举升门把手开关）参数为Inactive（未激活）

如果不为Inactive（未激活）：

a. 将点火开关置于OFF（关闭）位置/将车辆熄火，断开K39举升门控制模块的线束连接器。

b. 测试信号电路端子2和搭铁之间的电阻是否为无穷大。

如果电阻不为无穷大，则修理电路中对搭铁短路故障；如果电阻为无穷大，则更换K39举升门控制模块。

如果为Inactive（未激活），则执行步骤 ❺ 和 ❻。

❺ 在信号电路端子2和低电平参考电压电路端子1之间安装一条带3A保险丝的跨接线

❻ 确认故障诊断仪Liftgate Handle Switch（举升门把手开关）参数为Active（激活）

如果不为Active（激活）：

a. 将点火开关置于OFF（关闭）位置/将车辆熄火，断开K39举升门控制模块的线束连接器；将点火开关置于ON（打开）位置/将车辆置于维修模式。

b. 测试信号电路和搭铁之间的电压是否小于1V。

如果等于或大于1V，则修理电路上的对电压短路故障；如果低于1V，测试信号电路的端对端电阻是否小于2Ω。

如果大于或等于2Ω，则修理电路中的开路/电阻过大故障；如果小于2Ω，则更换K39举升门控制模块。

如果为Active（激活），则执行步骤 ❼。

❼ 测试或更换S46B举升门解锁开关

三、行李箱锁闩开关故障诊断

本小节以凯迪拉克CT6为例，电路图可参考图3-2-5。

❶ 将车辆熄火断电

将点火开关置于OFF（关闭）位置/将车辆熄火并关闭所有车辆系统，断开A23C举升门锁闩总成的线束连接器，可能需要2 min才能让所有车辆系统断电。

❷ 测试低电平参考电压电路端子6和搭铁之间的电阻是否小于10Ω

如果等于或大于 10Ω：

a. 将点火开关置于 OFF（关闭）位置 / 将车辆熄火，断开 K39 举升门控制模块的线束连接器。

b. 测试低电平参考电压电路的端对端电阻是否小于 2Ω。

如果大于或等于 2Ω，则修理电路中的开路 / 电阻过大故障；如果小于 2Ω，则更换 K39 举升门控制模块。

如果小于 10Ω，则执行步骤 ❸ 和 ❹。

❸ 将点火开关置于 ON（打开）位置 / 将车辆置于维修模式

❹ 确认故障诊断仪 Liftgate Latch Pawl Switch（举升门锁闩掣子开关）参数为 Closed（闭合）

如果不是 Closed（未闭合）：

a. 将点火开关置于 OFF（关闭）位置 / 将车辆熄火，断开 K39 举升门控制模块的 X1 线束连接器。

b. 测试信号电路端子 3 和搭铁之间的电阻是否为无穷大。

如果电阻不为无穷大，则修理电路中对搭铁短路故障；如果电阻为无穷大，则更换 K39 举升门控制模块。

如果为 Closed（闭合），则执行步骤 ❺ 和 ❻。

❺ 在信号电路端子 3 和低电平参考电压电路端子 6 之间安装一条带 3A 保险丝的跨接线

❻ 确认故障诊断仪 Liftgate Latch Pawl Switch（举升门锁闩掣子开关）参数为 Open（打开）

如果不为 Open（打开）：

a. 将点火开关置于 OFF（关闭）位置 / 将车辆熄火；拆下带 3A 保险丝的跨接线，断开 K39 举升门控制模块的 X1 线束连接器；将点火开关置于 ON（打开）位置 / 将车辆置于维修模式。

b. 测试信号电路端子 1 和搭铁之间的电压是否小于 5V。

如果等于或大于 1V，则修理电路上的对电压短路；如果低于 1V，则测试信号电路的端对端电阻是否小于 2Ω。

如果大于或等于 2Ω，则修理电路中的开路 / 电阻过大故障；如果小于 2Ω，则更换 K39 举升门控制模块。

如果为 Open（打开），则执行步骤 ❼。

❼ 确认故障诊断仪 Liftgate Latch Ratchet Switch（举升门锁闩棘爪开关）参数为 Closed（闭合）

如果不为 Closed（未闭合）：

a. 将点火开关置于 OFF（关闭）位置 / 将车辆熄火，断开 K39 举升门控制模块的 X1 线束连接器。

b. 测试信号电路端子 2 和搭铁之间的电阻是否为无穷大。

如果电阻不为无穷大，则修理电路中对搭铁短路故障；如果电阻为无穷大，则更换 K39 举升门控制模块。

如果为 Closed（闭合），则执行步骤 ❽ 和 ❾。

❽ 在信号电路端子 2 和低电平参考电压电路端子 6 之间安装一条带 3A 保险丝的跨接线

❾ 确认故障诊断仪 Liftgate Latch Ratchet Switch（举升门锁闩棘爪开关）参数为 Open（打开）

如果不为 Open（打开）：

a. 将点火开关置于 OFF（关闭）位置 / 将车辆熄火；拆下带 3A 保险丝的跨接线，断开 K39 举升门控制模块的 X1 线束连接器；将点火开关置于 ON（打开）位置 / 将车辆置于维修模式。

b. 测试信号电路端子 1 和搭铁之间的电压是否小于 1V。

如果等于或大于 1V，则修理电路上的对电压短路；如果低于 1V，测试信号电路的端对端电阻是否小于 2Ω。

如果大于或等于 2Ω，则修理电路中的开路 / 电阻过大故障；如果小于 2Ω，则更换 K39 举升门控制模块。

如果为 Open（打开），则执行步骤 ❿。

❿ 测试或更换 A23C 举升门锁闩总成

四、举升门锁闩释放故障诊断

本小节以凯迪拉克 CT6 为例，电路图可参考图 3-2-5。

❶ 车辆熄火断电

将点火开关置于 OFF（关闭）位置，将车辆熄火，断开 K39 举升门控制模块上的 X2 线束连接器。

❷ 测试下列控制电路端子和搭铁之间的电压是否小于 1V
- 控制电路端子 1
- 控制电路端子 2

如果等于或大于 1V：

a. 将点火开关置于 OFF（关闭）位置 / 将车辆熄火；断开 A23C 举升门锁闩总成处的线束连接器；将点火开关置于 ON（打开）位置 / 车辆置于维修模式。

b. 测试控制电路和搭铁之间的电压是否小于 1V。

如果等于或大于 1V，则修理电路上的对电压短路故障。

如果低于 1V，则进行步骤 ❸。

❸ 测试下列控制电路端子和搭铁之间的电阻是否为无穷大
- 控制电路端子 1
- 控制电路端子 2

如果电阻不为无穷大：

a. 将点火开关置于 OFF（关闭）位置，断开 A23C 举升门锁闩总成处的线束连接器。

b. 测试控制电路和搭铁之间的电阻是否为无穷大。

如果电阻不为无穷大，则修理电路中对搭铁短路故障；如果电阻为无穷大，则更换 A23C 举升门锁闩总成。

如果电阻为无穷大，则执行步骤 ❹。

❹ 测试控制电路端子 1 和控制电路端子 2 之间的电阻是否小于 10Ω

如果等于或大于 10Ω：

a. 将点火开关置于 OFF（关闭）位置，将车辆熄火，断开 A23C 举升门锁闩总成处的线束连接器。

b. 测试 K39 举升门控制模块控制电路端子 1 和 A23C 举升门锁闩总成控制电路端子 4 之间的电阻是否小于 2Ω。

如果等于或大于 2Ω，则修理电路上的开路 / 电阻过大故障。

c. 测试 K39 举升门控制模块控制电路端子 2 和 A23C 举升门锁闩总成控制电路端子 1 之间的电阻是否小于 2Ω。如果等于或大于 2Ω，则修理电路上的开路 / 电阻过大故障；如果小于 2Ω，则更换 A23C 举升门锁闩总成。

如果小于 10Ω，则执行步骤 ❺。

❺ 更换 K39 举升门控制模块

五、电动行李箱盖不工作故障诊断

本小节以凯迪拉克 CT6 为例，电路图可参考图 3-2-5。

❶ 将车辆熄火断电

将点火开关置于 OFF（关闭）位置，将车辆熄火，断开 K39 举升门控制模块上的 X2 线束连接器；将点火开关置于 ON（打开）位置 / 将车辆置于维修模式。

❷ 确认 B+ 电路端子 3 和搭铁之间的测试灯点亮

如果测试灯未点亮且电路保险丝完好：

a. 将点火开关置于 OFF（关闭）位置 / 将车辆熄火。

b. 测试 B+ 电路的端对端电阻是否小于 2Ω。

如果大于或等于 2Ω，则修理电路中的开路 / 电阻过大故障；如果小于 2Ω，则确认保险丝未熔断且保险丝有电压。

如果测试灯未点亮且电路保险丝熔断：

a. 将点火开关置于 OFF（关闭）位置 / 将车辆熄火。

b. 测试 B+ 电路和搭铁之间的电阻是否为无穷大。

如果电阻不为无穷大，则修理电路中对搭铁短路故障；如果电阻为无穷大，则断开 M17 举升门电机总成上的线束连接器，测试每个控制电路和搭铁之间的电阻是否为无穷大。

如果电阻不为无穷大，则修理电路中对搭铁短路故障；如果电阻为无穷大，则更换 M17 举升门电机总成。

如果测试灯点亮，则执行以下步骤。

❸ 将车辆熄火断电

将点火开关置于 OFF（关闭）位置 / 将车辆熄火并关闭所有车辆系统，连接 K39 举升门控制模块的 X2 线束连接器，可能需要 2 min 才能让所有车辆系统断电。

❹ 断开 M17 举升门电机总成上的线束连接器

❺ 测试低电平参考电压电路端子 3 和搭铁之间的电阻是否小于 10Ω

如果等于或大于 10Ω：

a. 将点火开关置于 OFF（关闭）位置 / 将车辆熄火。

b. 测试低电平参考电压电路的端对端电阻是否小于 2Ω。

如果大于或等于 2Ω，则修理电路中的开路 / 电阻过大故障；如果小于 2Ω，则更换 K39 举升门控制模块。

如果小于 10Ω，则进行步骤 ❻ 和 ❼。

❻ 将点火开关置于 ON（打开）位置 / 车辆置于维修模式

❼ 测试 12 V 参考电压电路端子 2 和搭铁之间的电压是否高于 11V

如果等于或低于 11V：

a. 将点火开关置于 OFF（关闭）位置，断开 K39 举升门控制模块处的 X3 线束连接器。

b. 测试 12 V 参考电压电路和搭铁之间的电阻是否为无穷大。

如果电阻不为无穷大，则修理电路中对搭铁短路故障；如果电阻为无穷大，则测试 12 V 参考电压电路端对端电阻是否小于 2Ω。

如果大于或等于 2Ω，则修理电路中的开路 / 电阻过大故障；如果小于 2Ω，则更换 K39 举升门控制模块。

如果大于 11V，则执行步骤 ❽。

❽ 测试位置传感器信号 1 电路端子 7 和搭铁之间的电压是否大于 11V。

如果等于或低于 11V：

a. 将点火开关置于 OFF（关闭）位置 / 将车辆熄火，断开 K39 举升门控制模块的 X3 线束连接器。

b. 测试位置传感器信号 1 电路和搭铁之间的电阻是否为无穷大。

如果电阻不为无穷大，则修理电路中对搭铁短路故障；如果电阻为无穷大，测试位置传感器信号 2 电路端对端的电阻是否小于 1Ω。

如果大于或等于 2Ω，则修理电路中的开路 / 电阻过大故障；如果小于 2Ω，则更换 K39 举升门控制模块。

如果大于 11V，则执行步骤 ❾。

❾ 测试位置传感器信号 2 电路端子 8 和搭铁之间的电压是否大于 11V

如果等于或低于 11V：

a. 将点火开关置于 OFF（关闭）位置 / 将车辆熄火，断开 K39 举升门控制模块的 X3 线束连接器。

b. 测试位置传感器信号 2 电路和搭铁之间的电阻是否为无穷大。

如果电阻不为无穷大，则修理电路中对搭铁短路故障；如果电阻为无穷大，测试位置传感器信号2电路端对端的电阻是否小于2Ω。

如果大于或等于2Ω，则修理电路中的开路/电阻过大故障；如果小于2Ω，则更换K39举升门控制模块。

如果大于11V，则执行步骤 ⑩、⑪ 和 ⑫。

⑩ 在控制电路端子1和控制电路端子4之间连接一盏测试灯

⑪ 将点火开关置于ON（打开）位置/将车辆置于维修模式

⑫ 按下B70举升门关闭开关时，确认测试灯是否点亮和熄灭

如果测试灯持续熄灭：

a. 将点火开关置于OFF（关闭）位置/将车辆熄火。拆下测试灯，断开K39举升门控制模块的X3线束连接器。

b. 测试每个控制电路和搭铁之间的电阻是否为无穷大。

如果电阻不为无穷大，则修理电路中对搭铁短路故障；如果电阻为无穷大，则测试控制电路的端对端电阻是否小于2Ω。

如果大于或等于2Ω，则修理电路中的开路/电阻过大故障；如果小于2Ω，则更换K39举升门控制模块。

如果测试灯始终点亮：

a. 将点火开关置于OFF（关闭）位置/将车辆熄火；拆下测试灯，断开K39举升门控制模块的X3线束连接器；将点火开关置于ON（打开）位置/将车辆置于维修模式。

b. 测试各控制电路和搭铁之间的电压是否低于1V。

如果等于或大于1V，则修理电路上的对电压短路；如果小于1V，则更换K39举升门控制模块。

如果测试灯点亮和熄灭，则进行步骤 ⑬。

⑬ 更换M17举升门电机总成

六、举升门关闭开关故障诊断

本小节以凯迪拉克CT6为例，电路图可参考图3-2-5。

❶ 将车辆熄火断电

将点火开关置于OFF（关闭）位置/将车辆熄火并关闭所有车辆系统，断开B70举升门关闭开关的线束连接器，可能需要2 min才能让所有车辆系统断电。

❷ 测试低电平参考电压电路端子4和搭铁之间的电阻是否小于10Ω

如果等于或大于10Ω：

a. 将点火开关置于OFF（关闭）位置/将车辆熄火，断开K39举升门控制模块的线束连接器。

b. 测试低电平参考电压电路的端对端电阻是否小于2Ω。

如果大于或等于2Ω，则修理电路中的开路/电阻过大故障；如果小于2Ω，则修理低电平参考电压电路中的开路/电阻过大故障。

如果小于10Ω，则进行步骤 ❸ 和 ❹。

❸ 将点火开关置于ON（打开）位置/将车辆置于维修模式

❹ 确认故障诊断仪Liftgate Rear Close Switch（举升门后关闭开关）参数为Inactive（未激活）

如果不为Inactive（未激活）：

a. 将点火开关置于OFF（关闭）位置/将车辆熄火，断开K39举升门控制模块的线束连接器。

b. 测试信号电路端子3和搭铁之间的电阻是否为无穷大。

如果电阻不为无穷大，则修理电路中对搭铁短路故障；如果电阻为无穷大，则更换K39举升门控制模块。

如果为Inactive（未激活），则执行步骤 ❺ 和 ❻。

❺ 在信号电路端子3和低电平参考电压电路端子4之间安装一条带3A保险丝的跨接线

❻ 确认故障诊断仪 Liftgate Rear Close Switch（举升门后关闭开关）参数为 Active（激活）

如果不为 Active（激活）：

a. 将点火开关置于 OFF（关闭）位置 / 将车辆熄火；断开 K39 举升门控制模块的线束连接器；将点火开关置于 ON（打开）位置 / 将车辆置于维修模式。

b. 测试信号电路和搭铁之间的电压是否小于 1V。

如果等于或大于 1 V，则修理电路上的对电压短路故障；如果低于 1V，则测试信号电路的端对端电阻是否小于 2Ω。

如果大于或等于 2Ω，则修理电路中的开路 / 电阻过大故障；如果小于 2Ω，则更换 K39 举升门控制模块。

如果为 Active（激活），则进行步骤 ❼。

❼ 测试或更换 B70 举升门关闭开关

第四章 安全气囊系统典型控制电路详解

第一节 安全气囊系统概述

安全气囊系统是一种被动安全性的保护系统，它与座椅安全带配合使用，可以为乘员提供有效的防撞保护。在汽车相撞时，汽车安全气囊（图 4-1-1）可使头部受伤率减少 25%，面部受伤率减少 80% 左右。

图 4-1-1 安全气囊

第二节 安全气囊系统的工作原理与组成

一、安全气囊的工作原理

汽车在行驶过程中发生碰撞事故时，开始由安全气囊传感器接收撞击信号，只要达到规定的强度,传感器即产生响应并向电子控制器发出信号。电子控制器接收到信号后,与其原存储信号进行相比,如果达到气囊展开条件,则由驱动电路向气囊组件中的气体发生器发送启动信号。气体发生器接到信号后引燃气体发生剂,产生大量气体,经过滤并冷却后进入气囊,使得气囊在极短的时间内突破衬垫迅速展开,在驾驶员或乘员的前部通过发展变化而成弹性气垫,并及时泄漏、收缩,吸收冲击能量,进而有效地保护人体头部和胸部,使之免于伤害或减轻伤害程度(图4-2-1)。

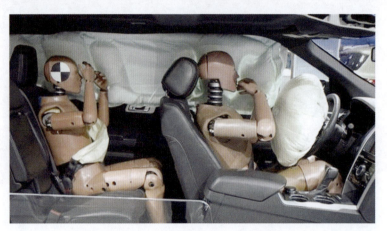

图 4-2-1　安全气囊的工作原理

二、安全气囊的组成（图 4-2-2）

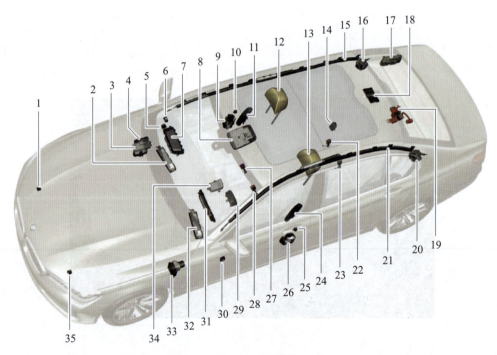

图 4-2-2　安全气囊的组成

1—右侧安全气囊前部传感器（前端传感器）；2—前乘客膝部安全气囊；3—右前配电盒；4—车身域控制器（BDC）；5—前乘客安全气囊关闭开关；6—右侧车门安全气囊传感器（压力）；7—前乘客安全气囊；8—车顶功能中心（FZD）；9—前乘客自动拉紧器；10—右侧B柱加速度传感器；11—前乘客侧面安全气囊；12—前乘客侧主动式防撞头枕；13—驾驶员侧主动式防撞头枕；14—电子燃油泵控制系统（EKPS）；15—左侧头部安全气囊；16—右后安全带；17—接线盒电子装置JBE；18—远程通信系统盒2（TCB2）；19—安全型蓄电池接线柱（SBK）；20—左后安全带；21—右侧头部安全气囊；22—右后安全带锁扣开关（仅限带有后座区舒适座椅）；23—左后安全带锁扣开关；24——驾驶员侧面安全气囊；25—左侧B柱加速度传感器；26—驾驶员自动拉紧器；27—前乘客安全带锁扣开关；28—驾驶员安全带锁扣开关；29—驾驶员安全气囊；30—左侧车门安全气囊传感器（压力）；31—组合仪表；32—驾驶员膝部安全气囊；33—动态稳定控制系统；34—高级碰撞和安全模块；35—左侧安全气囊前部传感器（前端传感器）

第三节
安全气囊控制电路

一、相关部件及作用

1. 驾驶员侧安全气囊模块（图 4-3-1）

驾驶员侧安全气囊模块内置在方向盘中。

驾驶员侧安全气囊模块主要包括安全气囊和给安全气囊充气的充气机。

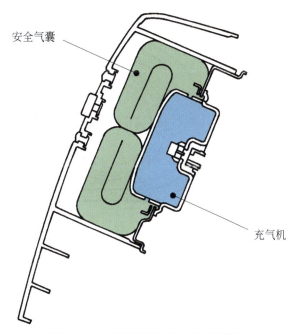

图 4-3-1　驾驶员侧安全气囊模块

2. 乘客侧安全气囊模块（图 4-3-2）

乘客侧安全气囊模块内置在仪表板中。

乘客侧安全气囊模块主要包括安全气囊和给安全气囊充气的充气机。

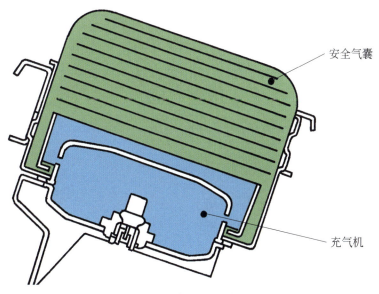

图 4-3-2　乘客侧安全气囊模块

3. 侧安全气囊模块（图4-3-3）

侧安全气囊模块内置在靠背侧。

侧安全气囊模块主要包括安全气囊和给安全气囊充气的充气机。

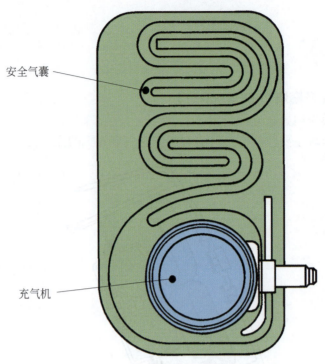

图4-3-3　侧安全气囊模块

4. 帘式安全气囊模块（图4-3-4）

帘式安全气囊内置在车顶左右侧部位中。

帘式安全气囊模块主要包括安全气囊和给安全气囊充气的充气机。

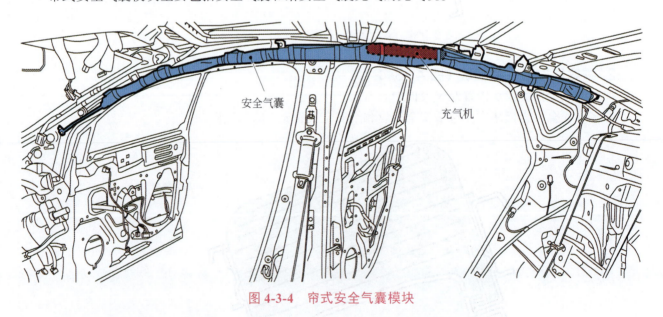

图4-3-4　帘式安全气囊模块

5. 驾驶员侧安全气囊充气机（图4-3-5）

驾驶员侧安全气囊充气机主要由电子点火装置（点火管）、点火剂、气体发生剂和滤清器组成，这些项目放置在容器中。

当发生超出车辆规定极限的正面碰撞时，电子点火装置（点火管）点燃点火剂，点火剂产生的热量会引燃气体发生剂，进而气体发生剂产生的气体（高温）通过滤清器使安全气囊充气。

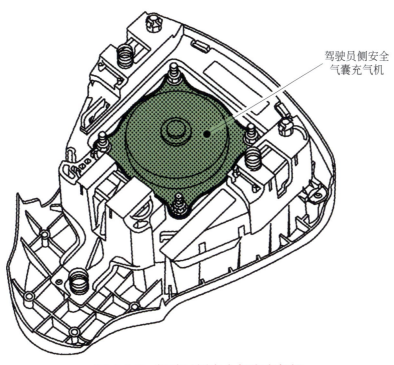

图 4-3-5　驾驶员侧安全气囊充气机

6. 乘客侧安全气囊充气机（图 4-3-6）

乘客侧安全气囊充气机主要由电子点火装置（点火管）、点火剂、气体发生剂和滤清器组成。这些项目放置在容器中。

当发生超出车辆规定极限的正面碰撞时，电子点火装置（点火管）点燃点火剂，点火剂产生的热量会引燃气体发生剂，进而气体发生剂产生的气体（高温）通过滤清器使安全气囊充气。

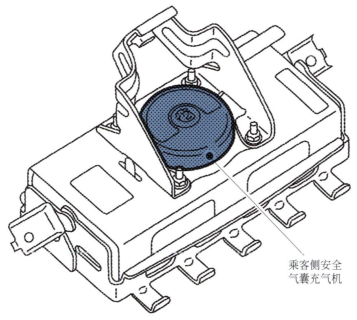

图 4-3-6　乘客侧安全气囊充气机

7. 侧安全气囊充气机（图 4-3-7）

侧安全气囊充气机主要由电子点火装置（点火管）、发热剂、压缩气体、滤清器和扩散器组成，这些部件放置在缸筒式容器中。

当发生超出车辆规定极限的正面碰撞时，电子点火装置（点火管）点燃点火剂，点火剂产生的热量会引燃气体发生剂，进而气体发生剂产生的气体（高温）通过滤清器使安全气囊充气。

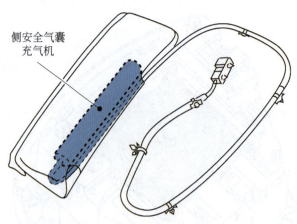

图 4-3-7　侧安全气囊充气机

8. 帘式安全气囊充气机（图 4-3-8）

帘式安全气囊充气机主要由电子点火装置（点火管）、发热剂、压缩气体和扩散器组成，这些部件放置在缸筒式容器中。

当发生超出车辆规定极限的正面碰撞时，电子点火装置（点火管）点燃点火剂，点火剂产生的热量会引燃气体发生剂，进而气体发生剂产生的气体（高温）通过滤清器使安全气囊充气。

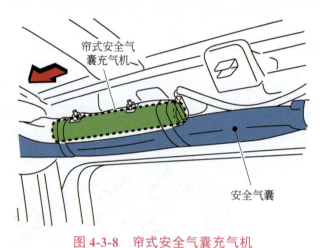

图 4-3-8　帘式安全气囊充气机

9. 螺旋电缆（图 4-3-9）

螺旋电缆电动连接安全气囊诊断传感器单元和驾驶员安全气囊模块。螺旋电缆主要由执行与方向盘相同动作的旋转部分、安装在方向盘上的固定箱以及连接旋转部位的电缆组成。

螺旋电缆内置于安装在组合开关和方向盘之间空隙处的转向角传感器中。

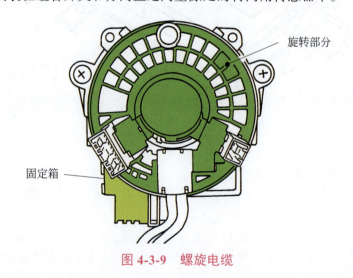

图 4-3-9　螺旋电缆

10. 碰撞区传感器（图4-3-10）

碰撞区传感器安装在充电接口盖铰链总成处。碰撞区传感器集成有正面碰撞"G"传感器，该传感器用于检测超出车辆规定极限的正面碰撞冲击。

当发生超出车辆规定极限的正面碰撞时，碰撞区传感器检测到冲击。如果安全气囊诊断传感器单元中的正面碰撞安全传感器判断出冲击是因碰撞引起的，则驾驶员侧安全气囊、乘客侧安全气囊和安全带预张紧器工作。

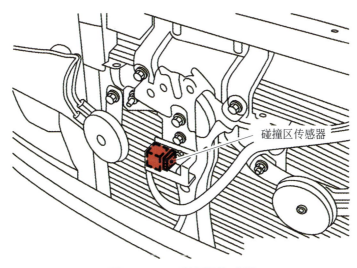

图4-3-10　碰撞区传感器

11. 安全气囊诊断传感器单元（图4-3-11）

安全气囊诊断传感器单元安装在前排座椅中间部位（中控台下面）。

安全气囊诊断传感器单元集成有对驾驶员侧安全气囊、乘客侧安全气囊、侧安全气囊、帘式安全气囊和安全带预张紧器控制的功能。

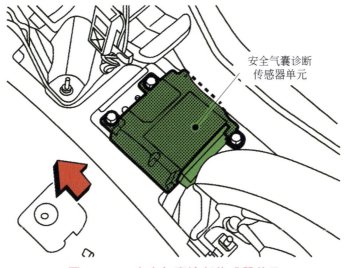

图4-3-11　安全气囊诊断传感器单元

安全气囊诊断传感器单元集成有正面碰撞"G"传感器、正面碰撞安全传感器和侧面碰撞安全传感器（仅限配备帘式安全气囊的车型）。

安全气囊诊断传感器单元具有判断因正面和侧面碰撞产生的冲击是否超出车辆规定极限的功能。安全气囊诊断传感器单元还具有自备供电设备功能，在发生碰撞导致蓄电池损坏的情况下，该设备可提供额外蓄电池电源。

安全气囊诊断传感器单元诊断整个系统的电子系统，采用了自诊断功能，当检测到故障时，会通过点亮或闪烁组合仪表上的安全气囊警告灯来指示系统故障。

二、大众/奥迪车型安全气囊典型电路详解——大众迈腾控制电路

这里以大众迈腾车型为例进行介绍，同样适用于大众/奥迪其他车型，限于篇幅不再赘述。

1. 安全气囊控制单元控制电路（图 4-3-12）

安全气囊控制单元控制电路中部分端子作用说明见表 4-3-1。

表 4-3-1　大众迈腾安全气囊控制单元控制电路中端子作用说明

所在部件	序号	作用说明
J234 安全气囊控制单元	T100a/51	为电源线，与 SC9 保险丝连接
	T100a/76	为电源线，与 SC9 保险丝连接
J527 转向柱电子装置控制单元	T4ae/1	与 J234 安全气囊控制单元 T100a/69 号端子连接
	T4ae/2	与 J234 安全气囊控制单元 T100a/68 号端子连接
	T4ae/3	为 F138 安全气囊卷簧和带滑环的复位环信号线，与 N95/1 号端子连接
	T4ae/4	为 F138 安全气囊卷簧和带滑环的复位环信号线，与 N95/2 号端子连接
N131 副驾驶员侧安全气囊引爆装置	1-T3k/1	为负极，与 J234 安全气囊控制单元 T100a/50 号端子连接
	1-T3k/2	为正极，与 J234 安全气囊控制单元 T100a/49 号端子连接
	1-T3k/3	为接地线
N199 驾驶员侧侧面安全气囊引爆装置	T2kv/1	与 J234 安全气囊控制单元 T100a/34 号端子连接
	T2kv/2	与 J234 安全气囊控制单元 T100a/33 号端子连接
	T2kv/3	为接地线
N200 副驾驶员侧侧面安全气囊引爆装置	T2kw/1	与 J234 安全气囊控制单元 T100a/31 号端子连接
	T2kw/2	与 J234 安全气囊控制单元 T100a/32 号端子连接
	T2kw/3	为接地线

2. 前排安全气囊引爆装置电路（图 4-3-13）

前排安全气囊引爆装置电路中部分端子作用说明见表 4-3-2。

表 4-3-2　大众迈腾前排安全气囊引爆装置电路中端子作用说明

所在部件	序号	作用说明
N153 驾驶员侧安全带拉紧器引爆装置	1-T2aa/1	与 J234 安全气囊控制单元 T100a/72 号端子连接
	1-T2aa/2	与 J234 安全气囊控制单元 T100a/73 号端子连接
N154 副驾驶员侧安全带拉紧器引爆装置	1-T2ae/1	与 J234 安全气囊控制单元 T100a/71 号端子连接
	1-T2ae/2	与 J234 安全气囊控制单元 T100a/70 号端子连接
N251 驾驶员侧头部安全气囊引爆装置	1	与 J234 安全气囊控制单元 T100a/38 号端子连接
	2	与 J234 安全气囊控制单元 T100a/37 号端子连接
N252 副驾驶员侧头部安全气囊引爆装置	1	与 J234 安全气囊控制单元 T100a/35 号端子连接
	2	与 J234 安全气囊控制单元 T100a/36 号端子连接

第四章 安全气囊系统典型控制电路详解

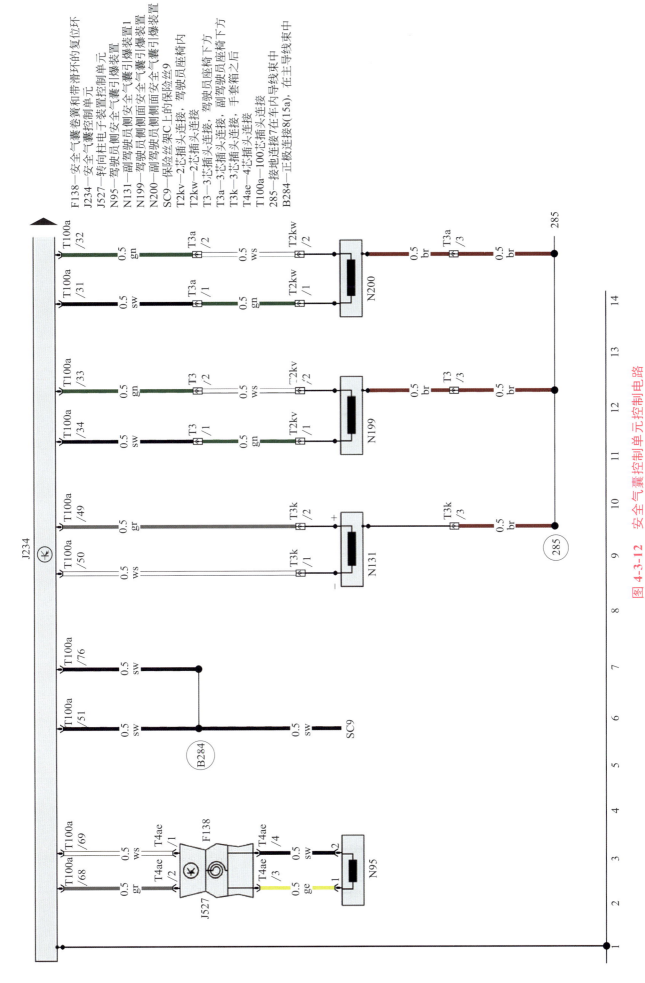

图 4-3-12 安全气囊控制单元控制电路

J234—安全气囊控制单元
N153—驾驶员侧安全带拉紧器引爆装置1
N154—副驾驶员侧安全带拉紧器引爆装置1
N251—驾驶员侧头部安全气囊引爆装置
N252—副驾驶员侧头部安全气囊引爆装置
T2aa—2芯插头连接，黄色
T2ae—2芯插头连接，黄色
T100a—100芯插头连接
285—接地连接7在车内导线束中

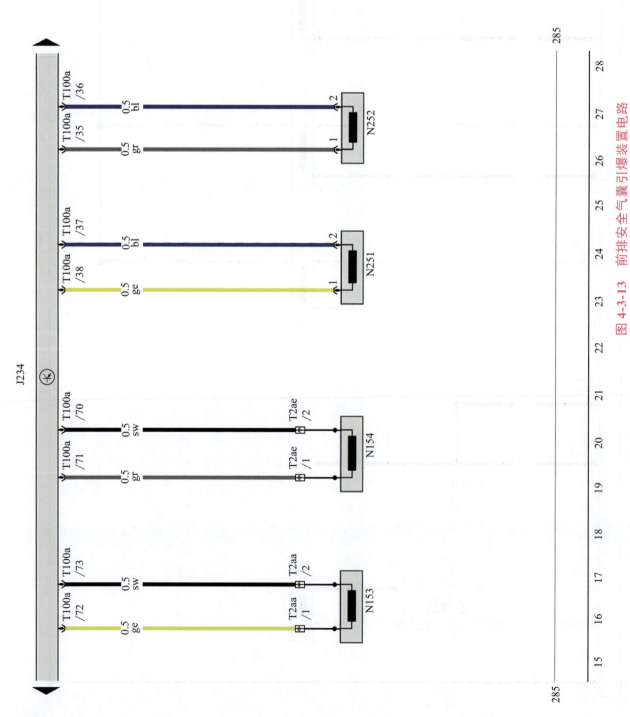

图 4-3-13 前排安全气囊引爆装置电路

3. 安全气囊碰撞传感器电路（图4-3-14）

安全气囊碰撞传感器电路中部分端子作用说明见表4-3-3。

表4-3-3　大众迈腾安全气囊碰撞传感器电路中端子作用说明

所在部件	序号	作用说明
G179 驾驶员侧侧面安全气囊碰撞传感器	1	与J234安全气囊控制单元T100a/93号端子连接
	2	与J234安全气囊控制单元T100a/92号端子连接
G180 副驾驶员侧侧面安全气囊碰撞传感器	1	与J234安全气囊控制单元T100a/91号端子连接
	2	与J234安全气囊控制单元T100a/90号端子连接
G256 驾驶员侧后部侧面安全气囊碰撞传感器	1	与J234安全气囊控制单元T100a/87号端子连接
	2	与J234安全气囊控制单元T100a/86号端子连接
G257 副驾驶员侧后部侧面安全气囊碰撞传感器	1	与J234安全气囊控制单元T100a/89号端子连接
	2	与J234安全气囊控制单元T100a/88号端子连接

4. 后排安全气囊引爆装置电路（图4-3-15）

后排安全气囊引爆装置电路中部分端子作用说明如表4-3-4所示。

表4-3-4　大众迈腾后排安全气囊引爆装置电路中端子作用说明

所在部件	序号	作用说明
E24 驾驶员侧安全带开关	T2g/1	为信号线，与J234安全气囊控制单元T100a/28号端子连接
	T2g/2	为接地线
E25 副驾驶员侧安全带开关	T2lm/1	为信号线，与J234安全气囊控制单元T100a/30号端子连接
	T2lm/2	为接地线
N201 驾驶员侧后部侧面安全气囊引爆装置	T3n/1	与J234安全气囊控制单元T100a/63号端子连接
	T3n/2	与J234安全气囊控制单元T100a/62号端子连接
	T3n/3	为接地线
N202 副驾驶员侧后部侧面安全气囊引爆装置	T3l/1	与J234安全气囊控制单元T100a/60号端子连接
	T3l/2	与J234安全气囊控制单元T100a/61号端子连接
	T3l/3	为接地线
N253 蓄电池断路引爆装置	T2fp/1	与J234安全气囊控制单元T100a/75号端子连接
	T2fp/2	与J234安全气囊控制单元T100a/74号端子连接

G179—驾驶员侧侧面安全气囊碰撞传感器
G180—副驾驶员侧侧面安全气囊碰撞传感器
G256—驾驶员侧后部侧面安全气囊碰撞传感器
G257—副驾驶员侧后部侧面安全气囊碰撞传感器
J234—安全气囊控制单元
T28—28芯插头连接，连接站内，A柱右侧
T28c—28芯插头连接，接线站内，左侧A柱
T100a—100芯插头连接
285—接地连接7在车内导线束中

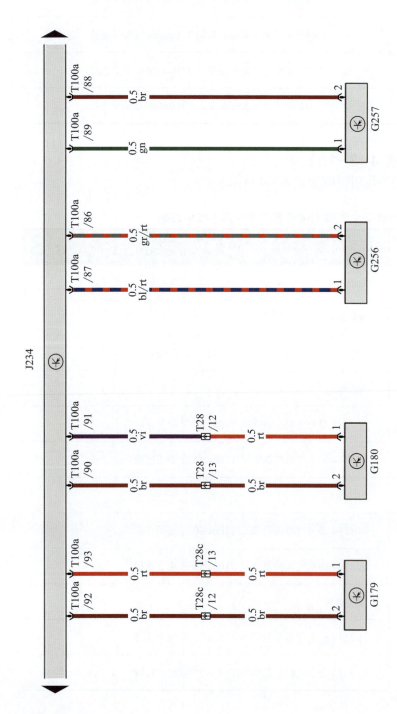

图4-3-14 安全气囊碰撞传感器电路

第四章 安全气囊系统典型控制电路详解

A—蓄电池
E1—车灯开关
E24—驾驶员侧安全带开关
E25—副驾驶员侧安全带开关
G128—副驾驶员侧座椅占用传感器
J234—安全气囊控制单元
N201—驾驶员侧后部侧面安全气囊引爆装置
N202—副驾驶员侧后部侧面安全气囊引爆装置
N253—蓄电池断路引爆分线器
TV2—端子30导线分线连接
T2fp—2芯插头连接,驾驶员座椅上
T2g—2芯插头连接,驾驶员座椅上
T21m—2芯插头连接,副驾驶员座椅上
T3l—3芯插头连接
T3n—3芯插头连接
T16d—16芯插头连接,诊断接口上
T100a—100芯插头连接
285—接地连接7在车内导线束中
P2—正极连接(30a),在蓄电池导线束中
*—仅在带6缸发动机的车辆上

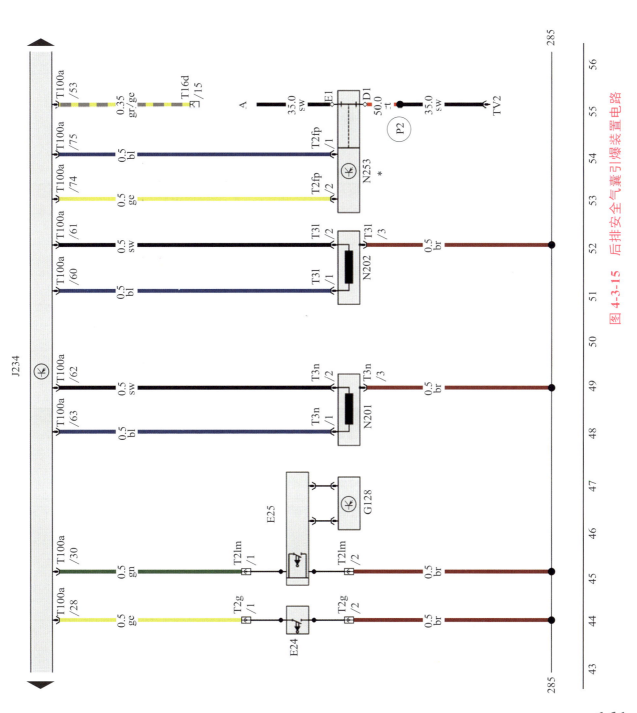

图 4-3-15 后排安全气囊引爆装置电路

5. 安全气囊指示灯电路（图 4-3-16）

安全气囊指示灯电路中端子作用说明见表 4-3-5。

表 4-3-5　大众迈腾安全气囊指示灯电路中端子作用说明

所在部件	序号	作用说明
J234 安全气囊控制单元	100a/78	为接地线
	100a/99	为 CAN-H 通信线，与 J533 数据总线诊断接口 T20e/16 号端子连接
	100a/100	为 CAN-L 通信线，与 J533 数据总线诊断接口 T20e/6 号端子连接
J533 数据总线诊断接口	T20e/8	与 J285 控制单元仪表板中的 T32c/29 号端子连接
	T20e/18	与 J285 控制单元仪表板中的 T32c/28 号端子连接

三、别克 / 雪佛兰 / 凯迪拉克车型安全气囊电路详解——别克威朗控制电路

这里以别克威朗车型为例进行介绍，同样适用于别克 / 雪佛兰 / 凯迪拉克其他车型，限于篇幅不再赘述。

1. 充气式约束系统传感和诊断模块电源电路（图 4-3-17）

模块中部分端子作用如表 4-3-6 所示。

表 4-3-6　别克威朗充气式约束系统传感和诊断模块中端子作用说明

序号	作用说明
X1/9	为电源线
X1/15	为气囊指示灯信号线，与组合仪表连接
X1/19	为接地线

2. 碰撞传感器电路（图 4-3-18）

碰撞传感器电路中部分端子作用说明见表 4-3-7。

表 4-3-7　别克威朗碰撞传感器电路端子作用说明

所在部件	序号	作用说明
充气式约束系统传感和诊断模块	X1/3	为方向盘安全气囊线圈接地线，与方向盘安全气囊线圈 X1/2 号端子连接
	X1/4	为方向盘安全气囊线圈控制线，与方向盘安全气囊线圈 X1/1 号端子连接
	X1/5	为乘客侧仪表板安全气囊控制线，与乘客侧仪表板安全气囊 1 号端子连接
	X1/6	为乘客侧仪表板安全气囊接地线，与乘客侧仪表板安全气囊 3 号端子连接
	X2/23	为左侧前碰撞传感器信号线，与左侧前碰撞传感器 1 号端子连接
	X2/24	为左侧前碰撞传感器接地线，与左侧前碰撞传感器 2 号端子连接
	X2/25	为右侧前碰撞传感器接地线，与右侧前碰撞传感器 2 号端子连接
	X2/26	为右侧前碰撞传感器信号线，与右侧前碰撞传感器 1 号端子连接

续表

所在部件	序号	作用说明
充气式约束系统传感和诊断模块	X2/9	为驾驶员座椅安全带锚定器预张紧器控制线,与驾驶员座椅安全带锚定器预张紧器1号端子连接
	X2/10	为驾驶员座椅安全带锚定器预张紧器接地线,与驾驶员座椅安全带锚定器预张紧器2号端子连接
	X2/11	为乘客座椅安全带锚定器预张紧器接地线,与乘客座椅安全带锚定器预张紧器2号端子连接
	X2/12	为乘客座椅安全带锚定器预张紧器控制线,与乘客座椅安全带锚定器预张紧器1号端子连接
	X2/37	为驾驶员座椅安全带卷收器预张紧器控制线,与驾驶员座椅安全带卷收器预张紧器1号端子连接
	X2/38	为驾驶员座椅安全带卷收器预张紧器接地线,与驾驶员座椅安全带卷收器预张紧器2号端子连接
	X2/39	为乘客座椅安全带卷收器预张紧器接地线,与乘客座椅安全带卷收器预张紧器2号端子连接
	X2/40	为乘客座椅安全带卷收器预张紧器控制线,与乘客座椅安全带卷收器预张紧器1号端子连接
方向盘安全气囊线圈	X2/7	与方向盘安全气囊2号端子连接
	X2/8	与方向盘安全气囊1号端子连接

3. 安全气囊电路(图4-3-19)

安全气囊电路中部分端子作用说明见表4-3-8。

表4-3-8 别克威朗安全气囊电路端子作用说明

所在部件	序号	作用说明
充气式约束系统传感和诊断模块	X2/19	为左前侧面碰撞传感器信号线,与左前侧面碰撞传感器1号端子连接
	X2/20	为左前侧面碰撞传感器接地线,与左前侧面碰撞传感器2号端子连接
	X2/21	为右前侧面碰撞传感器接地线,与右前侧面碰撞传感器2号端子连接
	X2/22	为右前侧面碰撞传感器信号线,与右前侧面碰撞传感器1号端子连接
	X2/17	为左侧车顶纵梁安全气囊控制线,与左侧车顶纵梁安全气囊1号端子连接
	X2/18	为左侧车顶纵梁安全气囊接地线,与左侧车顶纵梁安全气囊2号端子连接
	X2/53	为右侧车顶纵梁安全气囊控制线,与右侧车顶纵梁安全气囊1号端子连接
	X2/54	为右侧车顶纵梁安全气囊接地线,与右侧车顶纵梁安全气囊2号端子连接
	X2/13	为驾驶员座椅侧安全气囊控制线,与驾驶员座椅侧安全气囊1号端子连接
	X2/14	为驾驶员座椅侧安全气囊接地线,与驾驶员座椅侧安全气囊2号端子连接
	X2/15	为乘客座椅侧安全气囊接地线,与乘客座椅侧安全气囊2号端子连接
	X2/16	为乘客座椅侧安全气囊控制线,与乘客座椅侧安全气囊1号端子连接

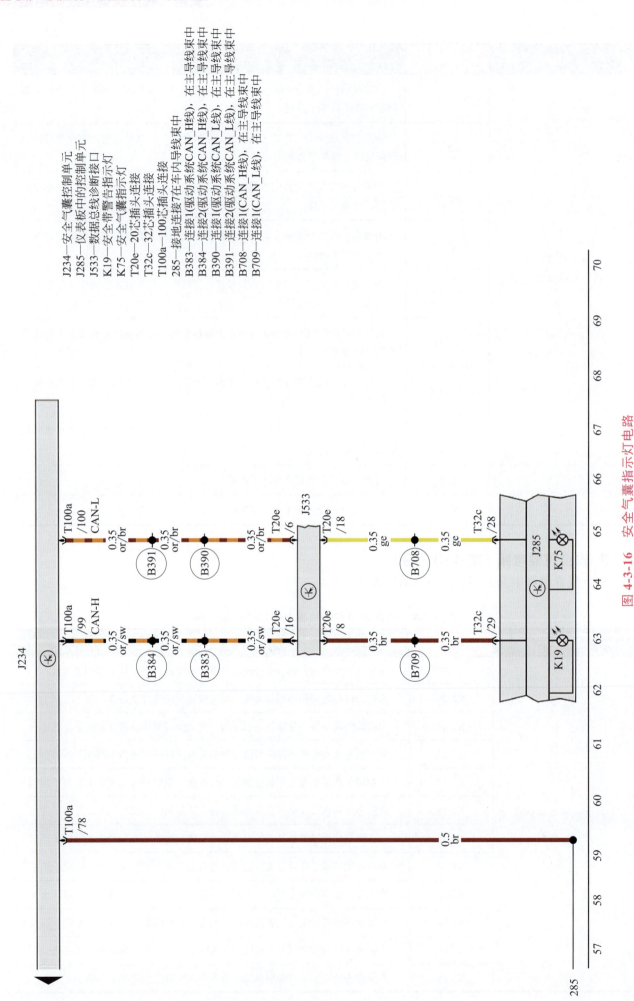

图 4-3-16 安全气囊指示灯电路

第四章 安全气囊系统典型控制电路详解

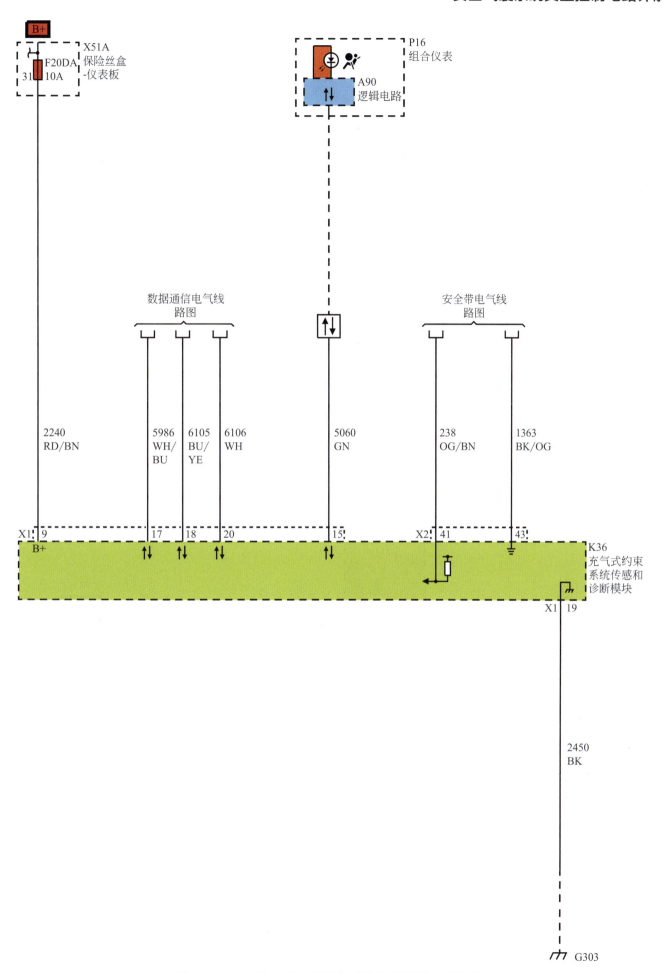

图 4-3-17　充气式约束系统传感和诊断模块电源电路

165

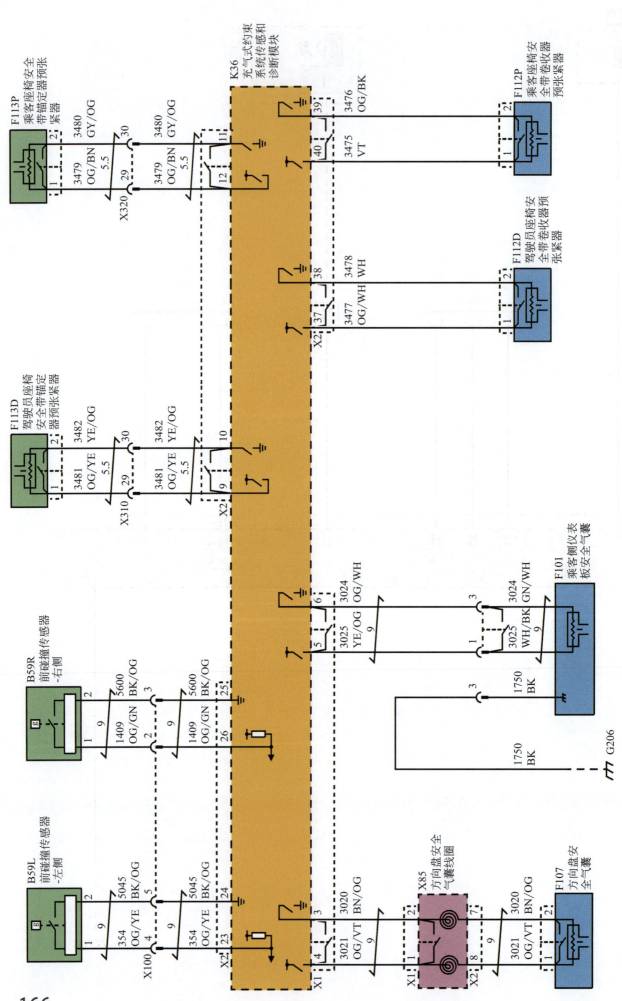

图 4-3-18 碰撞传感器电路

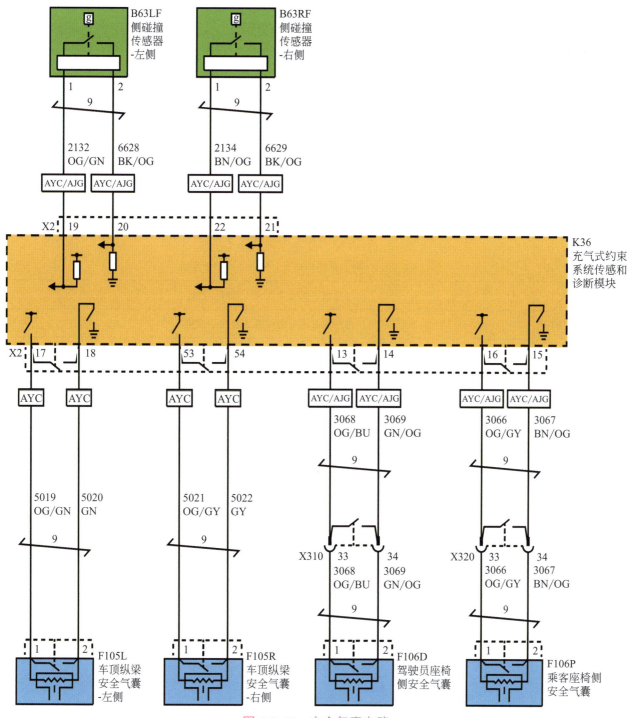

图 4-3-19 安全气囊电路

四、比亚迪车型安全气囊电路详解——元控制电路（图 4-3-20）

安全气囊控制单元中部分端子作用说明见表 4-3-9。

表 4-3-9 比亚迪元安全气囊控制单元端子作用说明

序号	作用说明
KG10（A）/1	为电源线
KG10（A）/11	为信号接地线
KG10（A）/12	为系统接地线

167

续表

序号	作用说明
KG10（A）/23	与时钟弹簧1号端子连接
KG10（A）/24	与时钟弹簧2号端子连接
KG10（A）/22	与副驾驶员安全气囊1号端子连接
KG10（A）/21	与副驾驶员安全气囊2号端子连接
KG10（A）/18	与左前座椅侧安全气囊1号端子连接
KG10（A）/17	与左前座椅侧安全气囊2号端子连接
KG10（A）/19	与右前座椅侧安全气囊1号端子连接
KG10（A）/20	与右前座椅侧安全气囊2号端子连接
KG10（B）/15	与左侧帘式安全气囊1号端子连接
KG10（B）/16	与左侧帘式安全气囊2号端子连接
KG10（B）/14	与右侧帘式安全气囊1号端子连接
KG10（B）/13	与右侧帘式安全气囊2号端子连接
KG10（A）/2	与左前碰撞传感器1号端子连接
KG10（A）/13	与左前碰撞传感器2号端子连接
KG10（A）/3	与右前碰撞传感器2号端子连接
KG10（A）/14	与右前碰撞传感器1号端子连接
KG10（B）/20	与左侧碰撞传感器1号端子连接
KG10（B）/19	与左侧碰撞传感器2号端子连接
KG10（B）/18	与右侧碰撞传感器1号端子连接
KG10（B）/17	与右侧碰撞传感器2号端子连接
KG10（B）/25	与左后碰撞传感器1号端子连接
KG10（B）/24	与左后碰撞传感器2号端子连接
KG10（B）/27	与右后碰撞传感器1号端子连接
KG10（B）/26	与右后碰撞传感器2号端子连接
KG10（B）/10	与左前安全带预紧器1号端子连接
KG10（B）/9	与左前安全带预紧器2号端子连接
KG10（B）/11	与右前安全带预紧器1号端子连接
KG10（B）/12	与右前安全带预紧器2号端子连接
KG10（B）/2	与左后安全带预紧器1号端子连接
KG10（B）/1	与左后安全带预紧器2号端子连接
KG10（B）/3	与右后安全带预紧器1号端子连接
KG10（B）/4	与右后安全带预紧器2号端子连接

五、吉利车型安全气囊电路详解——帝豪 GS 控制电路

1. 碰撞传感器电路（图 4-3-21）

碰撞传感器电路中部分端子作用说明见表 4-3-10。

表 4-3-10　吉利帝豪 GS 碰撞传感器电路端子作用说明

所在部件	序号	作用说明
安全气囊模块	SO07/12	为 IG1 电源
	SO07/13	为接地线
	SO07/11	与 BCM 控制单元 IP12/5 号端子连接
	SO07/20	与前排乘员侧碰撞传感器 1 号端子连接
	SO07/19	与前排乘员侧碰撞传感器 2 号端子连接
	SO07/22	与驾驶员侧碰撞传感器 2 号端子连接
	SO07/21	与驾驶员侧碰撞传感器 1 号端子连接
	SO85/31	为 PT CAN-L 通信线
	SO85/32	为 PT CAN-H 通信线
	SO85/16	与左前碰撞传感器 1 号端子连接
	SO85/15	与左前碰撞传感器 2 号端子连接
	SO85/24	与右前碰撞传感器 1 号端子连接
	SO85/23	与右前碰撞传感器 2 号端子连接

2. 安全气囊执行器电路（图 4-3-22）

安全气囊执行器电路中部分端子作用说明见表 4-3-11。

表 4-3-11　吉利帝豪 GS 安全气囊执行器电路端子作用说明

所在部件	序号	作用说明
安全气囊模块	SO85/1	与驾驶员安全气囊 IP28/4 号端子连接
	SO85/2	与驾驶员安全气囊 IP28/3 号端子连接
	SO85/3	与前排乘员安全气囊 IP61/2 号端子连接
	SO85/4	与前排乘员安全气囊 IP61/1 号端子连接
	SO85/11	与前排乘员侧气囊 SO20/1 号端子连接
	SO85/12	与前排乘员侧气囊 SO20/2 号端子连接
	SO85/9	与驾驶员侧气囊 SO22/2 号端子连接
	SO85/10	与驾驶员侧气囊 SO22/1 号端子连接
	SO85/13	与驾驶员侧气帘 SO33/1 号端子连接
	SO85/14	与驾驶员侧气帘 SO33/2 号端子连接
	SO85/19	与前排乘员侧气帘 SO14/2 号端子连接
	SO85/20	与前排乘员侧气帘 SO14/1 号端子连接

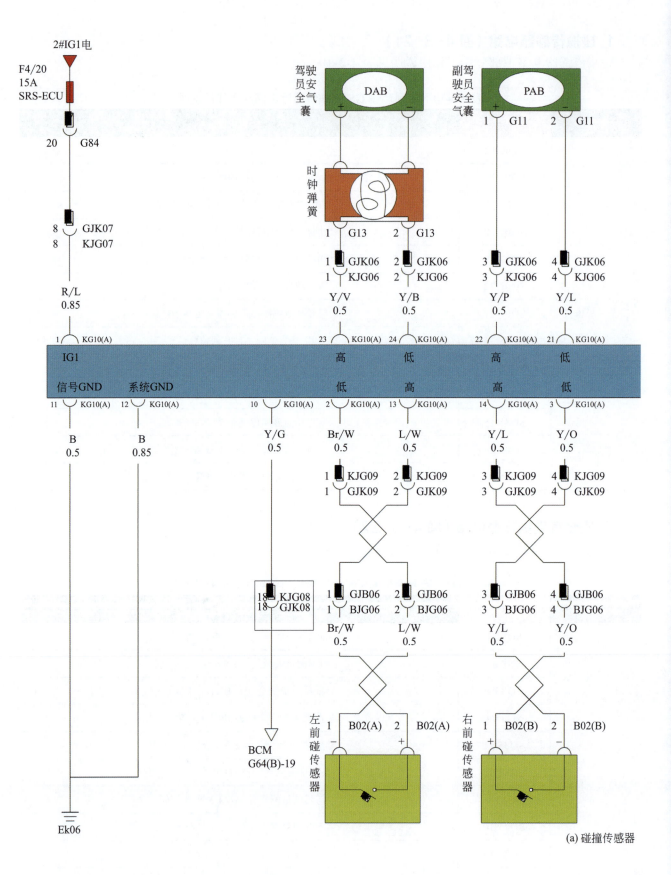

(a) 碰撞传感器

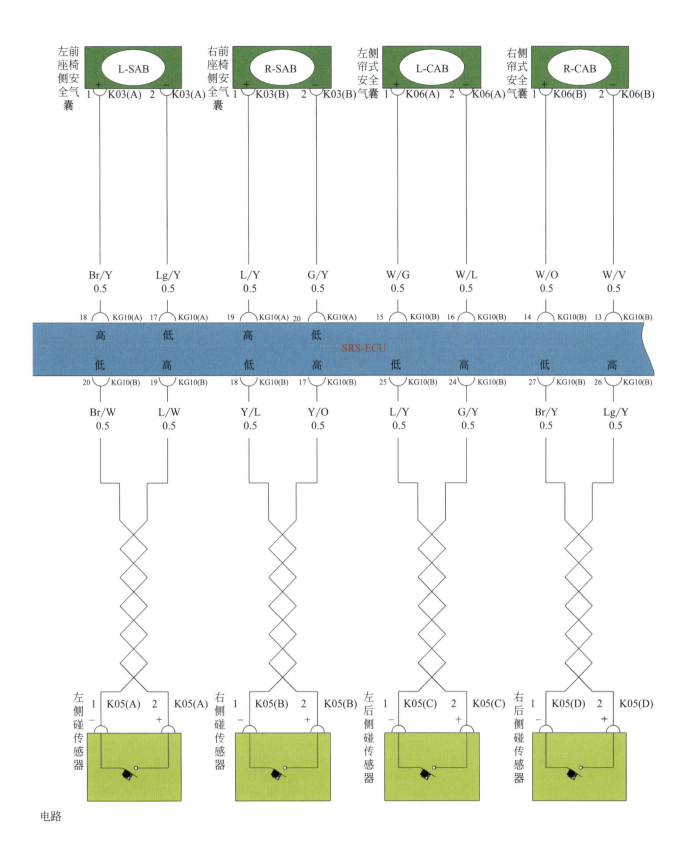

4-3-20 电路

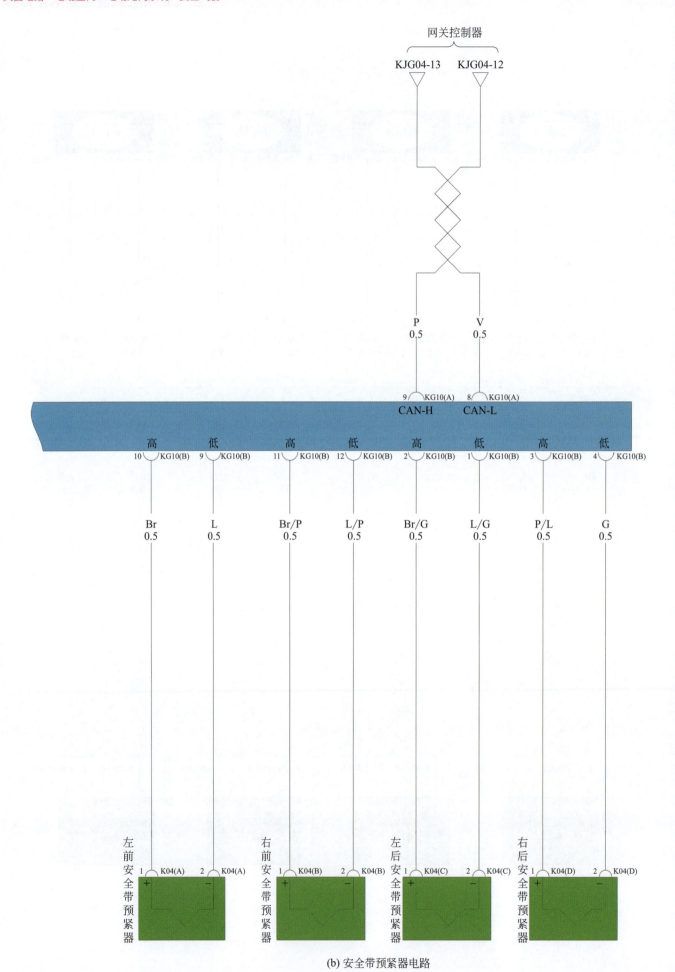

图 4-3-20 比亚迪元安全气囊控制电路

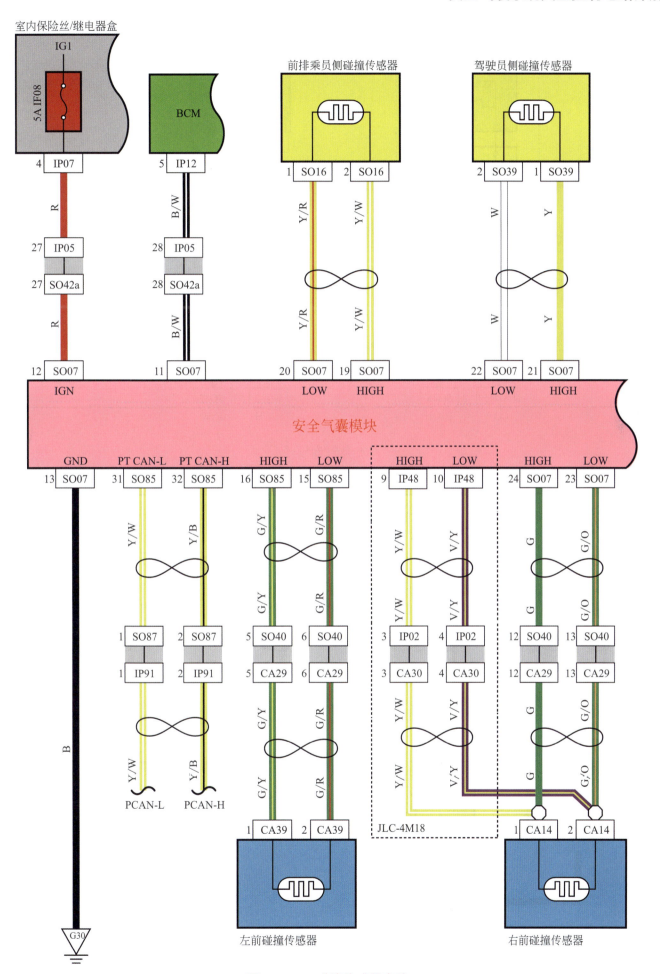

图 4-3-21 碰撞传感器电路

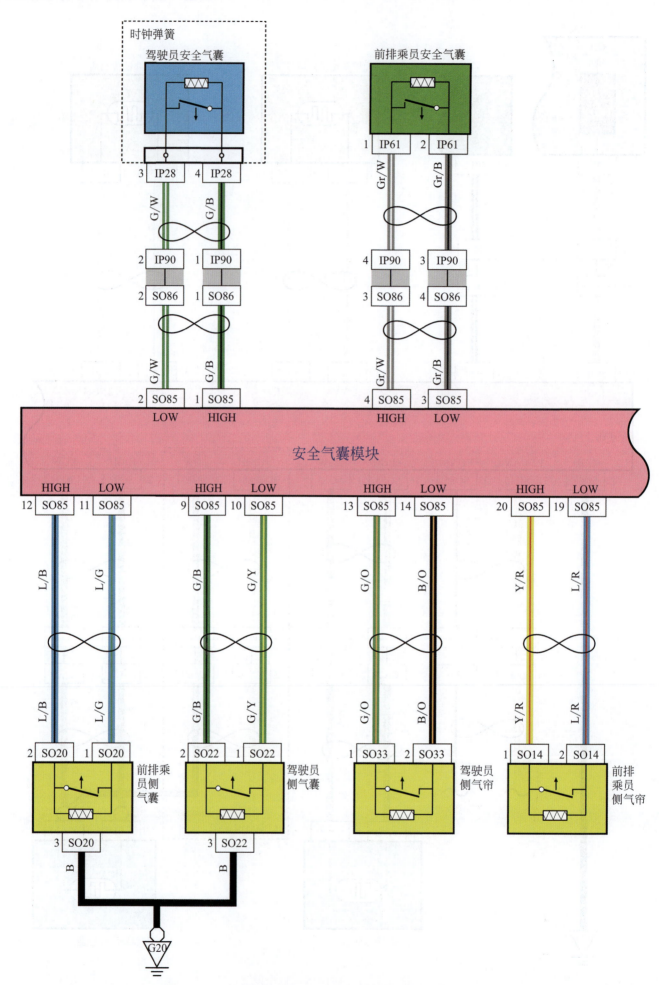

图 4-3-22 安全气囊执行器电路

3. 安全气囊开关、预紧器电路（图 4-3-23）

安全气囊开关、预紧器电路中部分端子作用说明见表 4-3-12。

表 4-3-12　吉利帝豪 GS 安全气囊开关、预紧器电路端子作用说明

所在部件	序号	作用说明
安全气囊模块	SO85/7	与前排乘员安全带预紧器 2 号端子连接
	SO85/8	与前排乘员安全带预紧器 1 号端子连接
	SO85/5	与驾驶员安全带预紧器 1 号端子连接
	SO85/6	与驾驶员安全带预紧器 2 号端子连接
前排乘员侧安全气囊关闭开关	1	为接地线
	2	与安全气囊模块 SO07/2 号端子连接
前排乘员感知检测传感器	1	为接地线
	2	与安全气囊模块 SO07/3 号端子连接
前排乘员安全带开关	1	与安全气囊模块 SO07/4 号端子连接
	2	为接地线
驾驶员安全带开关	1	与安全气囊模块 SO07/5 号端子连接
	2	为接地线

六、长安车型安全气囊电路详解——悦翔 V7 控制电路

悦翔 V7 安全气囊控制电路如图 4-3-24 所示。电路中的部分端子作用说明如表 4-3-13 所示。

表 4-3-13　长安悦翔 V7 安全气囊控制电路端子作用说明

所在部件	序号	作用说明
驾驶员安全带锁扣	1	为接地线
	2	与 SDM 控制单元 S17/25 号端子连接
SDM 控制单元	S17/1	为电源线
	S17/16	为接地线
	S17/26	与 BCM 控制单元 P25/25 号端子连接
	S17/3	与驾驶员侧安全气囊 4 号端子连接
	S17/4	与驾驶员侧安全气囊 3 号端子连接
	S17/5	与乘客侧安全气囊 1 号端子连接
	S17/6	与乘客侧安全气囊 2 号端子连接
	S17/31	与驾驶员侧安全气帘 1 号端子连接
	S17/32	与驾驶员侧安全气帘 2 号端子连接
	S17/23	与乘客侧安全气帘 1 号端子连接
	S17/24	与乘客侧安全气帘 2 号端子连接
	S17/7	与驾驶员侧安全带预紧器 1 号端子连接
	S17/8	与驾驶员侧安全带预紧器 2 号端子连接
	S17/9	与乘客侧安全带预紧器 1 号端子连接
	S17/10	与乘客侧安全带预紧器 2 号端子连接
	S17/18	与驾驶员侧碰撞传感器 1 号端子连接
	S17/19	与驾驶员侧碰撞传感器 2 号端子连接
	S17/27	与乘客侧碰撞传感器 1 号端子连接
	S17/28	与乘客侧碰撞传感器 2 号端子连接
	S17/11	与驾驶员侧侧安全气囊 1 号端子连接
	S17/12	与驾驶员侧侧安全气囊 2 号端子连接
	S17/13	与乘客侧侧安全气囊 2 号端子连接
	S17/14	与乘客侧侧安全气囊 1 号端子连接

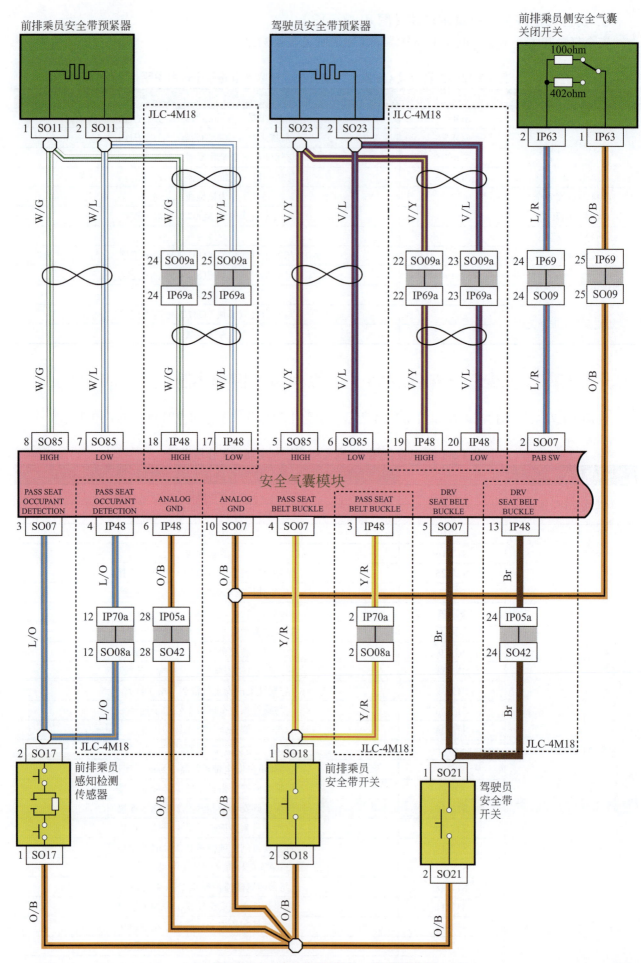

图 4-3-23 安全气囊开关、预紧器电路

第四章 安全气囊系统典型控制电路详解

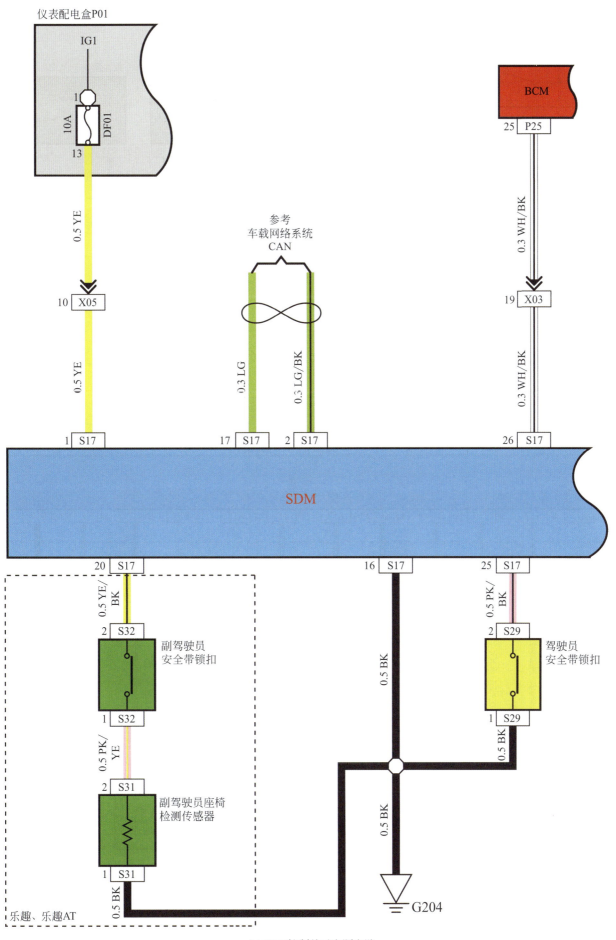

(a) SDM控制单元电源电路

图 4-3-24

177

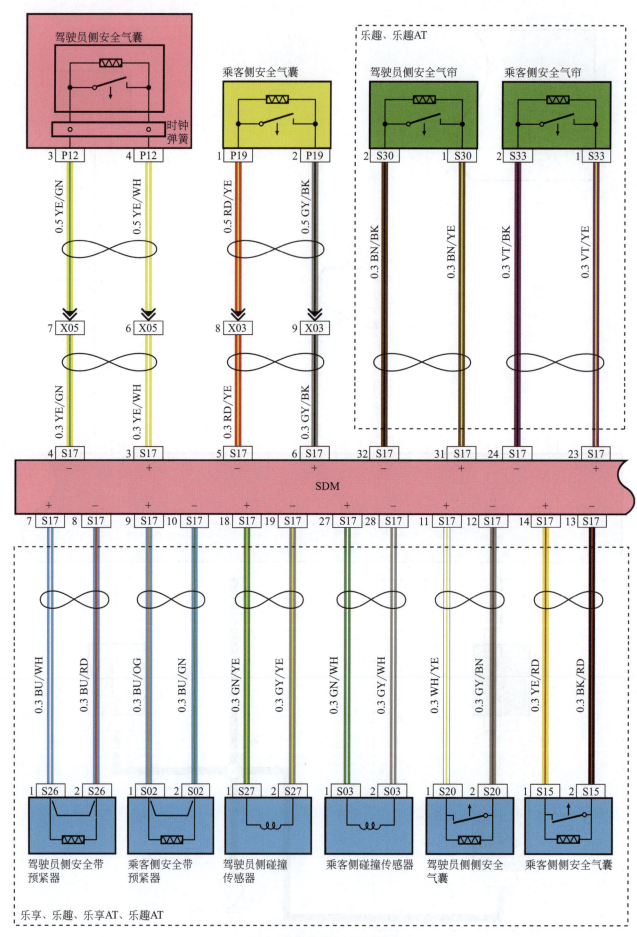

(b) 安全气囊传感器、执行器电路

图 4-3-24 长安悦翔 V7 安全气囊控制电路

七、丰田车型安全气囊电路详解——卡罗拉控制电路

1. 空气囊 ECU 总成电路（图 4-3-25）

空气囊 ECU 总成电路中端子作用见表 4-3-14。

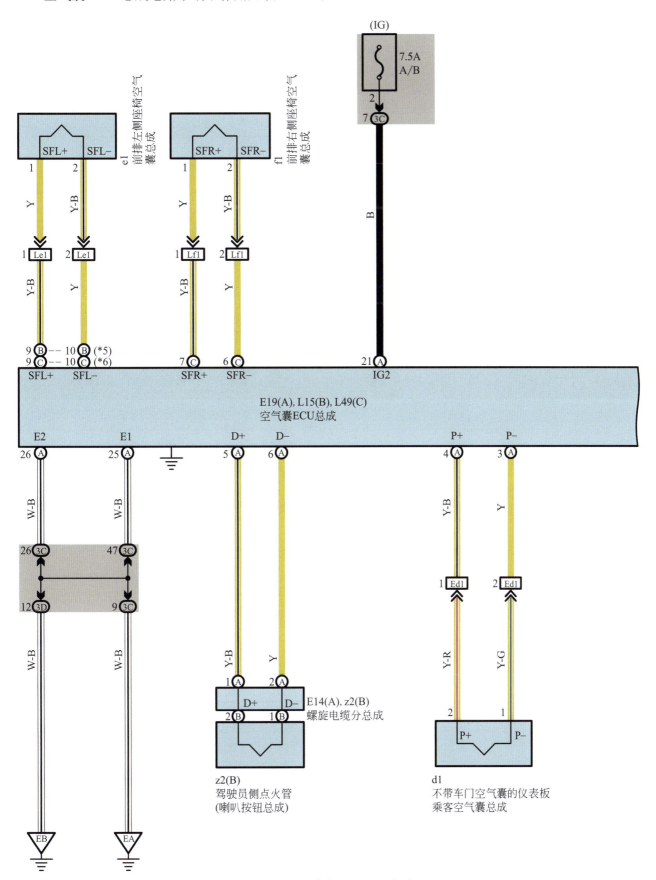

图 4-3-25　空气囊 ECU 电路

2. 空气囊传感器电路（图4-3-26）

空气囊传感器电路中部分端子作用说明见表4-3-15。

表4-3-14　丰田卡罗拉空气囊ECU总成电路端子作用说明

所在部件	序号	作用说明
空气囊ECU总成	A/21	为电源线
	A/25	为接地线
	A/26	为接地线
	A/3	与仪表板乘客空气囊总成1号端子连接
	A/4	与仪表板乘客空气囊总成2号端子连接
	A/5	与驾驶员侧点火管1号端子连接
	A/6	与驾驶员侧点火管2号端子连接
	C/6	与前排右侧座椅空气囊总成2号端子连接
	C/7	与前排右侧座椅空气囊总成1号端子连接
	B/9	与前排左侧座椅空气囊总成1号端子连接
	B/10	与前排左侧座椅空气囊总成2号端子连接

表4-3-15　丰田卡罗拉空气囊传感器电路端子作用说明

所在部件	序号	作用说明
空气囊ECU总成	C/9	与右侧帘式空气囊总成1号端子连接
	C/10	与右侧帘式空气囊总成2号端子连接
	B/6	与左侧帘式空气囊总成2号端子连接
	B/7	与左侧帘式空气囊总成1号端子连接
	C/14	与左侧侧空气囊传感器总成A/4号端子连接
	C/15	与左侧侧空气囊传感器总成A/3号端子连接
	C/11	与右侧侧空气囊传感器总成A/3号端子连接
	C/12	与右侧侧空气囊传感器总成A/4号端子连接
	A/28	与左前空气囊传感器1号端子连接
	A/30	与左前空气囊传感器2号端子连接
	A/27	与右前空气囊传感器1号端子连接
	A/29	与右前空气囊传感器2号端子连接
左侧侧空气囊传感器总成	A/1	与左后空气囊传感器2号端子连接
	A/2	与左后空气囊传感器1号端子连接
右侧侧空气囊传感器总成	A/1	与右后空气囊传感器2号端子连接
	A/2	与右后空气囊传感器1号端子连接

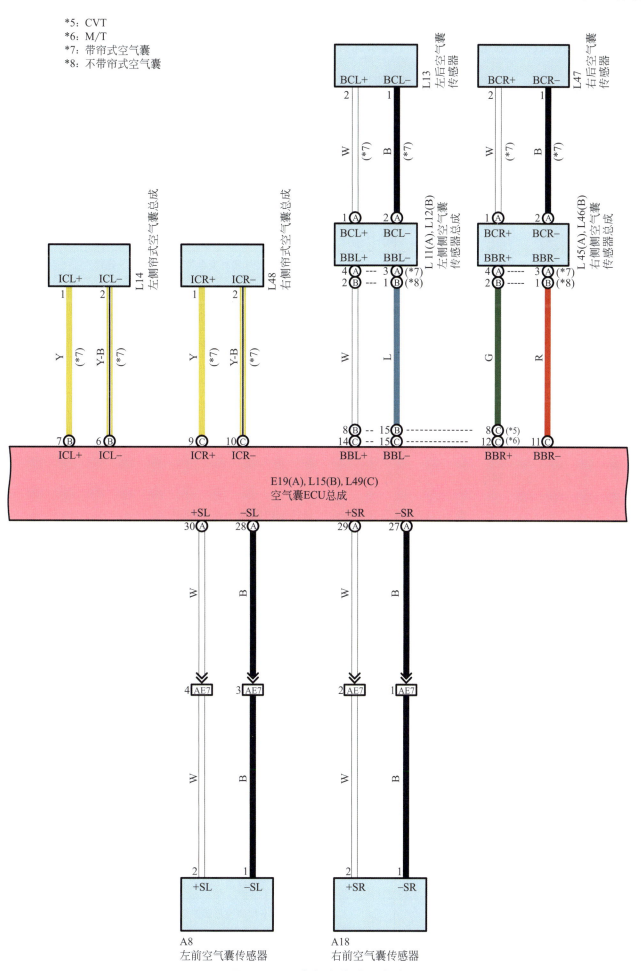

图 4-3-26 空气囊传感器电路

3. 安全带和组合仪表电路（图 4-3-27）

安全带和组合仪表电路中部分端子作用说明见表 4-3-16。

表 4-3-16　丰田卡罗拉安全带和组合仪表电路端子作用说明

所在部件	序号	作用说明
空气囊 ECU 总成	C/1	与后排右侧座椅外安全带总成 2 号端子连接
	C/2	与后排右侧座椅外安全带总成 1 号端子连接
	B/4	与后排左侧座椅外安全带总成 2 号端子连接
	B/5	与后排左侧座椅外安全带总成 1 号端子连接
	B/1	与前排左侧座椅外安全带总成 2 号端子连接
	B/2	与前排左侧座椅外安全带总成 1 号端子连接
	C/4	与前排右侧座椅外安全带总成 1 号端子连接
	C/5	与前排右侧座椅外安全带总成 2 号端子连接
	A/13	为 CAN-H 通信线，与组合仪表 A/32 号端子连接
	A/22	为 CAN-L 通信线，与组合仪表 A/31 号端子连接

八、本田车型安全气囊电路详解——飞度控制电路（图 4-3-28）

飞度安全气囊控制电路中部分端子作用如表 4-3-17 所示。

表 4-3-17　本田飞度安全气囊控制电路端子作用说明

所在部件	序号	作用说明
SRS 单元	A/26	为电源线，由 8 号（7.5A）保险丝供电
	A/27	为电源线，由 6 号（10A）保险丝供电
	A/28	为接地线
	A/29	为接地线
	A/16	为 CAN-L 通信线，与仪表控制单元连接
	A/17	为 CAN-H 通信线，与仪表控制单元连接
	A/3	与驾驶员充气装置 2 号端子连接
	A/4	与驾驶员充气装置 3 号端子连接
	A/5	与前排乘客充气装置 2 号端子连接
	A/6	与前排乘客充气装置 3 号端子连接
	A/36	与左前碰撞传感器 2 号端子连接
	A/37	与左前碰撞传感器 1 号端子连接
	A/38	与右前碰撞传感器 2 号端子连接
	A/39	与右前碰撞传感器 1 号端子连接
	B/6	与左侧气囊充气装置 2 号端子连接

第四章 安全气囊系统典型控制电路详解

续表

所在部件	序号	作用说明
SRS 单元	B/7	与左侧气囊充气装置 1 号端子连接
	B/8	与右侧气囊充气装置 2 号端子连接
	B/9	与右侧气囊充气装置 1 号端子连接
	B/10	与左侧窗帘式气囊充气装置 2 号端子连接
	B/11	与左侧窗帘式气囊充气装置 1 号端子连接
	B/24	与右侧窗帘式气囊充气装置 2 号端子连接
	B/25	与右侧窗帘式气囊充气装置 1 号端子连接
左侧碰撞传感器（第一个）	1	与左侧碰撞传感器（第二个）2 号端子连接
	2	与 SRS 单元 B/37 号端子连接
	3	与 SRS 单元 B/36 号端子连接
	4	与左侧碰撞传感器（第二个）1 号端子连接
右侧碰撞传感器（第一个）	1	与右侧碰撞传感器（第二个）2 号端子连接
	2	与 SRS 单元 B/39 号端子连接
	3	与 SRS 单元 B/38 号端子连接
	4	与右侧碰撞传感器（第二个）1 号端子连接
前排乘客座椅入座开关	1	为接地线
	2	与 SRS 单元 B/23 号端子连接
左侧座椅安全带锁扣开关	1	为接地线
	2	与 SRS 单元 B/19 号端子连接
右侧座椅安全带锁扣开关	1	为接地线
	2	与 SRS 单元 B/21 号端子连接
后排左侧座椅安全带锁扣开关	1	为接地线
	2	与 SRS 单元 B/16 号端子连接
后排中间座椅安全带锁扣开关	1	为接地线
	2	与 SRS 单元 B/17 号端子连接
后排右侧座椅安全带锁扣开关	1	为接地线
	2	与 SRS 单元 B/18 号端子连接
左侧安全带张紧器	2	与 SRS 单元 B/12 号端子连接
	3	与 SRS 单元 B/13 号端子连接
右侧安全带张紧器	2	与 SRS 单元 B/14 号端子连接
	3	与 SRS 单元 B/15 号端子连接

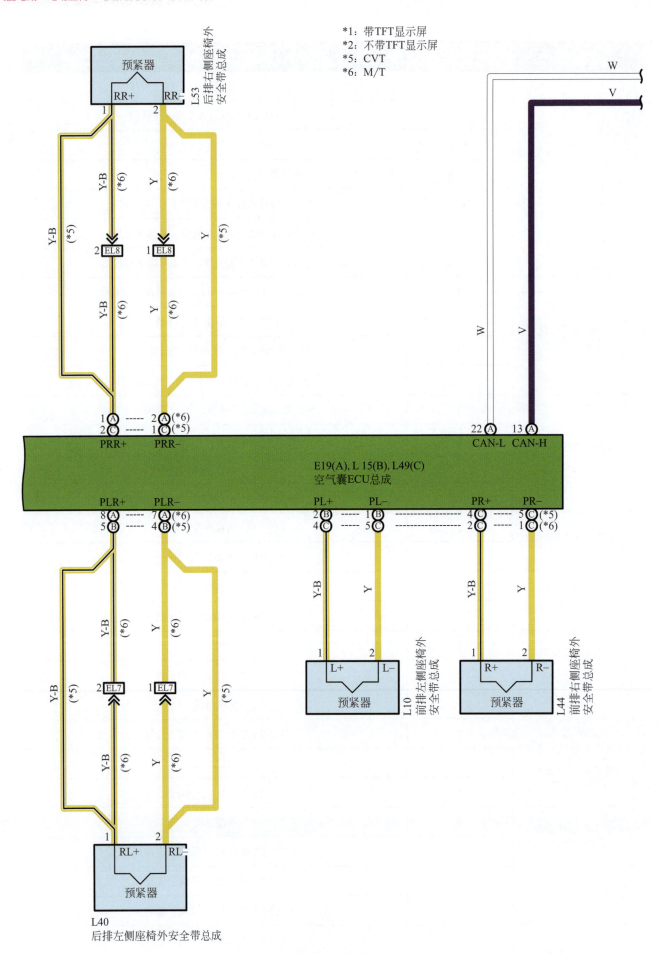

(a) 座椅安全带电路

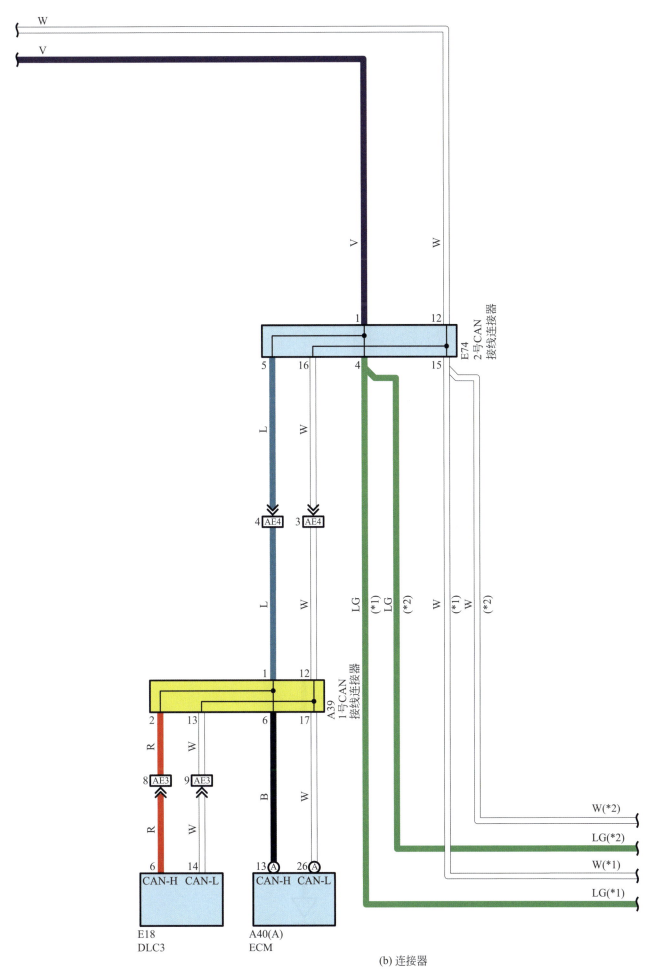

(b) 连接器

图 4-3-27

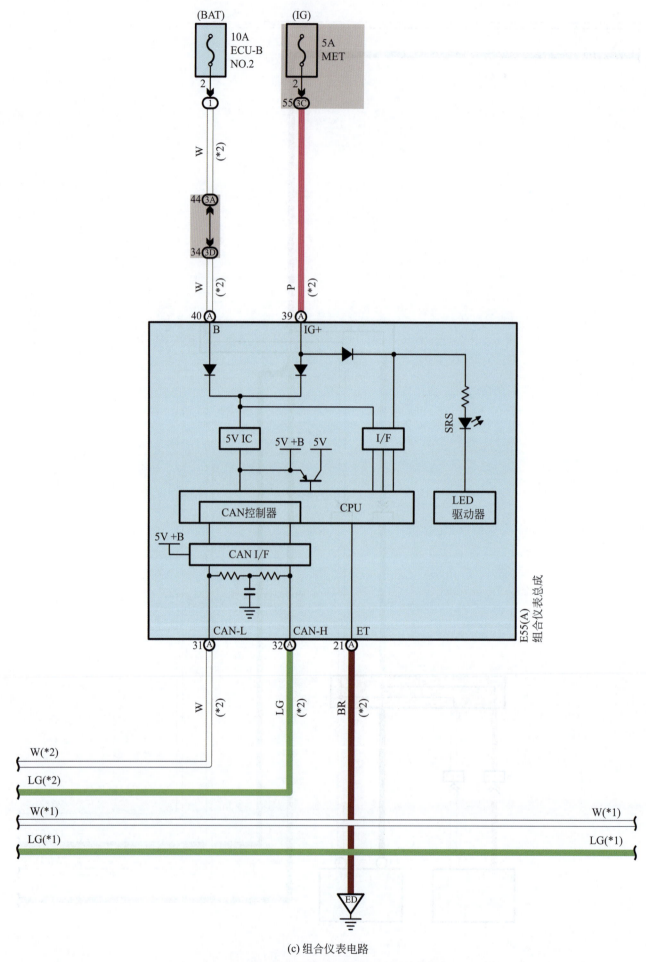

(c)组合仪表电路

图 4-3-27 丰田卡罗拉安全带和组合仪表电路

九、马自达车型安全气囊电路详解——CX-4 控制电路

1. SAS 控制模块电源电路（图 4-3-29）

电路中部分端子作用说明见表 4-3-18。

表 4-3-18　马自达 CX-4 SAS 控制模块电源电路端子作用说明

所在部件	序号	作用说明
SAS 控制模块	3C	为电源线
	3K	为 CAN-H 通信线，与数据线连接器-2 连接
	3L	为 CAN-L 通信线，与数据线连接器-2 连接
	3D	与时钟弹簧 2A 端子连接
	3A	与时钟弹簧 2B 端子连接
	3J	与乘客侧安全气囊组件 1B 端子连接
	3G	与乘客侧安全气囊组件 1A 端子连接
时钟弹簧	2A	与驾驶员侧安全气囊组件 4B 连接
	2B	与驾驶员侧安全气囊组件 4A 连接
驾驶员侧带扣开关	5A	为接地线
	5B	与 SAS 控制模块 2U 端子连接
乘客侧带扣开关	5A	为接地线
	5B	与 SAS 控制模块 2R 端子连接

2. 安全气囊充气装置电路（图 4-3-30）

安全气囊充气装置电路中部分端子作用说明见表 4-3-19。

表 4-3-19　马自达 CX-4 安全气囊充气装置电路端子作用说明

所在部件	序号	作用说明
驾驶员侧预张紧式座椅安全带	A	与 SAS 控制模块 2D 端子连接
	B	与 SAS 控制模块 2A 端子连接
乘客侧预张紧式座椅安全带	A	与 SAS 控制模块 2G 端子连接
	B	与 SAS 控制模块 2J 端子连接
驾驶员侧侧安全气囊传感器	A	与 SAS 控制模块 1N 端子连接
	B	与 SAS 控制模块 1O 端子连接
乘客侧侧安全气囊传感器	A	与 SAS 控制模块 1Q 端子连接
	B	与 SAS 控制模块 1R 端子连接
驾驶员侧侧安全气囊组件	1A	与 SAS 控制模块 1D 端子连接
	1B	与 SAS 控制模块 1A 端子连接
乘客侧侧安全气囊组件	1A	与 SAS 控制模块 1G 端子连接
	1B	与 SAS 控制模块 1J 端子连接
驾驶员侧帘式安全气囊组件	A	与 SAS 控制模块 1S 端子连接
	B	与 SAS 控制模块 1V 端子连接
乘客侧帘式安全气囊组件	A	与 SAS 控制模块 1W 端子连接
	B	与 SAS 控制模块 1T 端子连接

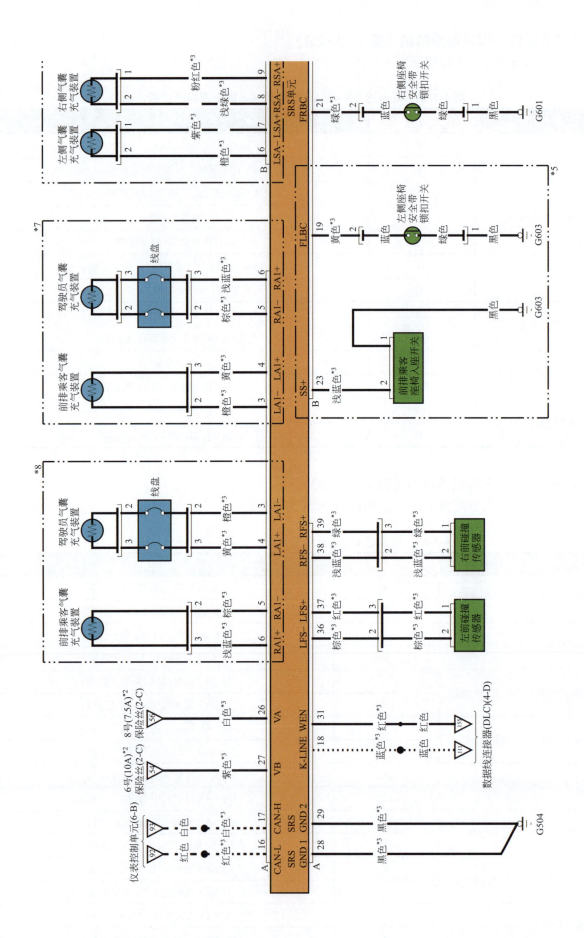

第四章 安全气囊系统典型控制电路详解

*1: 蓄电池端子保险丝盒
*2: 仪表板下保险丝/继电器盒可能替换
*3: SRS电路的导线颜色/侧窗帘式气囊
*4: 带侧气囊和侧窗帘式气囊
*5: 带前排座椅安全带提醒灯
*6: 带后排座椅安全带提醒灯
*7: 右驾驶车型
*8: 左驾驶车型
—— CAN线路
---- 其他通信线路
⎯⎯ 屏蔽

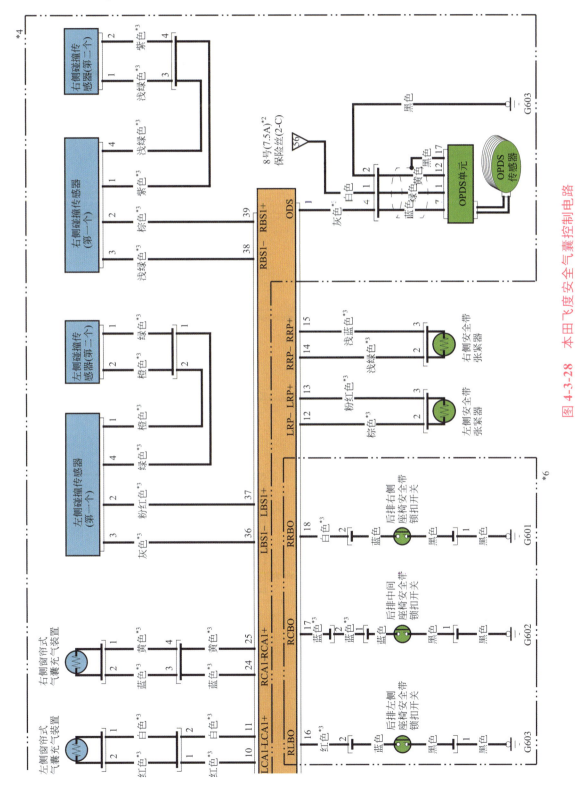

图 4-3-28 本田飞度安全气囊控制电路

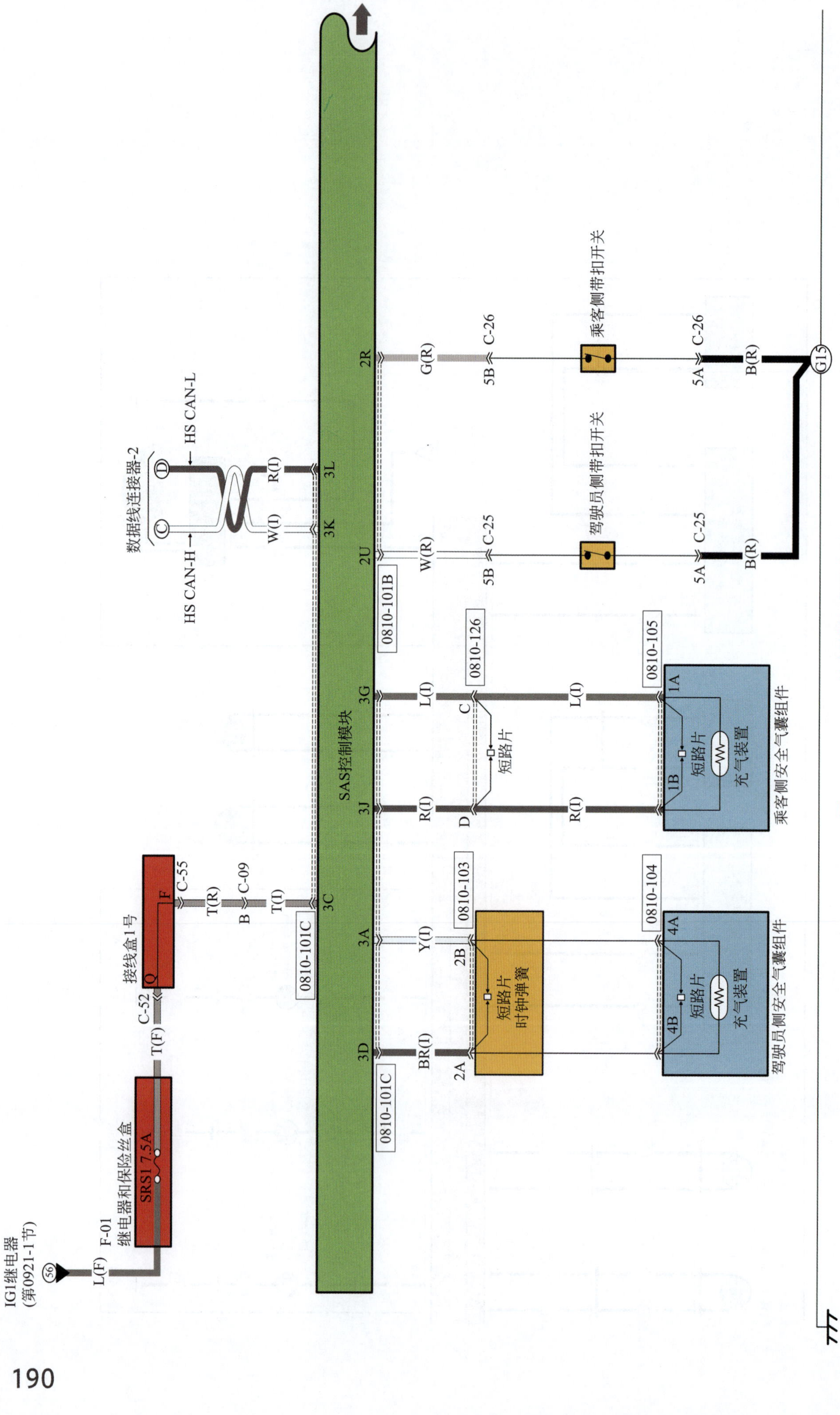

图 4-3-29 SAS 控制模块电源电路

第四章 安全气囊系统典型控制电路详解

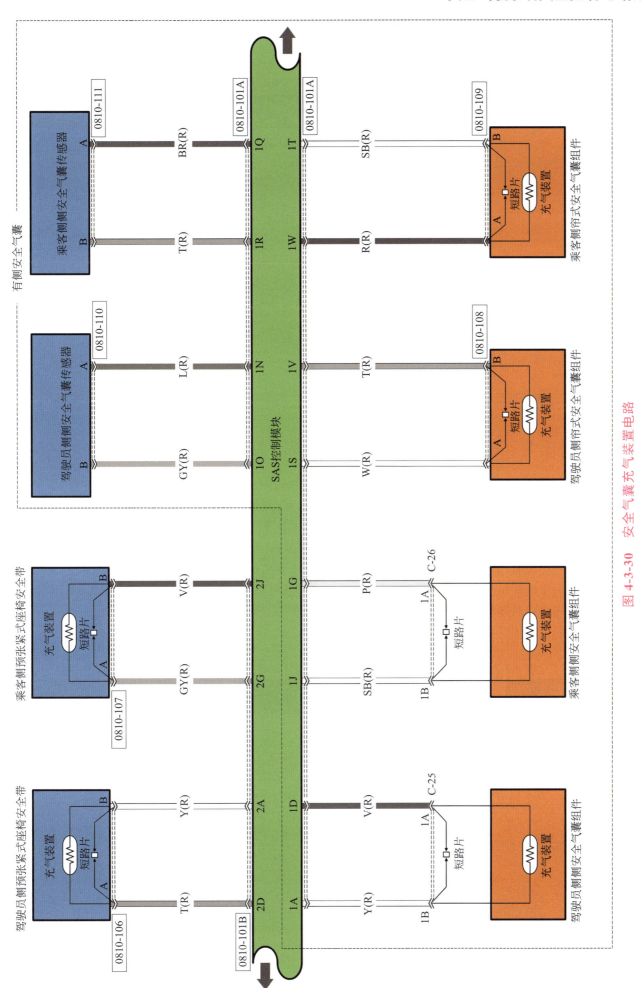

图 4-3-30 安全气囊充气装置电路

3. 碰撞传感器电路（图 4-3-31）

碰撞传感器电路中部分端子作用说明见表 4-3-20。

表 4-3-20　马自达 CX-4 碰撞传感器电路端子作用说明

所在部件	序号	作用说明
驾驶员侧碰撞区传感器	A	与 SAS 控制模块 3N 端子连接
	B	与 SAS 控制模块 3O 端子连接
乘客侧碰撞区传感器	A	与 SAS 控制模块 2W 端子连接
	B	与 SAS 控制模块 2X 端子连接
占位传感器	3A	为接地线
	3B	与 SAS 控制模块 2I 端子连接
SAS 控制模块	2C	为接地线
	2F	为接地线

十、日产车型安全气囊电路详解——轩逸控制电路（图 4-3-32）

B 柱卫星传感器：安装在前排座椅安全带卷收器后侧的中柱下部位置。

C 柱卫星传感器：安装在后柱下部。

卫星传感器集成有侧面碰撞"G"传感器，该传感器用于检测超出车辆规定极限的侧面碰撞冲击。（侧面碰撞"G"传感器采用了电子传感器，其工作原理与安全气囊诊断传感器单元中正面碰撞"G"传感器的那些传感器相同。）

发生超出车辆规定极限的侧面碰撞时，卫星传感器检测到冲击。如果安全气囊诊断传感器单元中的侧面碰撞安全传感器判断出冲击是因碰撞引起的，则侧安全气囊和帘式安全气囊工作。

安全气囊诊断传感器单元和螺旋电缆部分端子作用如表 4-3-21 所示。

表 4-3-21　日产轩逸安全气囊诊断传感器单元和螺旋电缆部分端子作用说明

所在部件	序号	作用说明
安全气囊诊断传感器单元	1	为电源线
	2	为接地线
	3	与螺旋电缆 28 号端子连接
	4	与螺旋电缆 30 号端子连接
	6	与乘客安全气囊模块 1 号端子连接
	7	与乘客安全气囊模块 2 号端子连接
	12	与右侧安全带预紧器 1 号端子连接
	13	与右侧安全带预紧器 2 号端子连接

续表

所在部件	序号	作用说明
安全气囊诊断传感器单元	10	与左侧安全带预紧器 1 号端子连接
	11	与左侧安全带预紧器 2 号端子连接
	31	与左侧腰部预紧器 1 号端子连接
	32	与左侧腰部预紧器 2 号端子连接
	16	与右侧安全气囊模块 1 号端子连接
	17	与右侧安全气囊模块 2 号端子连接
	35	与左侧安全气囊模块 1 号端子连接
	36	与左侧安全气囊模块 2 号端子连接
	37	与右侧帘式安全气囊模块 1 号端子连接
	38	与右侧帘式安全气囊模块 2 号端子连接
	14	与左侧帘式安全气囊模块 1 号端子连接
	15	与左侧帘式安全气囊模块 2 号端子连接
	57	与 BCM 控制单元连接
	59	为 CAN-H 通信线，与数据线接口 6 号端子连接
	60	为 CAN-L 通信线，与数据线接口 14 号端子连接
	23	为安全气囊警告灯信号线，与组合仪表连接
	18	与碰撞区传感器 1 号端子连接
	19	与碰撞区传感器 2 号端子连接
	47	与左侧 B 柱卫星传感器 1 号端子连接
	48	与左侧 B 柱卫星传感器 2 号端子连接
	49	与右侧 B 柱卫星传感器 1 号端子连接
	50	与右侧 B 柱卫星传感器 2 号端子连接
	61	与左侧 C 柱卫星传感器 1 号端子连接
	62	与左侧 C 柱卫星传感器 2 号端子连接
	63	与右侧 C 柱卫星传感器 1 号端子连接
	64	与右侧 C 柱卫星传感器 2 号端子连接
螺旋电缆	28	与驾驶员安全气囊模块 10 号端子连接
	30	与驾驶员安全气囊模块 11 号端子连接

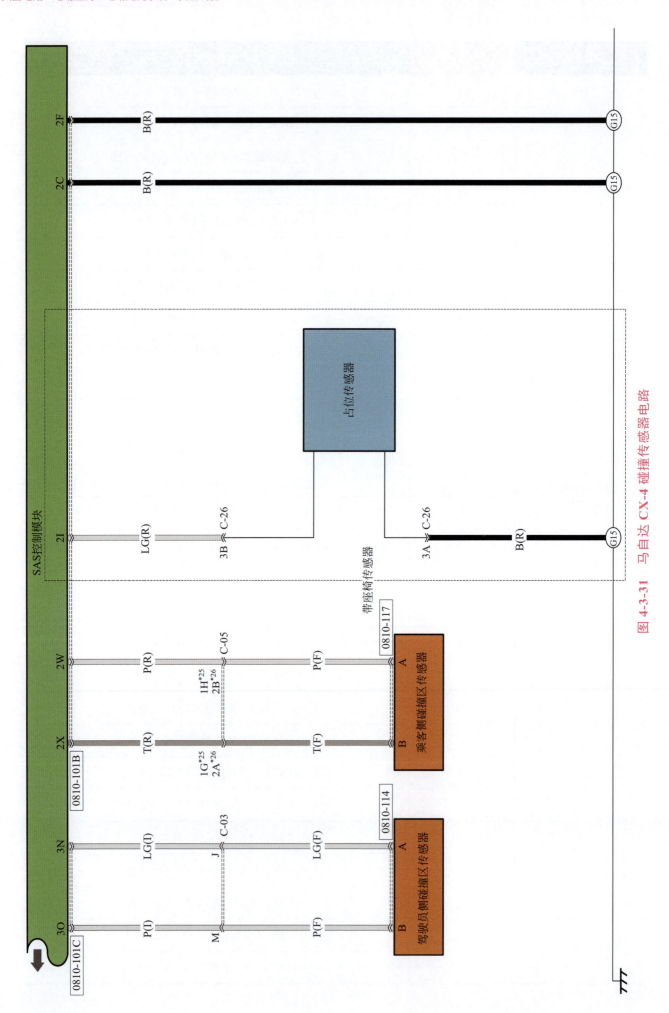

图 4-3-31 马自达 CX-4 碰撞传感器电路

第四章
安全气囊系统典型控制电路详解

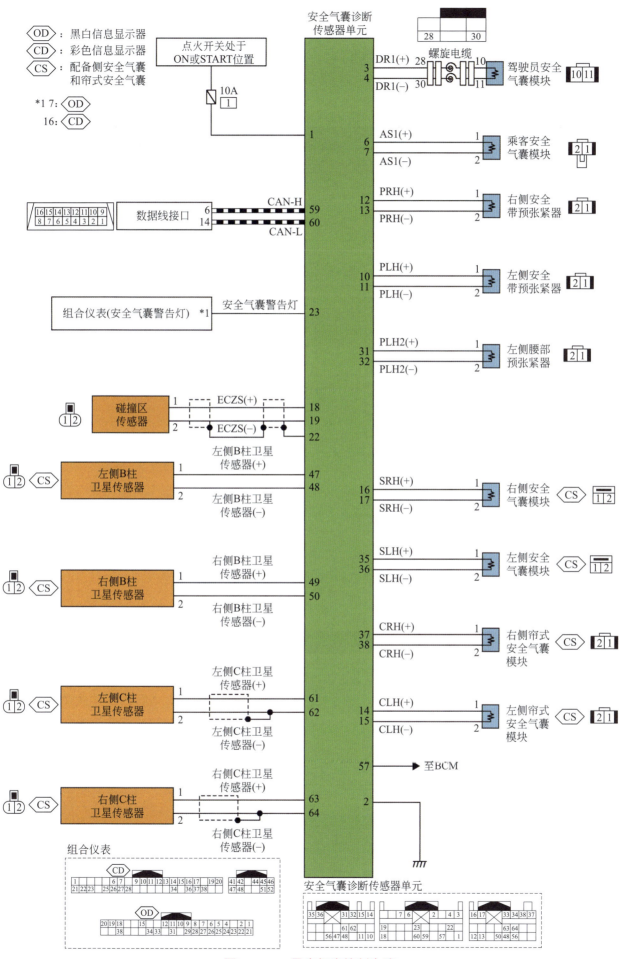

图 4-3-32　日产轩逸控制电路

十一、现代/起亚车型安全气囊电路详解——现代名图 MISTRA 控制电路

1. SRS 控制模块电路（图 4-3-33）

SRS 控制模块电路中端子作用说明见表 4-3-22。

表 4-3-22　现代名图 MISTRA SAS 控制模块电路端子作用说明

所在部件	序号	作用说明
SRS 控制模块	7	为电源线，ON 或 START 电源→空气囊 15A 保险丝→SRS 控制模块 7 号端子
	8	与驾驶员侧正面碰撞传感器 1 号端子连接
	9	与驾驶员侧正面碰撞传感器 2 号端子连接
	10	与副驾驶侧正面碰撞传感器 4 号端子连接
	11	与副驾驶侧正面碰撞传感器 3 号端子连接
	34	与 BCM 控制模 16 号端子、MTS 模块 21 号端子连接
	39	与时钟弹簧 1 号端子连接
	40	与时钟弹簧 2 号端子连接
	41	与副驾驶侧空气囊 1 号端子连接
	42	与副驾驶侧空气囊 2 号端子连接
	43	为 CAN-L 通信线，与仪表盘 33 号端子连接
	44	为 CAN-H 通信线，与仪表盘 32 号端子连接
仪表盘	1	为接地线
	18	为空气囊警告灯电源线，ON 或 START 电源→空气囊警告灯 15A 保险丝→仪表盘 18 号端子
	36	为接地线
	37	为接地线

2. 侧面碰撞传感器电路（图 4-3-34）

侧面碰撞传感器电路中部分端子作用说明见表 4-3-23。

表 4-3-23　现代名图 MISTRA 侧面碰撞传感器电路端子作用说明

所在部件	序号	作用说明
SRS 控制模块	32	与 ESP 控制模块 37 号端子连接
	33	与 ESP 控制模块 36 号端子连接
	12	与驾驶员侧侧面空气囊 1 号端子连接
	13	与驾驶员侧侧面空气囊 2 号端子连接
	14	与副驾驶侧侧面空气囊 2 号端子连接
	15	与副驾驶侧侧面空气囊 2 号端子连接
	16	与左后侧面空气囊 2 号端子连接
	17	与左后侧面空气囊 1 号端子连接
	18	与右后侧面空气囊 1 号端子连接
	19	与右后侧面空气囊 2 号端子连接
	7	与驾驶员侧侧面空气囊 1 号端子连接
	8	与驾驶员侧侧面空气囊 2 号端子连接
	5	与副驾驶侧侧面空气囊 2 号端子连接
	6	与副驾驶侧侧面空气囊 1 号端子连接
	10	为接地线

第四章 安全气囊系统典型控制电路详解

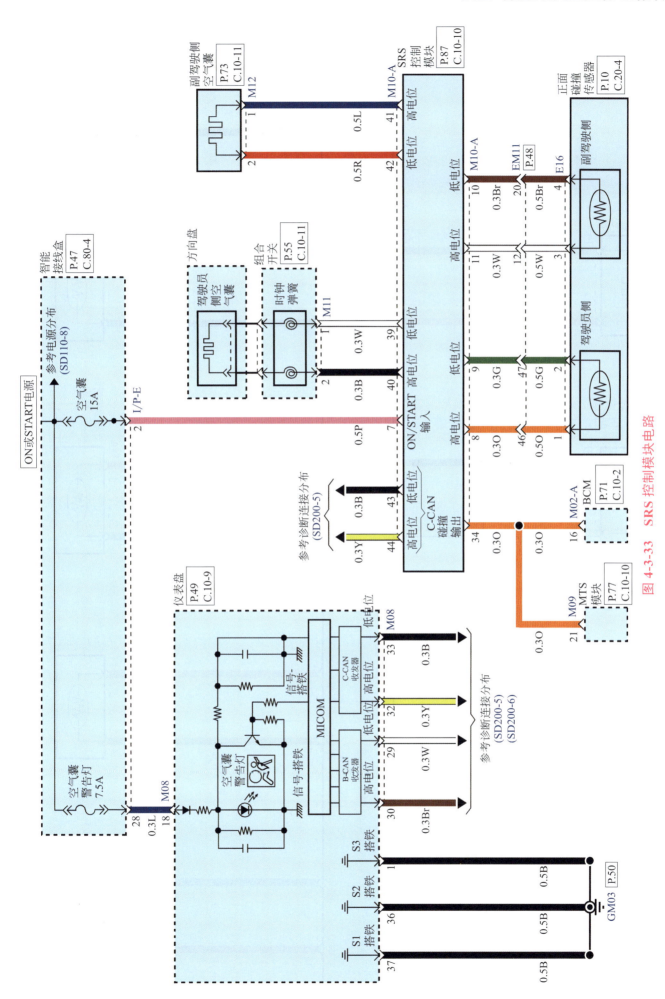

图 4-3-33 SRS 控制模块电路

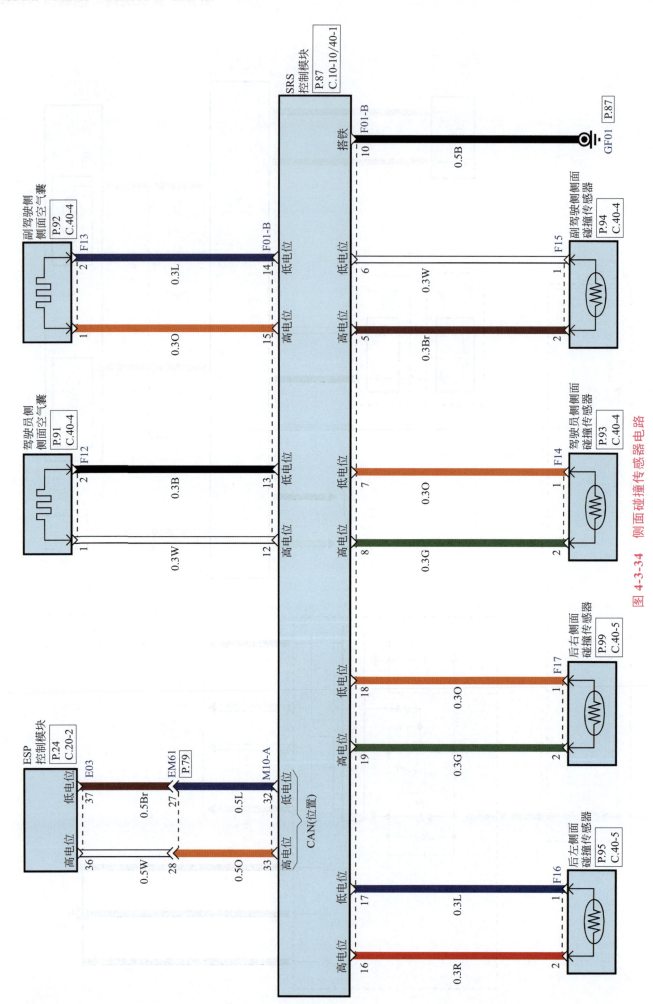

图 4-3-34 侧面碰撞传感器电路

3. 空气囊电路（图 4-3-35）

空气囊电路中部分端子作用说明见表 4-3-24。

表 4-3-24 现代名图 MISTRA 空气囊电路端子作用说明

所在部件	序号	作用说明
SRS 控制模块	23	与驾驶员侧帘式空气囊 1 号端子连接
	24	与驾驶员侧帘式空气囊 2 号端子连接
	25	与副驾驶侧帘式空气囊 2 号端子连接
	26	与副驾驶侧帘式空气囊 1 号端子连接
	38	与驾驶员侧安全带拉紧器 1 号端子连接
	39	与驾驶员侧安全带拉紧器 2 号端子连接
	40	与副驾驶侧安全带拉紧器 2 号端子连接
	41	与副驾驶侧安全带拉紧器 1 号端子连接
	34	与左后安全带拉紧器 1 号端子连接
	35	与左后安全带拉紧器 2 号端子连接
	36	与右后安全带拉紧器 2 号端子连接
	37	与右后安全带拉紧器 1 号端子连接
驾驶员侧安全带扣环开关	1	与 IPS 控制模块 13 号端子连接
	2	为接地线
副驾驶侧安全带扣环开关	1	与 BCM 控制单元 9 号端子连接
	2	为接地线
安全带提示垫	1	与 BCM 控制单元 21 号端子连接
	2	为接地线

十二、福特车型安全气囊电路详解——锐界 EDGE 控制电路

1. 约束控制模块电源电路（图 4-3-36）

约束控制模块 19 号端子为电源线。
约束控制模块 42 号端子与 BCM 车身控制模块 49 号端子连接。
约束控制模块 47 号端子为 CNA-L 通信线。
约束控制模块 48 号端子为 CNA-H 通信线。

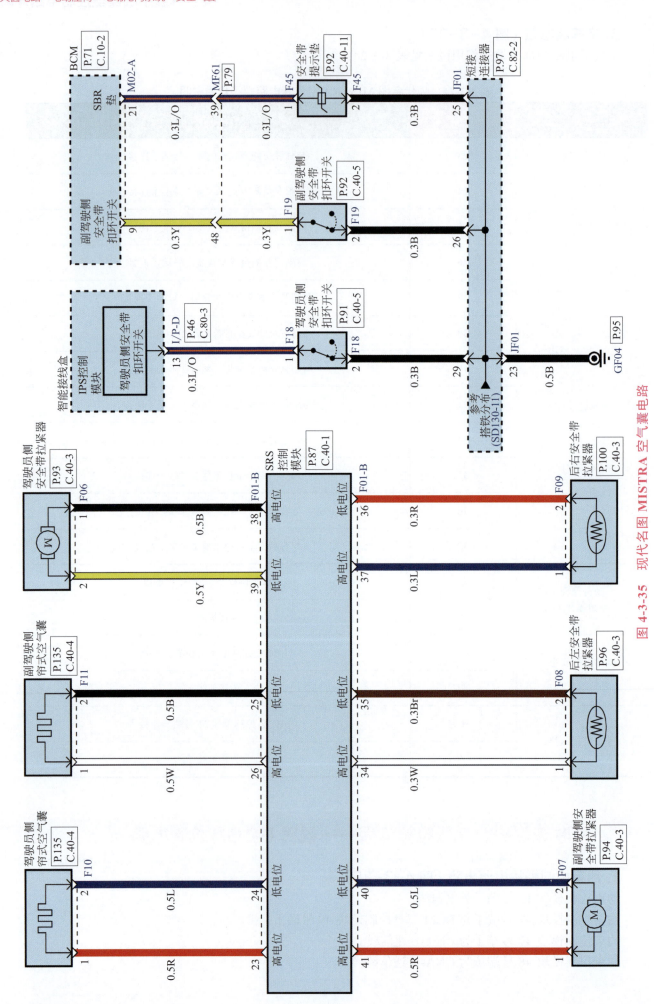

图 4-3-35 现代名图 MISTRA 空气囊电路

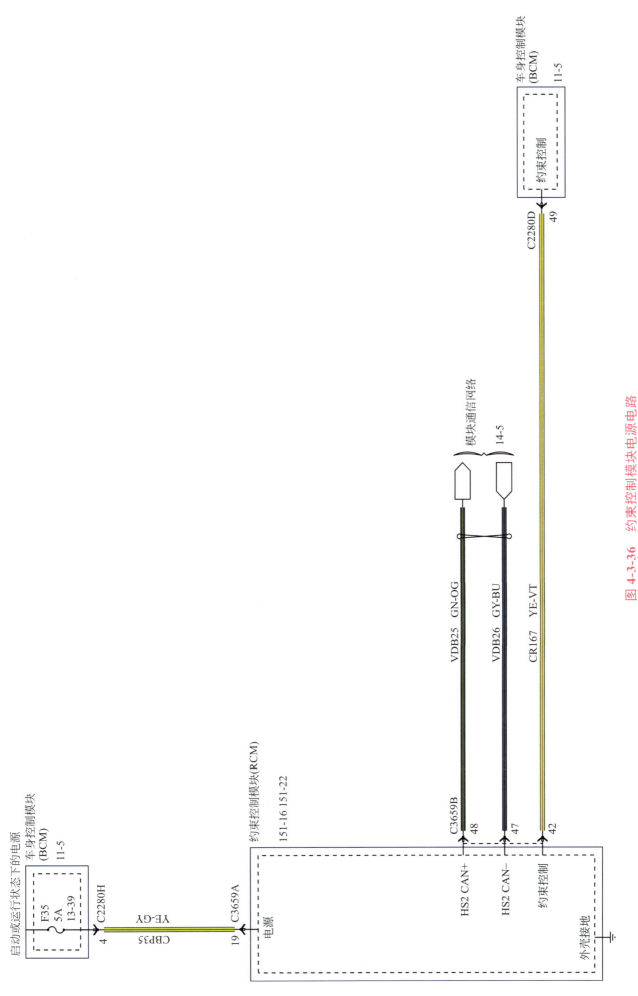

图 4-3-36 约束控制模块电源电路

2. 侧面碰撞传感器电路（图 4-3-37）

侧面碰撞传感器电路端子作用说明见表 4-3-25。

表 4-3-25　福特锐界 EDGE 侧面碰撞传感器电路端子作用说明

所在部件	序号	作用说明
约束控制模块	43	与右侧 C 柱侧面碰撞传感器 2 号端子连接
	44	与右侧 C 柱侧面碰撞传感器 1 号端子连接
	45	与左侧 C 柱侧面碰撞传感器 1 号端子连接
	46	与左侧 C 柱侧面碰撞传感器 2 号端子连接
	49	与乘客侧安全带预张紧器 1 号端子连接
	50	与乘客侧安全带预张紧器 2 号端子连接
	51	与驾驶员安全带预张紧器 2 号端子连接
	52	与驾驶员安全带预张紧器 1 号端子连接
	17	与正面碰撞严重程度传感器（左侧）1 号端子连接
	18	与正面碰撞严重程度传感器（左侧）2 号端子连接
	31	与乘客侧车门侧面碰撞传感器 2 号端子连接
	32	与乘客侧车门侧面碰撞传感器 1 号端子连接
	33	与驾驶员侧车门侧面碰撞传感器 1 号端子连接
	34	与驾驶员侧车门侧面碰撞传感器 2 号端子连接

3. 安全气囊电路（图 4-3-38）

电路中部分端子作用说明见表 4-3-26。

表 4-3-26　福特锐界 EDGE 安全气囊电路端子作用说明

所在部件	序号	作用说明
约束控制模块	17	与右侧气帘 1 号端子连接
	18	与右侧气帘 2 号端子连接
	37	与乘客侧安全气囊 1 号端子连接
	38	与乘客侧安全气囊 2 号端子连接
	39	与驾驶员侧安全气囊 2 号端子连接
	40	与驾驶员侧安全气囊 1 号端子连接
	25	与左侧气帘 1 号端子连接
	26	与左侧气帘 2 号端子连接
	23	与驾驶员膝部安全气囊 1 号端子连接
	24	与驾驶员膝部安全气囊 2 号端子连接
	29	与时钟弹簧 12 号端子连接，与驾驶员侧安全气囊 1 号端子连接
	30	与时钟弹簧 11 号端子连接，与驾驶员侧安全气囊 2 号端子连接
	27	与乘客侧安全气囊 2 号端子连接
	28	与乘客侧安全气囊 1 号端子连接

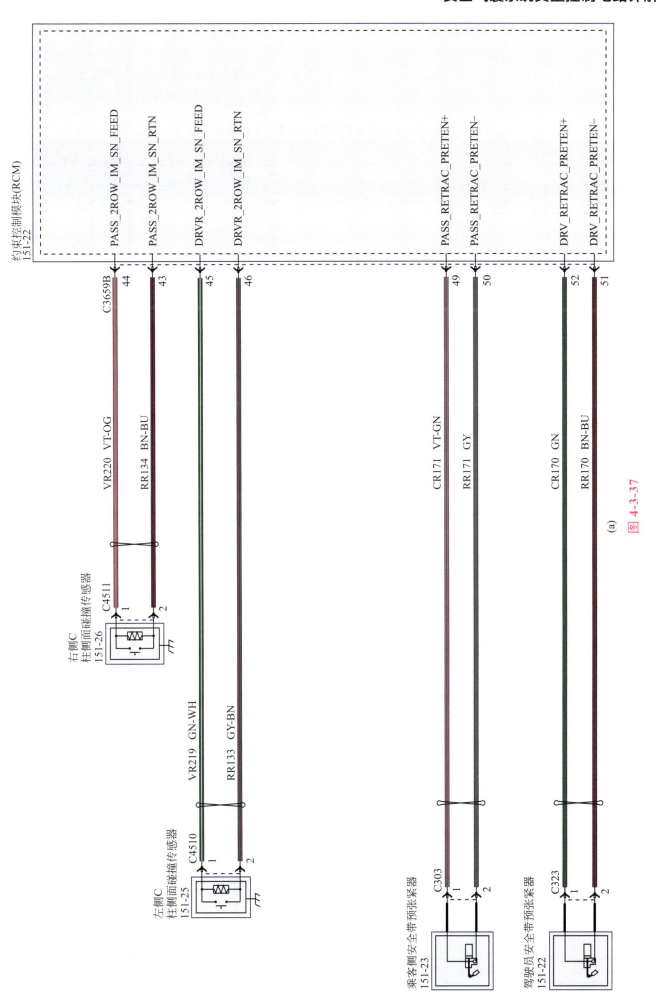

图 4-3-37

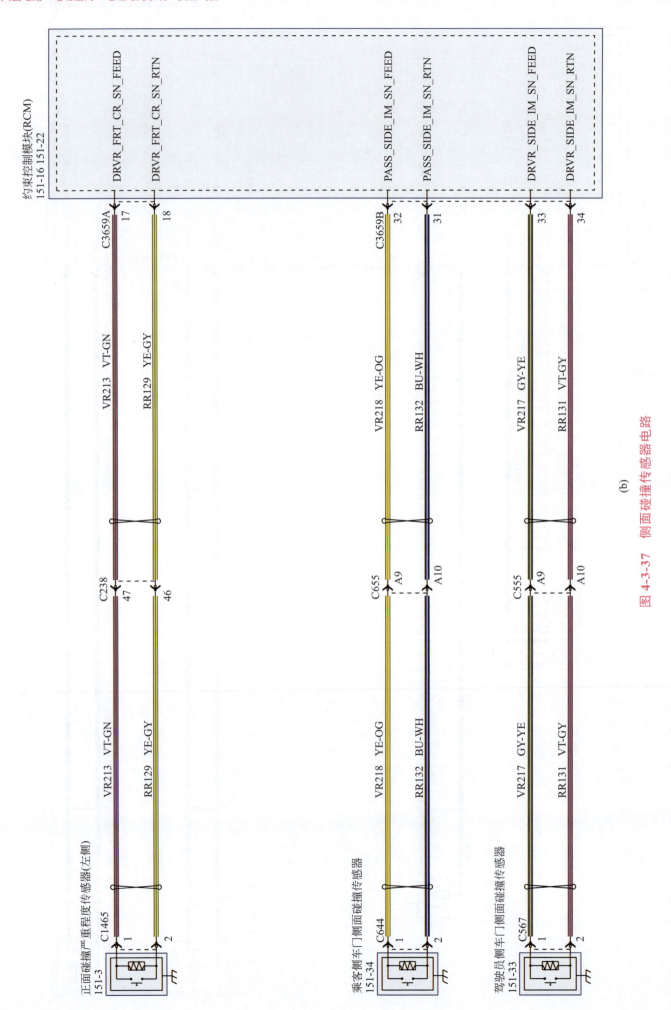

图 4-3-37 侧面碰撞传感器电路(b)

第四章 安全气囊系统典型控制电路详解

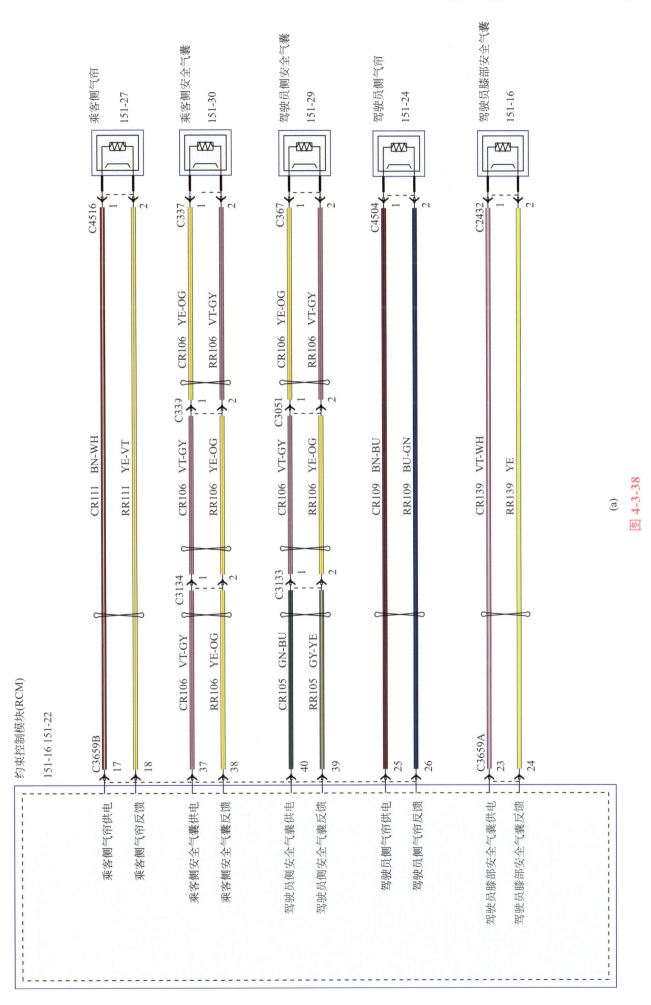

图 4-3-38 (a)

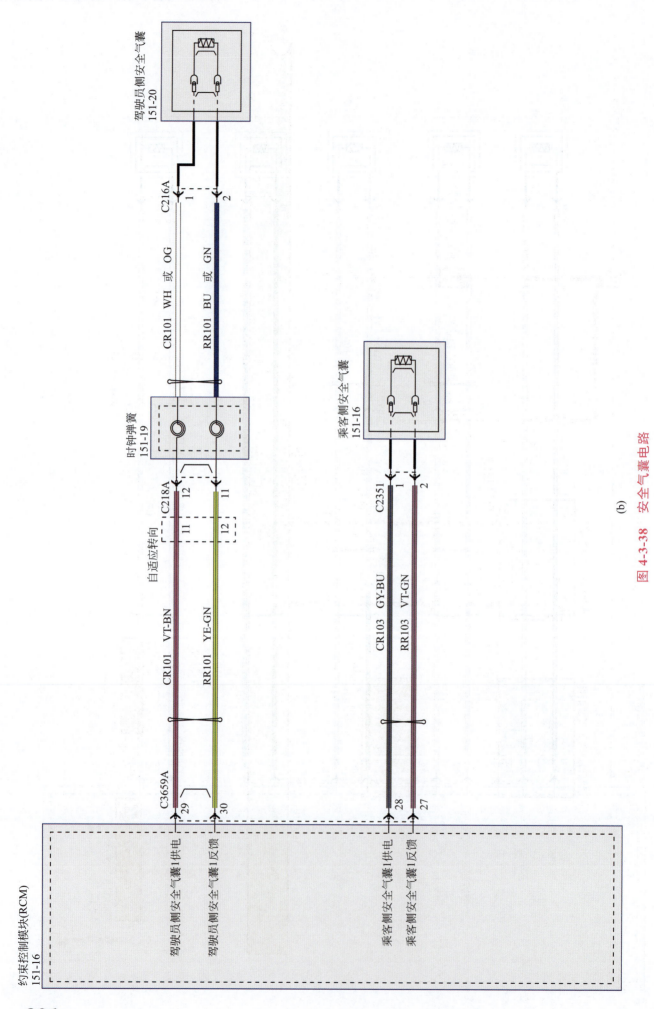

图 4-3-38 安全气囊电路

4. 安全带扣电路（图4-3-39）

电路中部分端子作用说明见表4-3-27。

表4-3-27　福特锐界 EDGE 安全带扣电路端子作用说明

所在部件	序号	作用说明
乘客安全带带扣	1	与乘客识别系统模块 6 号端子连接
	2	与乘客识别系统模块 5 号端子连接
	3	为接地线
	5	与约束控制模块 55 号端子连接
	6	为接地线
乘客识别系统模块	1	为电源线
	2	为 CAN-H 通信线
	3	为 CAN-L 通信线
	4	为接地线
前排乘客侧安全带回缩器	1	与约束控制模块 24 号端子连接
	2	为接地线

5. 座椅位置传感器电路（图4-3-40）

驾驶员侧安全带带扣 3 号端子为接地线。

驾驶员侧安全带带扣 5 号端子与约束控制模块 54 号端子连接。

约束控制模块 53 号端子为回路。

十三、传祺车型安全气囊电路详解——GS5 控制电路

1. 安全气囊控制单元电源电路（图4-3-41）

安全气囊控制单元 IP24-12 号端子为电源线，蓄电池正极 → 175A → EF41（80A）保险丝 → IF14（30A）保险丝 → 点火开关 IP28-2 号端子 IG1 接通 → IF31（7.5A）保险丝 → 安全气囊控制单元 IP24-12 号端子。

2. 碰撞传感器及安全气囊电路（图4-3-42）

电路中部分端子的作用如表4-3-28所示。

表4-3-28　传祺 GS5 端子碰撞传感器及安全气囊电路端子作用说明

所在部件	序号	作用说明
安全气囊控制单元	IP24-4	与左前碰撞传感器 2 号端子连接
	IP24-5	与左前碰撞传感器 1 号端子连接
	IP24-6	与右前碰撞传感器 1 号端子连接
	IP24-7	与右前碰撞传感器 2 号端子连接
	BDYY-9	与右侧碰撞传感器 2 号端子连接
	BDYY-10	与右侧碰撞传感器 1 号端子连接
	BDYY-11	与左侧碰撞传感器 1 号端子连接
	BDYY-12	与左侧碰撞传感器 2 号端子连接
	IP24-13	与时钟弹簧 3 号端子连接

续表

所在部件	序号	作用说明
安全气囊控制单元	IP24-14	与时钟弹簧4号端子连接
	IP24-15	与前排乘员侧安全气囊1号端子连接
	IP24-16	与前排乘员侧安全气囊2号端子连接
	IP24-17	与驾驶员侧安全气囊2号端子连接
	IP24-18	与驾驶员侧安全气囊1号端子连接
	IP24-19	与前排乘员侧侧安全气囊1号端子连接
	IP24-20	与前排乘员侧侧安全气囊2号端子连接
时钟弹簧	3	与驾驶员侧安全气囊3号端子连接
	4	与驾驶员侧安全气囊4号端子连接

3. 安全带预紧器电路（图4-3-43）

安全带预紧器电路中部分端子作用见表4-3-29。

表4-3-29　传祺GS5端子安全带预紧器电路端子作用说明

所在部件	序号	作用说明
安全气囊控制单元	BDYY-21	与右侧安全气帘2号端子连接
	BDYY-22	与右侧安全气帘1号端子连接
	BDYY-23	与左侧安全气帘1号端子连接
	BDYY-24	与左侧安全气帘2号端子连接
	IP24-21	与前排乘员侧安全带预紧器2号端子连接
	IP24-22	与前排乘员侧安全带预紧器1号端子连接
	IP24-23	与驾驶员侧安全带预紧器1号端子连接
	IP24-24	与驾驶员侧安全带预紧器2号端子连接
	BDYY-15	与二级前排乘员侧安全带预紧器1号端子连接
	BDYY-16	与二级前排乘员侧安全带预紧器2号端子连接
	BDYY-13	与二级驾驶员侧安全带预紧器2号端子连接
	BDYY-14	与二级驾驶员侧安全带预紧器1号端子连接
	IP24-1	为CAN-H通信线
	IP24-2	为CAN-L通信线
	IP24-3	为接地线
	IP24-8	为接地线
	BDYY-4	为接地线
前排乘员侧安全带开关	1	与安全气囊控制单元BDYY-7号端子连接
	2	为接地线
乘员探测传感器	6	与安全气囊控制单元BDYY-2号端子连接
	7	为接地线
驾驶员侧安全带开关	1	与安全气囊控制单元BDYY-8号端子连接
	2	为接地线

第四章

安全气囊系统典型控制电路详解

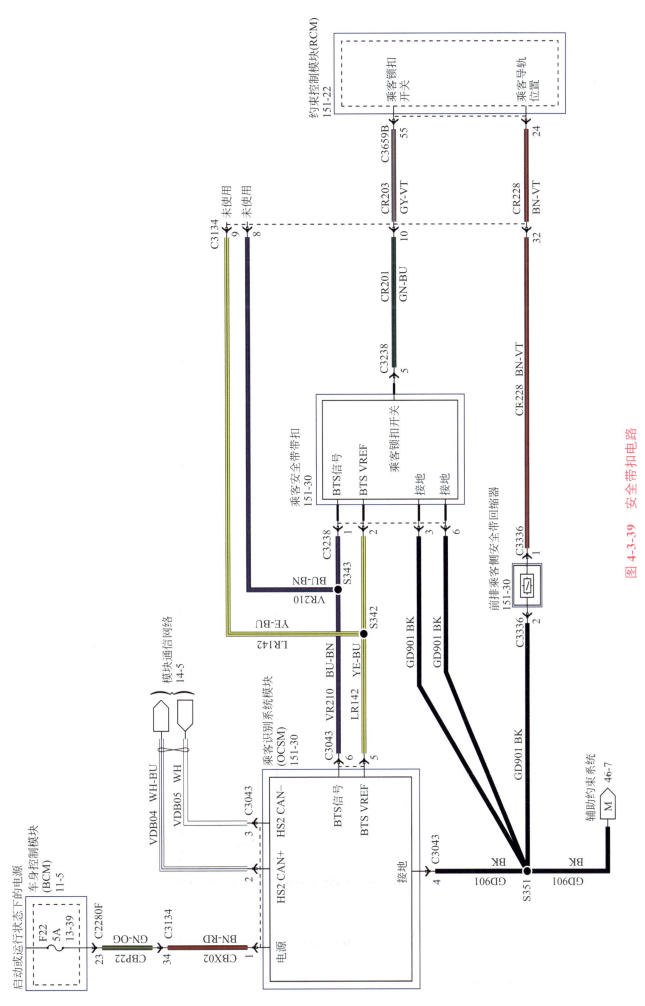

图 4-3-39 安全带扣电路

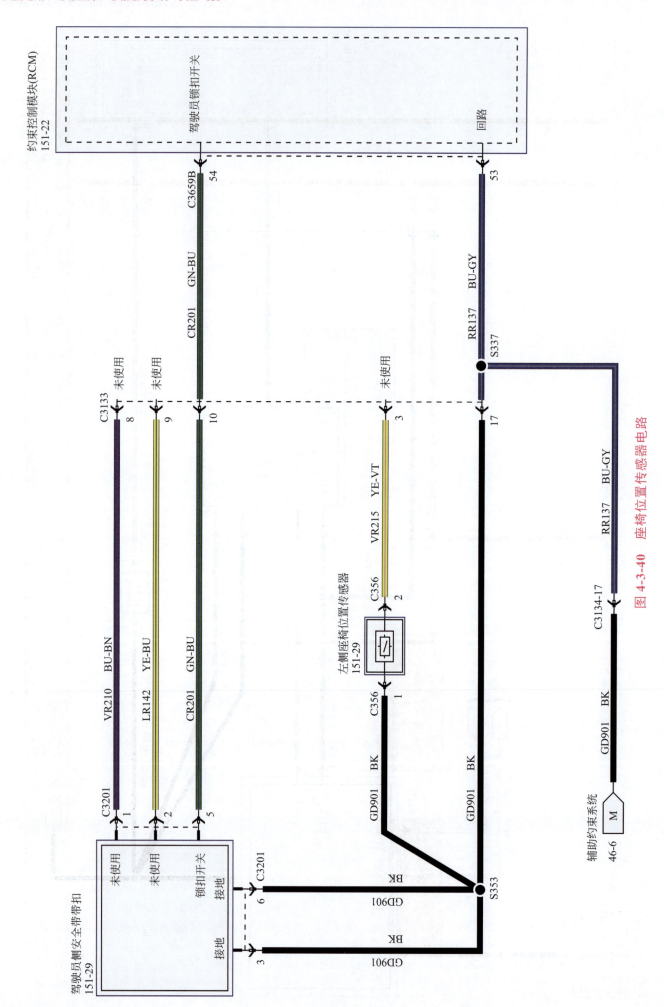

图 4-3-40 座椅位置传感器电路

第四章
安全气囊系统典型控制电路详解

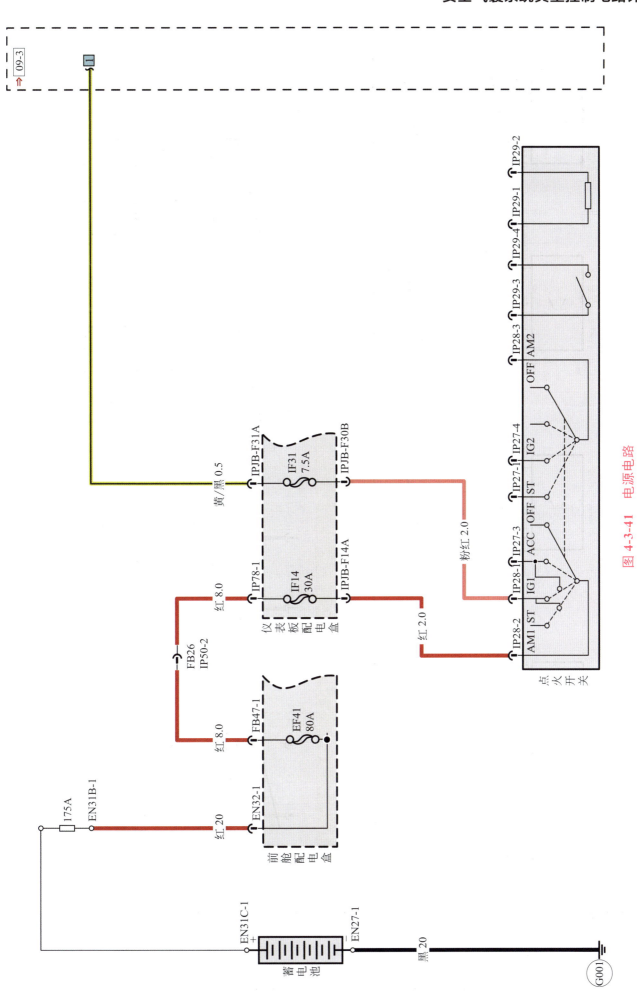

图 4-3-41 电源电路

211

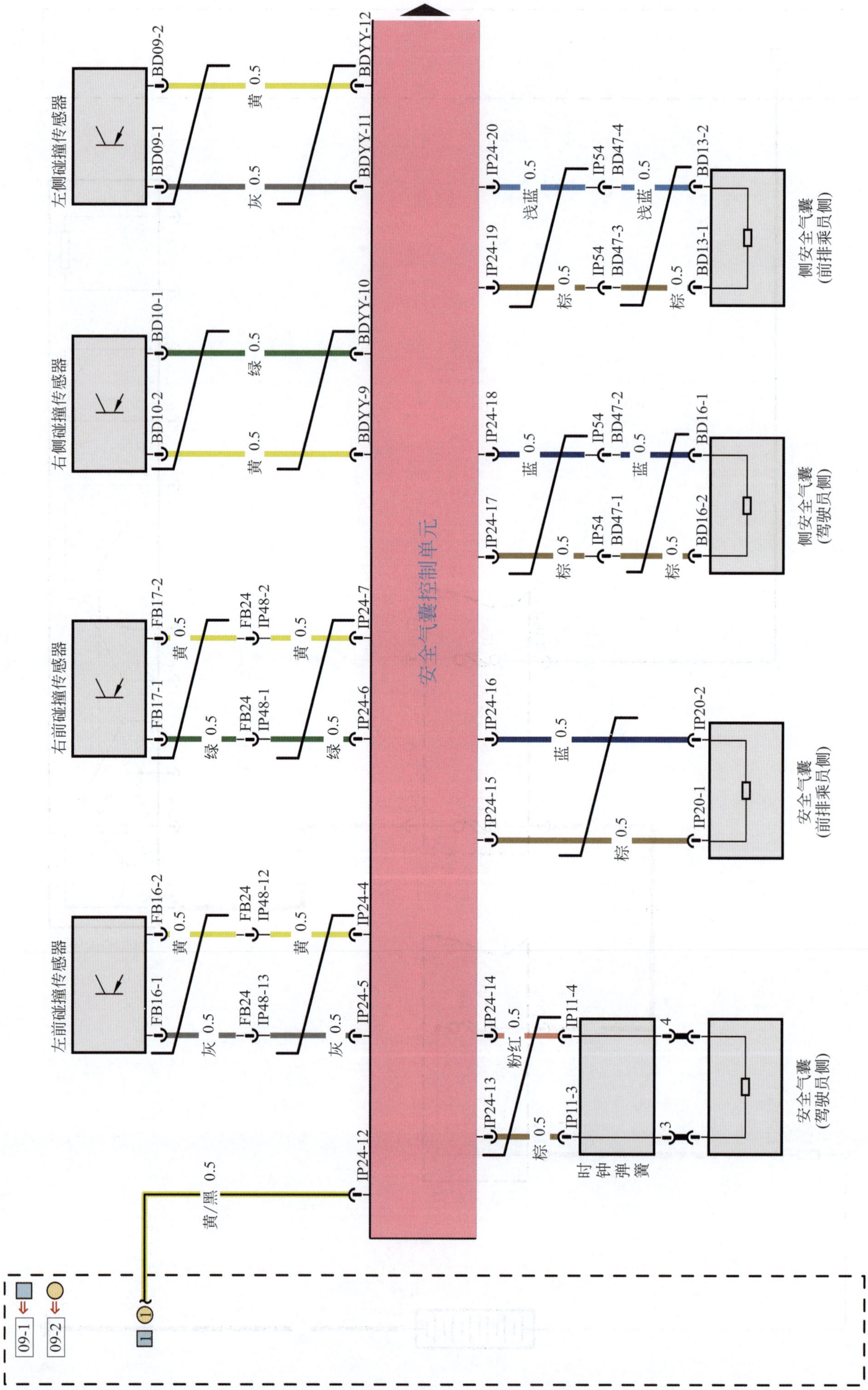

图 4-3-42 碰撞传感器及安全气囊电路

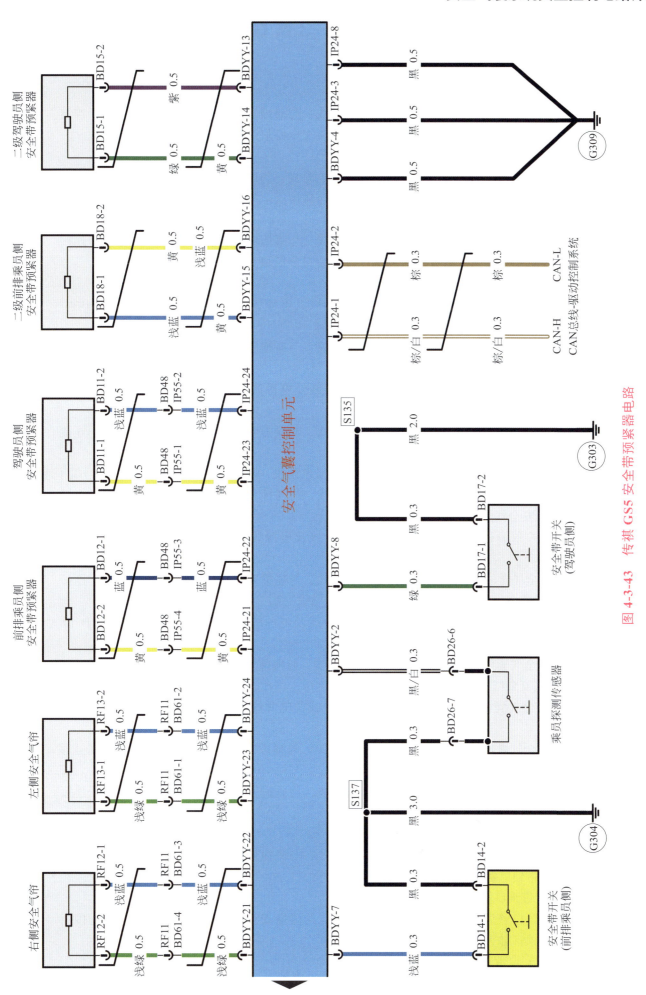

图 4-3-43 传祺 GS5 安全带预紧器电路

十四、宝马车型安全气囊电路详解——3 系 G28 控制电路

1. 安全气囊传感器（图 4-3-44）

❶ 左前压力传感器

左前压力传感器 1 号端子为正极信号线及电源线，与碰撞安全模块 A11*1B/55 号端子连接。

左前压力传感器 2 号端子为负极信号线，与碰撞安全模块 A11*1B/54 号端子连接。

❷ 中部行人保护传感器

中部行人保护传感器 1 号端子为正极信号线及电源线，与碰撞安全模块 A11*1B/53 号端子连接。

中部行人保护传感器 2 号端子为负极信号线，与碰撞安全模块 A11*1B/52 号端子连接。

❸ 右前压力传感器

右前压力传感器 1 号端子为正极信号线及电源线，与碰撞安全模块 A11*1B/51 号端子连接。

右前压力传感器 2 号端子为负极信号线，与碰撞安全模块 A11*1B/50 号端子连接。

❹ 左侧前部安全气囊传感器

左侧前部安全气囊传感器 1 号端子为正极信号线及电源线，与碰撞安全模块 A11*1B/40 号端子连接。

左侧前部安全气囊传感器 2 号端子为负极信号线，与碰撞安全模块 A11*1B/39 号端子连接。

❺ 右侧前部安全气囊传感器

右侧前部安全气囊传感器 1 号端子为正极信号线及电源线，与碰撞安全模块 A11*1B/38 号端子连接。

右侧前部安全气囊传感器 2 号端子为负极信号线，与碰撞安全模块 A11*1B/37 号端子连接。

❻ 左前车门安全气囊传感器

左前车门安全气囊传感器 1 号端子为正极信号线及电源线，与碰撞安全模块 A11*1B/19 号端子连接。

左前车门安全气囊传感器 2 号端子为负极信号线，与碰撞安全模块 A11*1B/18 号端子连接。

❼ 右前车门安全气囊传感器

右前车门安全气囊传感器 1 号端子为正极信号线及电源线，与碰撞安全模块 A11*1B/21 号端子连接。

右前车门安全气囊传感器 2 号端子为负极信号线，与碰撞安全模块 A11*1B/20 号端子连接。

❽ 左侧 B 柱安全气囊传感器

左侧 B 柱安全气囊传感器 1 号端子为正极信号线及电源线，与碰撞安全模块 A11*1B/17 号端子连接。

左侧 B 柱安全气囊传感器 2 号端子为负极信号线，与碰撞安全模块 A11*1B/16 号端子连接。

❾ 右侧 B 柱安全气囊传感器

右侧 B 柱安全气囊传感器 1 号端子为正极信号线及电源线，与碰撞安全模块 A11*1B/15 号端子连接。

右侧 B 柱安全气囊传感器 2 号端子为负极信号线，与碰撞安全模块 A11*1B/14 号端子连接。

❿ 驾驶员安全带锁口触头

驾驶员安全带锁口触头 1 号端子为电源及信号线，与碰撞安全模块 A11*1B/67 号端子连接。

驾驶员安全带锁口触头 2 号端子为接地线。

⓫ 乘客侧安全带锁口触头

乘客侧安全带锁口触头 1 号端子为电源及信号线，与碰撞安全模块 A11*1B/66 号端子连接。

乘客侧安全带锁口触头 2 号端子为接地线。

⓬ 左后安全带锁口触头

左后安全带锁口触头 1 号端子为电源及信号线，与碰撞安全模块 A11*1B/63 号端子连接。

左后安全带锁口触头 2 号端子为接地线。

⓭ 后部中间安全带锁口触头

后部中间安全带锁口触头 1 号端子为电源及信号线，与碰撞安全模块 A11*1B/62 号端子连接。

后部中间安全带锁口触头 2 号端子为接地线。

⑭ 右后安全带锁口触头

右后安全带锁口触头 1 号端子为电源及信号线，与碰撞安全模块 A11*1B/61 号端子连接。

右后安全带锁口触头 2 号端子为接地线。

⑮ 驾驶员座椅位置传感器

驾驶员座椅位置传感器一端为电源线，与碰撞安全模块 A11*1B/65 号端子连接。

驾驶员座椅位置传感器另一端为接地线。

⑯ 前排乘客座椅位置传感器

前排乘客座椅位置传感器一端为电源线，与碰撞安全模块 A11*1B/64 号端子连接。

前排乘客座椅位置传感器另一端为接地线。

⑰ 左后座椅占用识别装置

左后座椅占用识别装置 1 号端子为接地线。

左后座椅占用识别装置 2 号端子为信号线，与碰撞安全模块 A11*1B/60 号端子连接。

⑱ 后部中间座椅占用识别装置

后部中间座椅占用识别装置 1 号端子为接地线。

后部中间座椅占用识别装置 2 号端子为信号线，与碰撞安全模块 A11*1B/59 号端子连接。

⑲ 右后座椅占用识别装置

右后座椅占用识别装置 1 号端子为接地线。

右后座椅占用识别装置 2 号端子为信号线，与碰撞安全模块 A11*1B/58 号端子连接。

2. 安全气囊引爆电路（图 4-3-45）

❶ 左前行人保护作动器

左前行人保护作动器 1 号端子为点火信号，正极信号线，与碰撞安全模块 A11*1B/111 号端子连接。

左前行人保护作动器 2 号端子为点火信号，负极信号线，与碰撞安全模块 A11*1B/88 号端子连接。

❷ 左后行人保护作动器

左后行人保护作动器 1 号端子为点火信号，正极信号线，与碰撞安全模块 A11*1B/110 号端子连接。

左后行人保护作动器 2 号端子为点火信号，负极信号线，与碰撞安全模块 A11*1B/87 号端子连接。

❸ 右前行人保护作动器

右前行人保护作动器 1 号端子为点火信号，正极信号线，与碰撞安全模块 A11*1B/109 号端子连接。

右前行人保护作动器 2 号端子为点火信号，负极信号线，与碰撞安全模块 A11*1B/86 号端子连接。

❹ 右后行人保护作动器

右后行人保护作动器 1 号端子为点火信号，正极信号线，与碰撞安全模块 A11*1B/108 号端子连接。

右后行人保护作动器 2 号端子为点火信号，负极信号线，与碰撞安全模块 A11*1B/85 号端子连接。

❺ 驾驶员安全气囊发生器

驾驶员安全气囊发生器 1 号端子为触发安全气囊正极接头，与碰撞安全模块 A11*1B/22 号端子连接。

驾驶员安全气囊发生器 2 号端子为触发安全气囊负极接头，与碰撞安全模块 A11*1B/17 号端子连接。

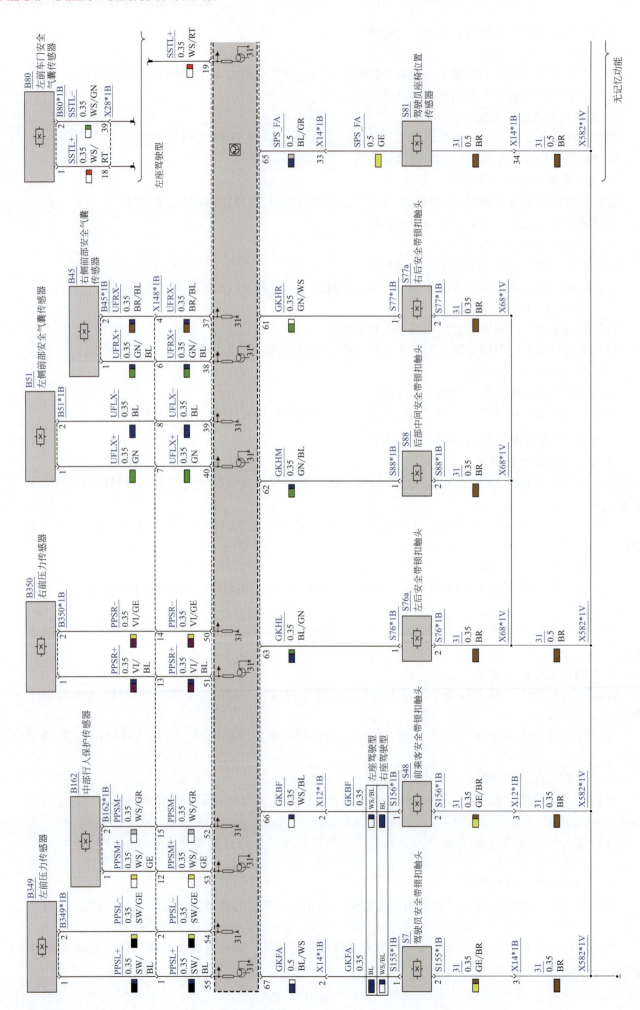

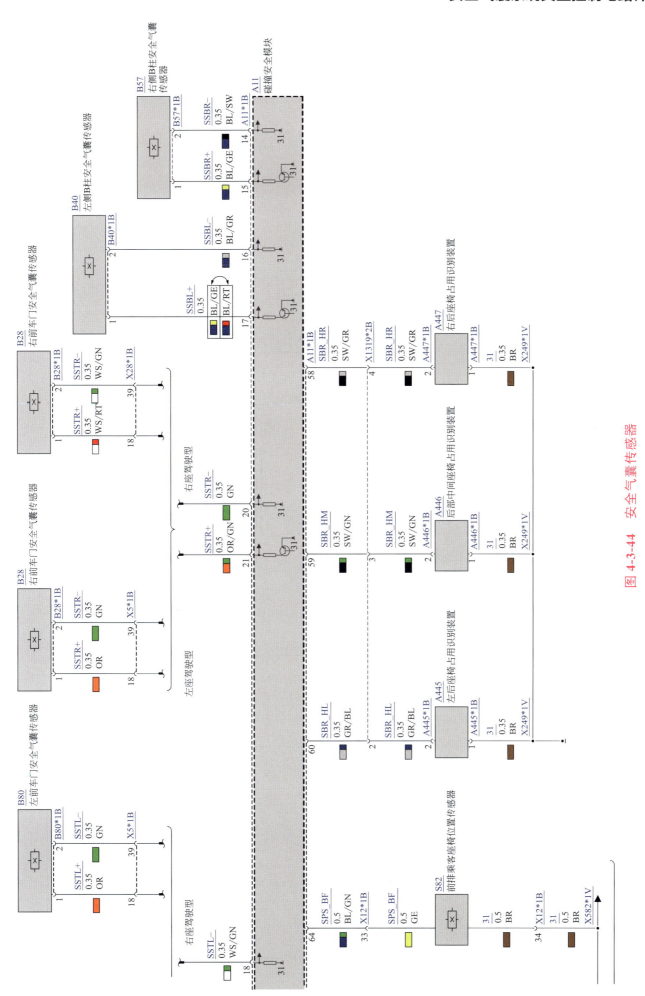

图 4-3-44 安全气囊传感器

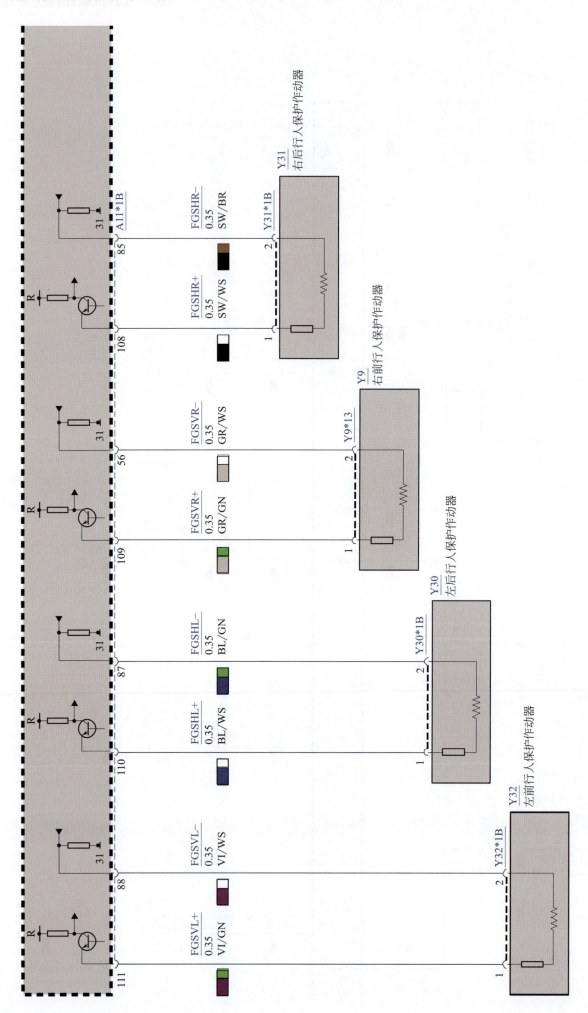

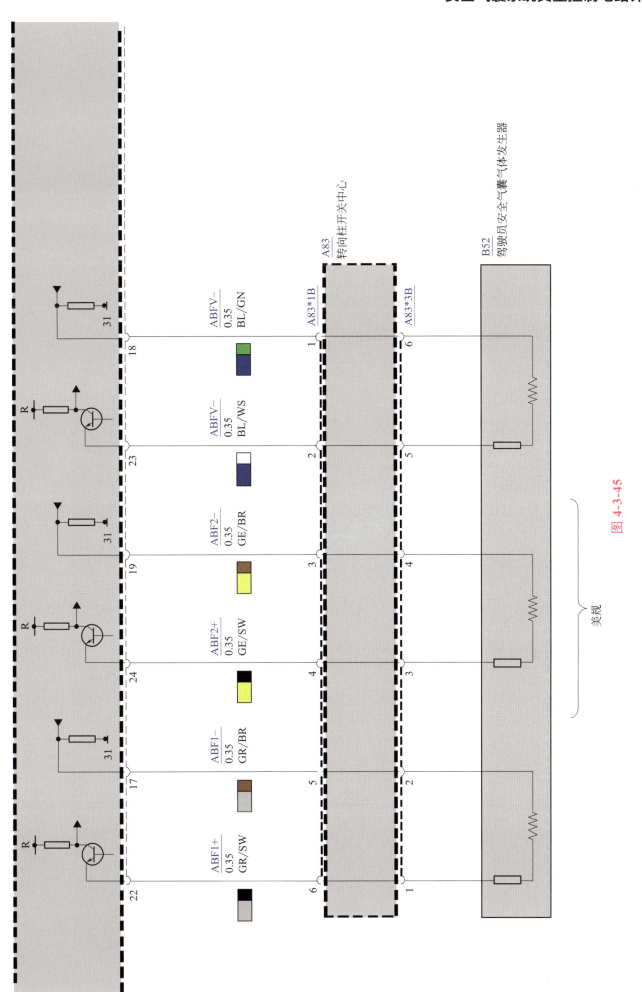

图 4-3-45

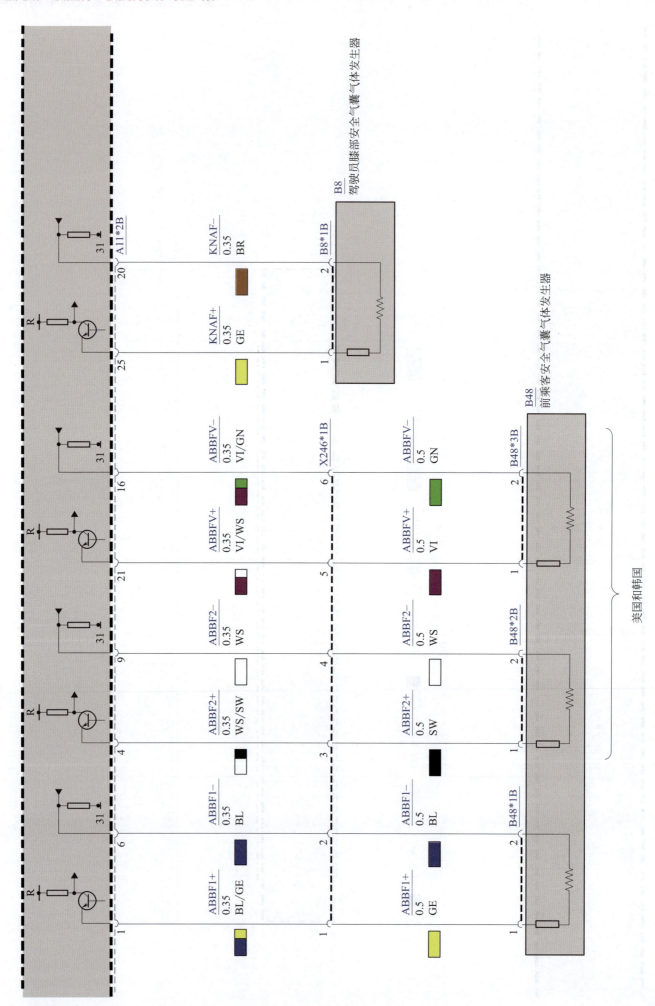

第四章 安全气囊系统典型控制电路详解

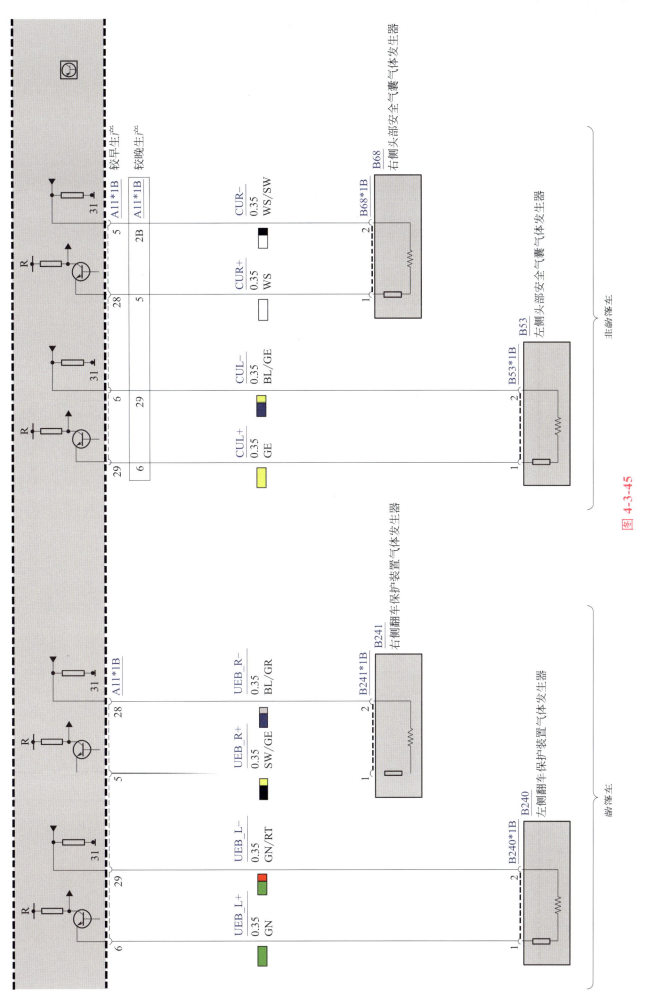

图 4-3-45

221

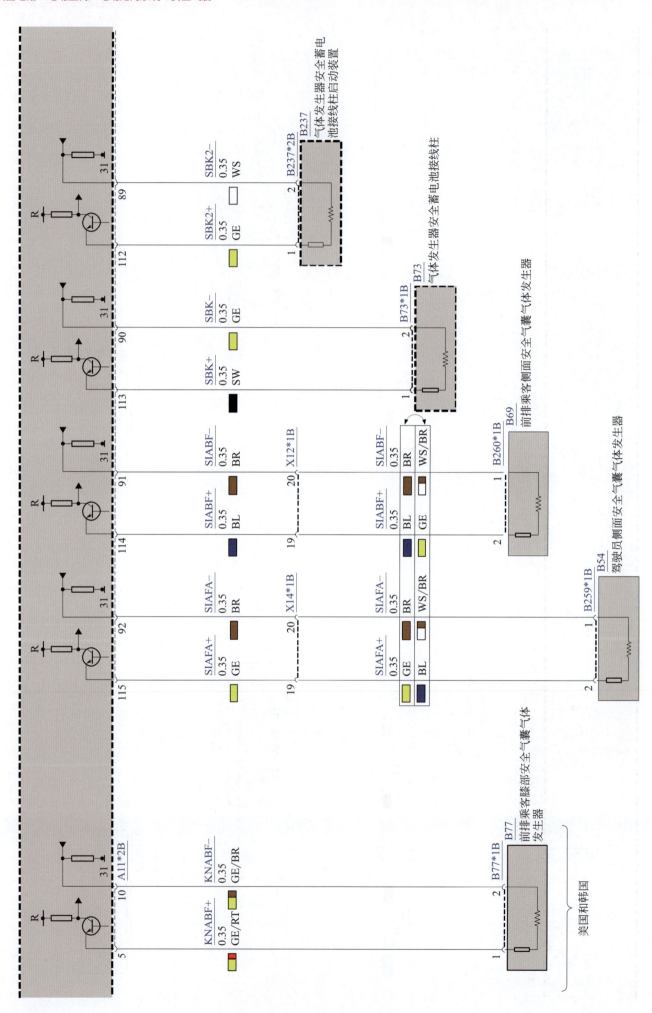

第四章

安全气囊系统典型控制电路详解

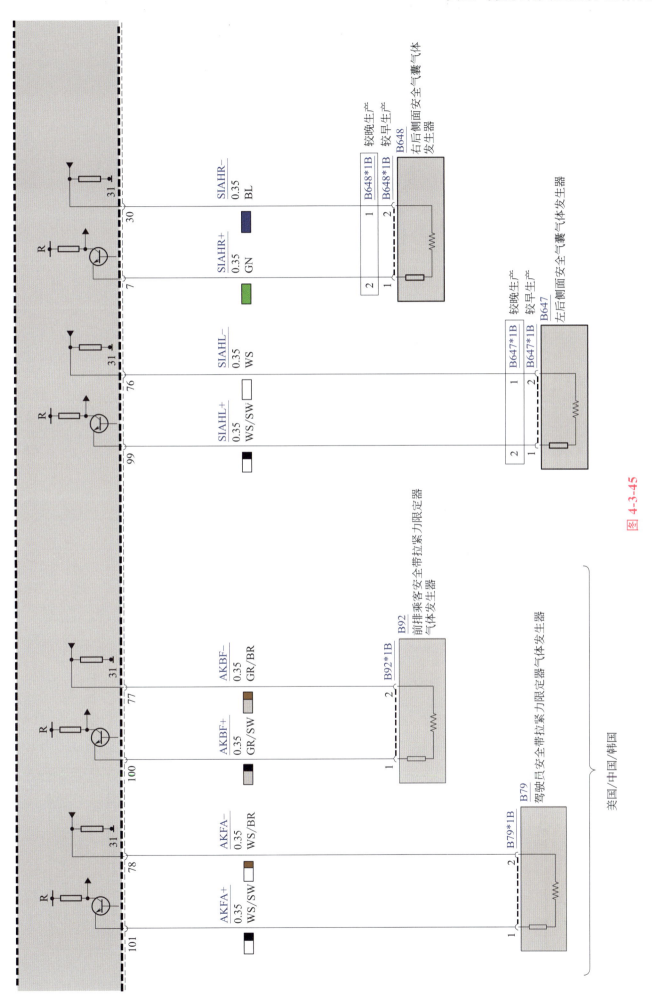

图 4-3-45

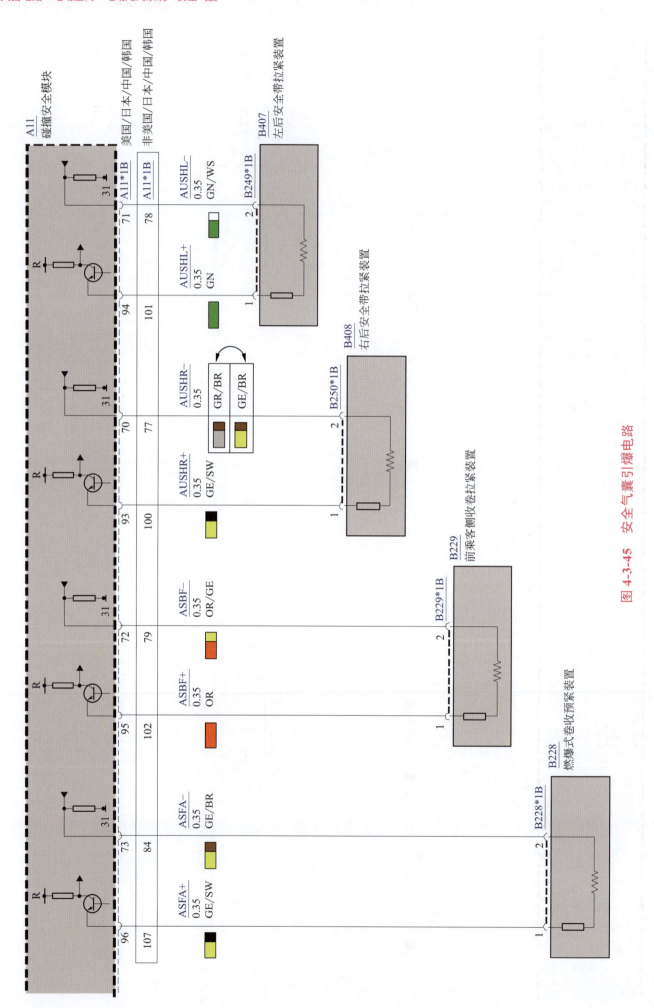

图 4-3-45 安全气囊引爆电路

驾驶员安全气囊发生器3号端子为触发安全气囊正极接头（美国和韩国车型），与碰撞安全模块A11*1B/24号端子连接。

驾驶员安全气囊发生器4号端子为触发安全气囊负极接头（美国和韩国车型），与碰撞安全模块A11*1B/19号端子连接。

驾驶员安全气囊发生器5号端子为触发安全气囊正极接头，与碰撞安全模块A11*2B/23号端子连接。

驾驶员安全气囊发生器6号端子为触发安全气囊负极接头，与碰撞安全模块A11*2B/18号端子连接。

❻ 前乘客安全气囊气体发生器

前乘客安全气囊气体发生器1号端子为触发安全气囊正极接头，与碰撞安全模块A11*2B/1号端子连接。

前乘客安全气囊气体发生器2号端子为触发安全气囊负极接头，与碰撞安全模块A11*2B/6号端子连接。

❼ 驾驶员膝部安全气囊气体发生器

驾驶员膝部安全气囊气体发生器1号端子为触发安全气囊正极接头，与碰撞安全模块A11*2B/25号端子连接。

驾驶员膝部安全气囊气体发生器2号端子为触发安全气囊负极接头，与碰撞安全模块A11*2B/20号端子连接。

❽ 左侧翻车保护装置气体发生器（敞篷车）

左侧翻车保护装置气体发生器1号端子为触发安全气囊正极接头，与碰撞安全模块A11*1B/6号端子连接。

左侧翻车保护装置气体发生器2号端子为触发安全气囊负极接头，与碰撞安全模块A11*1B/29号端子连接。

❾ 右侧翻车保护装置气体发生器（敞篷车）

右侧翻车保护装置气体发生器1号端子为触发安全气囊正极接头，与碰撞安全模块A11*1B/5号端子连接。

右侧翻车保护装置气体发生器2号端子为触发安全气囊负极接头，与碰撞安全模块A11*1B/28号端子连接。

❿ 左侧头部安全气囊气体发生器（非敞篷车）

左侧头部安全气囊气体发生器1号端子为触发安全气囊正极接头，与碰撞安全模块A11*1B/29号端子连接。

左侧头部安全气囊气体发生器2号端子为触发安全气囊负极接头，与碰撞安全模块A11*1B/6号端子连接。

⓫ 右侧头部安全气囊气体发生器（非敞篷车）

右侧头部安全气囊气体发生器1号端子为触发安全气囊正极接头，与碰撞安全模块A11*1B/28号端子连接。

右侧头部安全气囊气体发生器2号端子为触发安全气囊负极接头，与碰撞安全模块A11*1B/5号端子连接。

⓬ 前排乘客膝部安全气囊气体发生器（美国和韩国车型）

前排乘客膝部安全气囊气体发生器（美国和韩国车型）1号端子为触发安全气囊正极接头，与碰撞安全模块A11*2B/5号端子连接。

前排乘客膝部安全气囊气体发生器（美国和韩国车型）2号端子为触发安全气囊负极接头，与碰撞安全模块A11*2B/10号端子连接。

⓭ 驾驶员侧面安全气囊气体发生器

驾驶员侧面安全气囊气体发生器1号端子为触发安全气囊负极接头，与碰撞安全模块A11*1B/115号端子连接。

驾驶员侧面安全气囊气体发生器 2 号端子为触发安全气囊正极接头，与碰撞安全模块 A11*1B/92 号端子连接。

⑭ 前排乘客侧面安全气囊气体发生器

前排乘客侧面安全气囊气体发生器 1 号端子为触发安全气囊负极接头，与碰撞安全模块 A11*1B/114 号端子连接。

前排乘客侧面安全气囊气体发生器 2 号端子为触发安全气囊正极接头，与碰撞安全模块 A11*1B/91 号端子连接。

⑮ 气体发生器安全蓄电池接线柱

气体发生器安全蓄电池接线柱 1 号端子为触发安全气囊正极接头，与碰撞安全模块 A11*1B/113 号端子连接。

气体发生器安全蓄电池接线柱 2 号端子为触发安全气囊负极接头，与碰撞安全模块 A11*1B/90 号端子连接。

⑯ 气体发生器安全蓄电池接线柱启动装置

气体发生器安全蓄电池接线柱启动装置 1 号端子为触发安全气囊正极接头，与碰撞安全模块 A11*1B/112 号端子连接。

气体发生器安全蓄电池接线柱启动装置 2 号端子为触发安全气囊负极接头，与碰撞安全模块 A11*1B/89 号端子连接。

⑰ 驾驶员安全带拉紧力限定器气体发生器

驾驶员安全带拉紧力限定器气体发生器 1 号端子为触发安全气囊正极接头，与碰撞安全模块 A11*1B/101 号端子连接。

驾驶员安全带拉紧力限定器气体发生器 2 号端子为触发安全气囊负极接头，与碰撞安全模块 A11*1B/78 号端子连接。

⑱ 前排乘客安全带拉紧力限定器气体发生器

前排乘客安全带拉紧力限定器气体发生器 1 号端子为触发安全气囊正极接头，与碰撞安全模块 A11*1B/100 号端子连接。

前排乘客安全带拉紧力限定器气体发生器 2 号端子为触发安全气囊负极接头，与碰撞安全模块 A11*1B/77 号端子连接。

⑲ 左后侧面安全气囊气体发生器

左后侧面安全气囊气体发生器 1 号端子为触发安全气囊正极接头，与碰撞安全模块 A11*1B/99 号端子连接。

左后侧面安全气囊气体发生器 2 号端子为触发安全气囊负极接头，与碰撞安全模块 A11*1B/76 号端子连接。

⑳ 右后侧面安全气囊气体发生器

右后侧面安全气囊气体发生器 1 号端子为触发安全气囊正极接头，与碰撞安全模块 A11*1B/7 号端子连接。

右后侧面安全气囊气体发生器 2 号端子为触发安全气囊负极接头，与碰撞安全模块 A11*1B/30 号端子连接。

㉑ 燃爆式卷收预紧装置

燃爆式卷收预紧装置 1 号端子为触发安全气囊正极接头，与碰撞安全模块 A11*1B/96 号端子连接。

燃爆式卷收预紧装置 2 号端子为触发安全气囊负极接头，与碰撞安全模块 A11*1B/73 号端子连接。

㉒ 前乘客侧收卷拉紧装置

前乘客侧收卷拉紧装置 1 号端子为触发安全气囊正极接头，与碰撞安全模块 A11*1B/95 号端子连接。

前乘客侧收卷拉紧装置 2 号端子为触发安全气囊负极接头，与碰撞安全模块 A11*1B/72 号端子连接。

❷³ 右后安全带拉紧装置

右后安全带拉紧装置 1 号端子为触发安全气囊正极接头，与碰撞安全模块 A11*1B/93 号端子连接。

右后安全带拉紧装置 2 号端子为触发安全气囊负极接头，与碰撞安全模块 A11*1B/70 号端子连接。

❷⁴ 左后安全带拉紧装置

左后安全带拉紧装置 1 号端子为触发安全气囊正极接头，与碰撞安全模块 A11*1B/94 号端子连接。

左后安全带拉紧装置 2 号端子为触发安全气囊负极接头，与碰撞安全模块 A11*1B/71 号端子连接。

3. 碰撞安全模块电路（图 4-3-46）

碰撞安全模块 A11*1B/11 号端子为接地线。

碰撞安全模块 A11*1B/24 号端子为 FlexRay 总线信号，与动态稳定控制 A91*1B/40 号端子连接。

碰撞安全模块 A11*1B/25 号端子为 FlexRay 总线信号，与动态稳定控制 A91*1B/24 号端子连接。

碰撞安全模块 A11*1B/36 号端子为碰撞信号，与远程信息处理技术通信盒 A331*2B/1 号端子连接。

碰撞安全模块 A11*1B/46 号端子为电源线。

碰撞安全模块 A11*1B/47 号端子为 FlexRay 总线信号，与主域控制器 A285*8B/33 号端子连接。

碰撞安全模块 A11*1B/48 号端子为 FlexRay 总线信号，与主域控制器 A285*8B/34 号端子连接。

4. 前排乘客侧安全气囊关闭开关电路（图 4-3-47）

前排乘客侧安全气囊关闭开关 S44*1B/1 号端子为正极信号和电源线，与碰撞安全模块 A11*2B/11 号端子连接。

前排乘客侧安全气囊关闭开关 S44*1B/3 号端子为负极信号，与碰撞安全模块 A11*2B/13 号端子连接。

碰撞安全模块 A11*2B/33 号端子为前排乘客侧安全气囊打开指示灯控制线，与车顶功能中心 A21*1B/11 号端子连接。

碰撞安全模块 A11*2B/34 号端子为前排乘客侧安全气囊关闭指示灯控制线，与车顶功能中心 A21*1B/8 号端子连接。

车顶功能中心 A21*4B/3 号端子电源线。

十五、长城车型安全气囊电路详解——哈弗 H6 控制电路

1. 安全气囊控制单元电源电路（图 4-3-48）

安全气囊控制单元 B-1 号端子为电源线。

安全气囊控制单元 B-2 号端子为接地线。

安全气囊控制单元 B-4 号端子与 BCM 控制单元 J1-42 号端子、T-BOX 6 号端子连接。

安全气囊控制单元 B-3 号端子与驾驶员安全带插锁 D2 端子连接。

安全气囊控制单元 B-6 号端子与驾驶员安全带插锁 D1 端子连接。

安全气囊控制单元 B-19 号端子与驾驶员安全气囊 4 号端子连接。

安全气囊控制单元 B-20 号端子与驾驶员安全气囊 3 号端子连接。

安全气囊控制单元 B-13 号端子与副驾驶安全气囊 1 号端子连接。

安全气囊控制单元 B-14 号端子与副驾驶安全气囊 2 号端子连接。

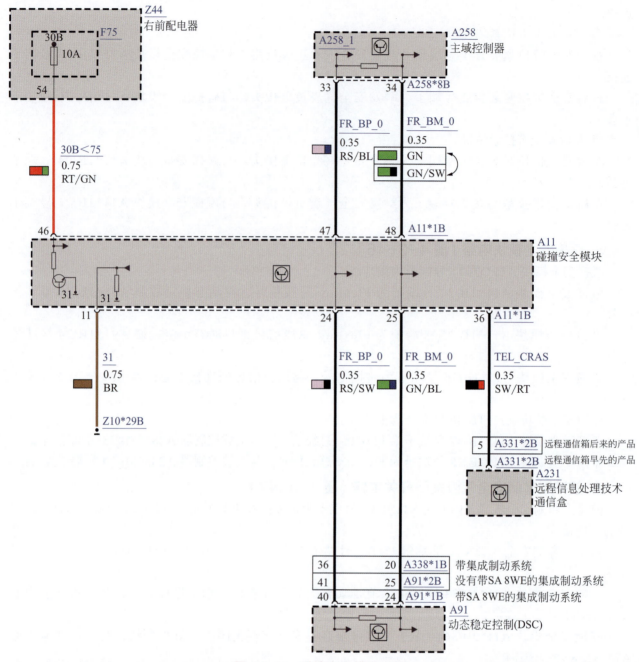

图 4-3-46　碰撞安全模块电源

2. 碰撞传感器电路（图 4-3-49）

安全气囊控制单元 A-3 号端子与驾驶员安全带预紧 2 号端子连接。

安全气囊控制单元 A-4 号端子与驾驶员安全带预紧 1 号端子连接。

安全气囊控制单元 A-7 号端子与左侧侧气囊 2 号端子连接。

安全气囊控制单元 A-8 号端子与左侧侧气囊 1 号端子连接。

安全气囊控制单元 A-15 号端子与左侧碰撞传感器 2 号端子连接。

安全气囊控制单元 A-16 号端子与左侧碰撞传感器 1 号端子连接。

安全气囊控制单元 A-5 号端子与右前安全带预紧 1 号端子连接。

安全气囊控制单元 A-6 号端子与右前安全带预紧 2 号端子连接。

安全气囊控制单元 A-1 号端子与右侧侧气囊 1 号端子连接。

安全气囊控制单元 A-2 号端子与右侧侧气囊 2 号端子连接。

安全气囊控制单元 A-13 号端子与右侧碰撞传感器 1 号端子连接。

安全气囊控制单元 A-14 号端子与右侧碰撞传感器 2 号端子连接。

安全气囊控制单元 A-29 号端子与左前碰撞传感器 1 号端子连接。
安全气囊控制单元 A-30 号端子与左前碰撞传感器 2 号端子连接。
安全气囊控制单元 A-31 号端子与右前碰撞传感器 2 号端子连接。
安全气囊控制单元 A-32 号端子与右前碰撞传感器 1 号端子连接。

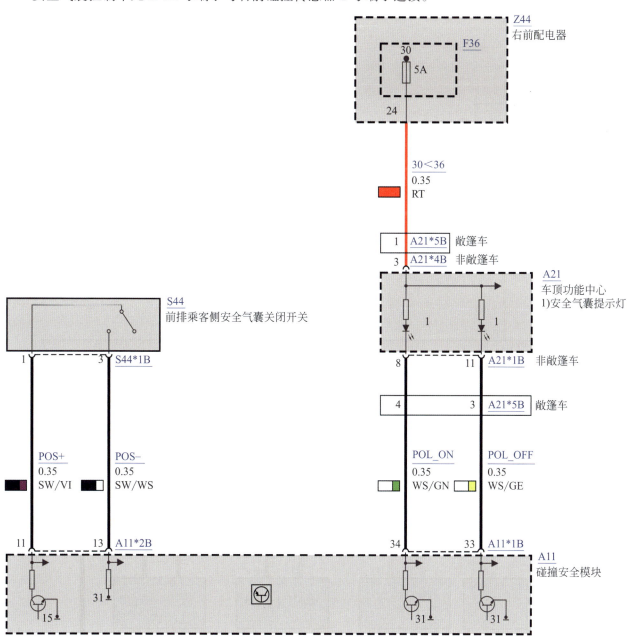

图 4-3-47　宝马 3 系 G28 前排乘客侧安全气囊关闭开关电路

3. 侧气帘电路（图 4-3-50）

安全气囊控制单元 A-9 号端子与左侧侧气帘 1 号端子连接。
安全气囊控制单元 A-10 号端子与左侧侧气帘 2 号端子连接。
安全气囊控制单元 A-11 号端子与右侧侧气帘 2 号端子连接。
安全气囊控制单元 A-12 号端子与右侧侧气帘 1 号端子连接。
右前排插锁 D1 端子与安全气囊控制单元 A-26 号端子连接。
右前排插锁 D2 端子与 SBR 控制单元 1 号端子连接。
SBR 控制单元 2 号端子与安全气囊控制单元 B-3 号端子连接。
安全气囊控制单元 11 号端子为 CAN-L 通信线。
安全气囊控制单元 12 号端子为 CAN-H 通信线。

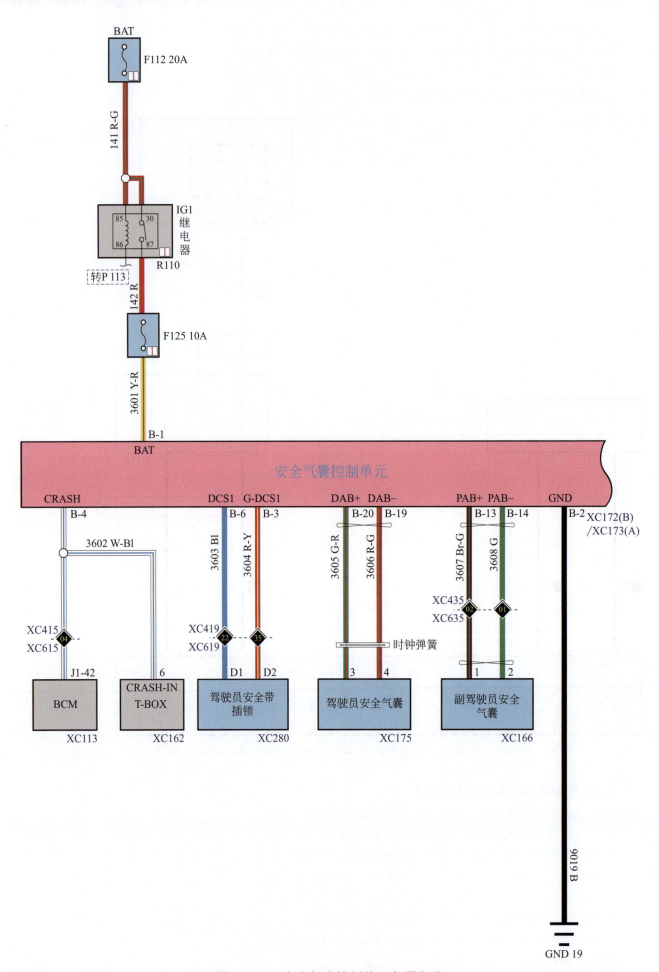

图 4-3-48 安全气囊控制单元电源电路

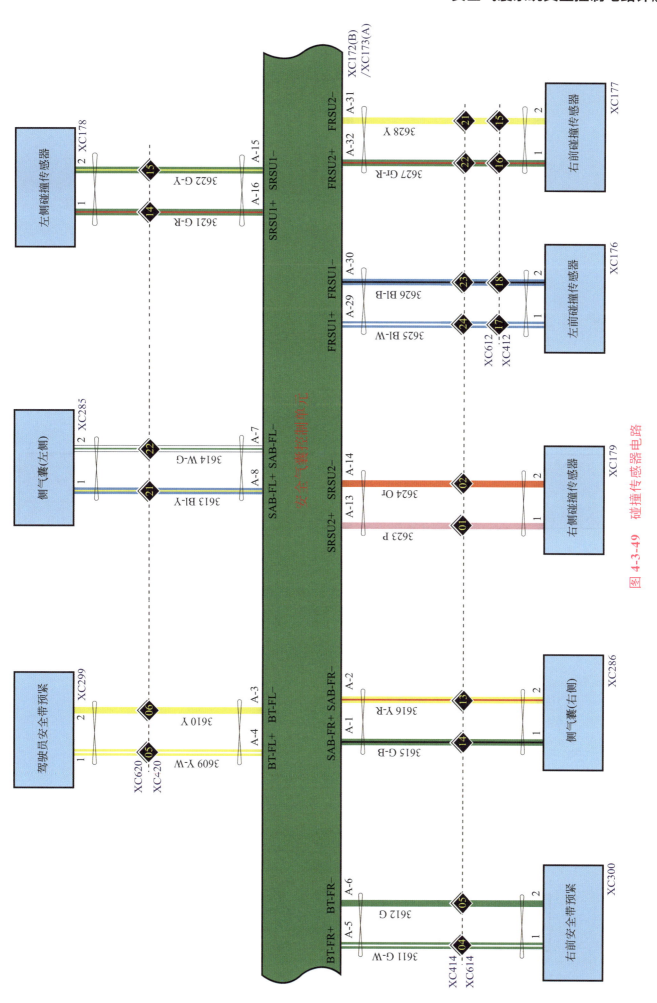

图 4-3-49 碰撞传感器电路

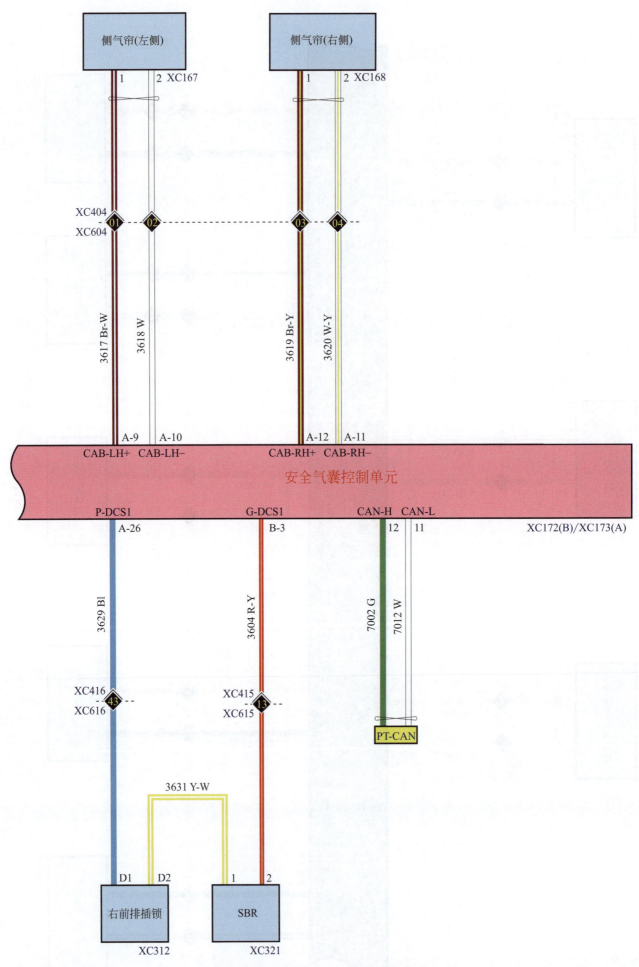

图 4-3-50　长城哈弗 H6 侧气帘电路

第四节
安全气囊系统典型故障检修技巧

本节以丰田车型为例进行故障诊断描述。

一、中央气囊传感器总成故障诊断

1. 故障描述

中央气囊传感器总成由减速度传感器、安全传感器、驱动电路、诊断电路和点火控制等组成。

中央气囊传感器总成接收来自减速度传感器的信号，以确定是否应激活气囊点火管和预紧器点火管。

如果在中央气囊传感器总成中检测到故障，则记录故障码 B1000/31。

2. 故障码（表 4-4-1）

表 4-4-1　故障码及含义

DTC 编号	DTC 检测条件	故障部位
B1000/31	中央气囊传感器总成故障	中央气囊传感器总成

3. 故障诊断与排除

a. 将点火开关置于 ON（IG）位置，等待至少 60s。
b. 清除存储器中的 故障码。
c. 将点火开关置于 OFF 位置。
d. 将点火开关置于 ON（IG）位置，等待至少 60s。
e. 检查是否有故障码。
正常：未输出故障码 B1000/31。
如果异常，则更换中央气囊传感器总成；如果正常，则使用模拟法进行检查。

二、右前气囊传感器故障诊断

1. 故障描述

右前气囊传感器电路由中央气囊传感器总成和右前气囊传感器组成。

右前气囊传感器检测车辆碰撞并发送信号给中央气囊传感器总成，以确定是否应该展开气囊。

如果在右前气囊传感器中检测到故障，则记录故障码 B1610/13。

2. 故障码（表 4-4-2）

表 4-4-2　故障码及含义

DTC 编号	DTC 检测条件	故障部位
B1610/13	● 右前气囊传感器故障 ● 中央气囊传感器总成故障	● 右前气囊传感器 ● 中央气囊传感器总成

3. 电路图（图4-4-1）

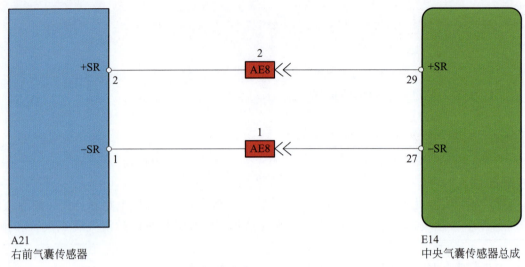

图4-4-1　电路图

4. 故障诊断与排除

a. 将点火开关置于OFF位置。

b. 断开蓄电池负极（-）电缆，等待至少90s。

c. 互换右前、左前气囊传感器，并将连接器连接到这两个传感器上。

d. 将负极（-）电缆连接至蓄电池。

e. 将点火开关置于ON（IG）位置，等待至少60s。

f. 清除存储器中的故障码。

g. 将点火开关置于OFF位置。

h. 将点火开关置于ON（IG）位置，等待至少60s。

i. 检查是否有故障码。

若未输出故障码B1610/13和B1615/14，则使用模拟法进行检查。

若输出故障码B1610/13，则更换中央气囊传感器总成。

若输出故障码B1615/14，则更换右前气囊传感器。

三、与右前气囊传感器失去通信故障诊断

1. 故障描述

右前气囊传感器电路由中央气囊传感器总成和右前气囊传感器组成。

右前气囊传感器检测车辆碰撞并发送信号给中央气囊传感器总成，以确定是否应该展开气囊。如果在右前气囊传感器电路中检测到故障，则记录故障码B1612/83或B1613/83。

2. 故障码（表4-4-3）

表4-4-3　故障码及含义

DTC 编号	DTC 检测条件	故障部位
B1612/83 B1613/83	• 中央气囊传感器总成收到右前气囊传感器电路线路短路信号、断路信号、对搭铁短路信号或对B+短路信号的时间达2s • 右前气囊传感器故障 • 中央气囊传感器总成故障	• 仪表板线束 • 发动机室主线束 • 右前气囊传感器 • 中央气囊传感器总成

3. 电路图（图 4-4-2）

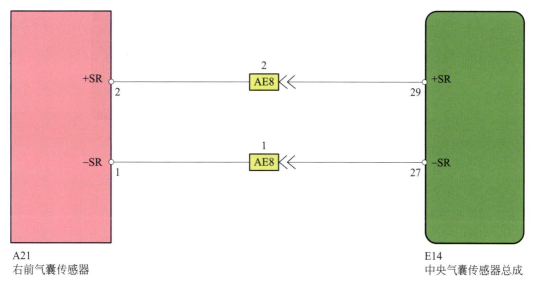

图 4-4-2 电路图

4. 故障诊断与排除

（1）检查连接器

a. 将点火开关置于 OFF 位置。

b. 断开蓄电池负极（-）电缆，等待至少 90s。

c. 检查并确认连接器已正确连接到中央气囊传感器总成和右前气囊传感器上。并且检查并确认连接发动机室主线束和仪表板线束的连接器是否连接正确。

正常：连接器已正确连接。

 提示

如果连接器没有连接牢固，重新连接连接器并进行下一步检查。

d. 将连接器从中央气囊传感器总成和右前气囊传感器上断开。并断开连接发动机室主线束和仪表板线束的连接器。

e. 检查并确认连接器端子是否有损坏。

正常：各端子未变形或损坏。

如果异常，则更换线束；如果正常，则检查右前气囊传感器电路（断路）。

（2）检查右前气囊传感器电路（断路）

a. 对连接发动机室主线束和仪表板线束的连接器进行连接。

b. 使用专用工具，连接连接器 B 的端子 29（+SR）和 27（-SR）。

 小心：

连接时不得强行将专用工具插入连接器端子。

c. 根据图 4-4-3、图 4-4-4、图 4-4-5 和表 4-4-4 中的值测量电阻。

表 4-4-4 标准电阻

检测仪连接	开关状态	规定状态
A21-2（+SR）—A21-1（-SR）	始终	小于 1Ω

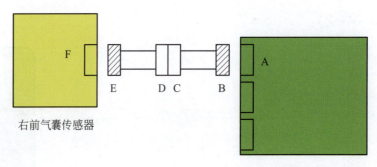

图 4-4-3　右前气囊传感器与中央气囊传感器总成

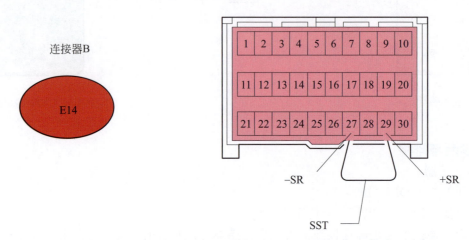

图 4-4-4　中央气囊传感器总成连接器

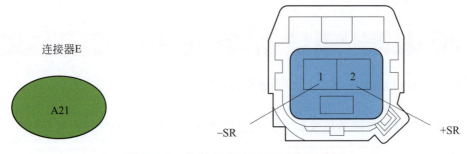

图 4-4-5　右前气囊传感器线束连接器

如果异常，则检查仪表板线束（断路）；如果正常，则检查右前气囊传感器电路（短路）。

（3）检查右前气囊传感器电路（短路）

a. 将专用工具从连接器 B 上断开（参见图 4-4-3）。

b. 根据图 4-4-5 和表 4-4-5 标准电阻中的值测量电阻。

表 4-4-5　标准电阻

检测仪连接	开关状态	规定状态
A21-2（+SR）—A21-1（-SR）	始终	1MΩ 或更大

如果异常，则检查仪表板线束（短路）；如果正常，则检查右前气囊传感器电路（对 B+ 短路）。

（4）检查右前气囊传感器电路（对 B+ 短路）

a. 将负极（-）电缆连接至蓄电池。

b. 将点火开关置于 ON（IG）位置。

c. 根据图 4-4-5 和表 4-4-6 中的值测量电压。

表 4-4-6　标准电压

检测仪连接	开关状态	规定状态
A21-2（+SR）—车身搭铁	点火开关置于 ON（IG）位置	低于 1V
A21-1（-SR）—车身搭铁	点火开关置于 ON（IG）位置	低于 1V

如果异常，则检查仪表板线束（对 B+ 短路）；如果正常，则检查右前气囊传感器电路（对搭铁短路）。

（5）检查右前气囊传感器电路（对搭铁短路）
a. 将点火开关置于 OFF 位置。
b. 断开蓄电池负极（-）电缆，等待至少 90s。
c. 根据图 4-4-5 和表 4-4-7 中的值测量电阻。

表 4-4-7　标准电阻

检测仪连接	开关状态	规定状态
A21-2（+SR）—车身搭铁	始终	1MΩ 或更大
A21-1（-SR）—车身搭铁	始终	1MΩ 或更大

如果异常，则检查仪表板线束（对搭铁短路）；如果正常，则检查右前气囊传感器。

（6）检查右前气囊传感器
a. 将连接器连接到中央气囊传感器总成上。
b. 互换右前、左前气囊传感器，并将连接器连接到这两个传感器上。
c. 将负极（-）电缆连接至蓄电池。
d. 将点火开关置于 ON（IG）位置，等待至少 60s。
e. 清除存储器中的故障码。
f. 将点火开关置于 OFF 位置。
g. 将点火开关置于 ON（IG）位置，等待至少 60s。
h. 检查是否有故障码。
若未输出故障码 B1612/83、B1613/83、B1617/84 和 B1618/84，则使用模拟法进行检查。
若未输出故障码 B1617/84 和 B1618/84，则更换右前气囊传感器。
若未输出故障码 B1612/83 和 B1613/83，则更换中央气囊传感器总成。

（7）检查仪表板线束（断路）
a. 将仪表板线束连接器从发动机室主线束上断开（图 4-4-6）。

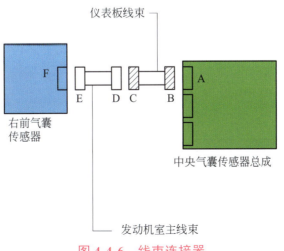

图 4-4-6　线束连接器

提示

专用工具已插入到连接器 B 内。

b. 根据图 4-4-7 和表 4-4-8 中的值测量电阻。

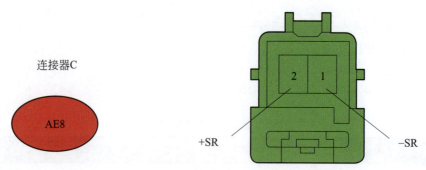

图 4-4-7　连接发动机室主线束连接器

表 4-4-8　标准电阻

检测仪连接	开关状态	规定状态
AE8-2（+SR）—AE8-1（-SR）	始终	小于 1Ω

如果异常，则更换仪表板线束；如果正常，则更换发动机室主线束。

（8）检查仪表板线束（短路）

a. 将仪表板线束连接器从发动机室主线束上断开（图 4-4-6）。

b. 根据图 4-4-7 和表 4-4-9 中的值测量电阻。

表 4-4-9　标准电阻

检测仪连接	开关状态	规定状态
AE8-2（+SR）—AE8-1（-SR）	始终	1MΩ 或更大

如果异常，则更换仪表板线束；如果正常，则更换发动机室主线束。

（9）检查仪表板线束（对 B+ 短路）

a. 将点火开关置于 OFF 位置。

b. 断开蓄电池负极（-）电缆，等待至少 90s。

c. 将仪表板线束连接器从发动机室主线束上断开（图 4-4-6）。

d. 将负极（-）电缆连接至蓄电池。

e. 将点火开关置于 ON（IG）位置。

f. 根据图 4-4-7 和表 4-4-10 中的值测量电压。

表 4-4-10　标准电压

检测仪连接	开关状态	规定状态
AE8-2（+SR）—车身搭铁	点火开关置于 ON（IG）位置	低于 1V
AE8-1（-SR）—车身搭铁	点火开关置于 ON（IG）位置	低于 1V

如果异常，则更换仪表板线束；如果正常，则更换发动机室主线束。

（10）检查仪表板线束（对搭铁短路）

a. 将仪表板线束连接器从发动机室主线束上断开。

b. 根据图 4-4-7 和表 4-4-11 中的值测量电阻。

表 4-4-11　标准电压

检测仪连接	开关状态	规定状态
AE8-2（+SR）—车身搭铁	始终	1MΩ 或更大
AE8-1（-SR）—车身搭铁	始终	1MΩ 或更大

如果异常，则更换仪表板线束；如果正常，则更换发动机室主线束。

四、左侧侧气囊传感器故障诊断

1. 故障描述

左侧侧碰撞传感器电路（决定前排左侧座椅侧气囊总成和左侧帘式安全气囊总成的展开）是由中央气囊传感器总成、左侧侧气囊传感器和左后气囊传感器组成。

左侧侧气囊传感器和左后气囊传感器检测车辆碰撞并发送信号给中央气囊传感器总成，确定是否应该展开气囊。

如果在左侧侧气囊传感器中检测到故障，则记录故障码 B1620/21。

2. 故障码（表 4-4-12）

表 4-4-12　故障码及含义

故障码代码	故障码检测条件	故障部件
B1620/21	左侧侧气囊传感器故障 中央气囊传感器总成故障	左侧侧气囊传感器 中央气囊传感器总成

3. 电路图（图 4-4-8）

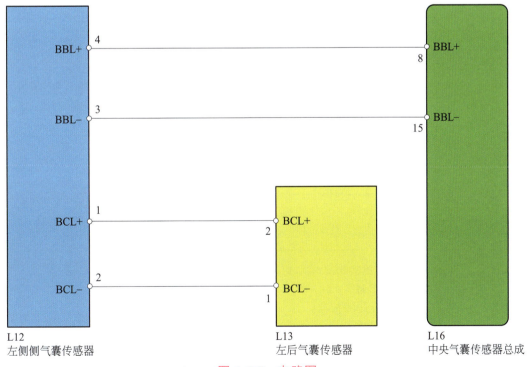

图 4-4-8　电路图

4. 检查左侧侧气囊传感器

a. 将点火开关置于 OFF 位置。

b. 断开蓄电池负极（-）电缆，等待至少 90s。

c. 互换左侧、右侧侧气囊传感器，并将连接器连接到这两个传感器上。

d. 将负极（-）电缆连接至蓄电池。

e. 将点火开关置于 ON（IG）位置，等待至少 60s。

f. 清除存储器中的 DTC。

g. 将点火开关置于 OFF 位置。

h. 将点火开关置于 ON（IG）位置，等待至少 60s。

i. 检查是否有 DTC。

若未输出 DTC B1620/21 和 B1625/22，则使用模拟法进行检查。

若输出 DTC B1620/21，则更换中央气囊传感器总成。

若输出 DTC B1625/22，则更换左侧侧气囊传感器。

五、驾驶员侧点火管电路故障诊断

1. 系统描述

驾驶员侧点火管电路由中央传感器总成、螺旋电缆和方向盘装饰盖组成。

该电路在展开条件具备时指示 SRS 展开。

2. 故障码（表 4-4-13）

表 4-4-13　故障码及含义

故障码	故障码检测条件	故障部位
B1800/51	• 初步检查过程中，中央气囊传感器总成 5 次接收到驾驶员侧点火管电路的线路短路信号 • 驾驶员侧点火管故障 • 螺旋电缆故障 • 中央气囊传感器总成故障	• 仪表板线束 • 螺旋电缆 • 方向盘装饰盖（驾驶员侧点火管） • 中央气囊传感器总成
B1801/51	• 中央气囊传感器总成接收到驾驶员侧点火管电路的断路信号持续 2s • 驾驶员侧点火管故障 • 螺旋电缆故障 • 中央气囊传感器总成故障	• 仪表板线束 • 螺旋电缆 • 方向盘装饰盖（驾驶员侧点火管） • 中央气囊传感器总成
B1802/51	• 中央气囊传感器总成接收到驾驶员侧点火管电路对搭铁短路信号持续 0.5s • 驾驶员侧点火管故障 • 螺旋电缆故障 • 中央气囊传感器总成故障	• 仪表板线束 • 螺旋电缆 • 方向盘装饰盖（驾驶员侧点火管） • 中央气囊传感器总成
B1803/51	• 中央气囊传感器总成接收到驾驶员侧点火管电路对 B+ 短路信号持续 0.5s • 驾驶员侧点火管故障 • 螺旋电缆故障 • 中央气囊传感器总成故障	• 仪表板线束 • 螺旋电缆 • 方向盘装饰盖（驾驶员侧点火管） • 中央气囊传感器总成

3. 电路图（图4-4-9）

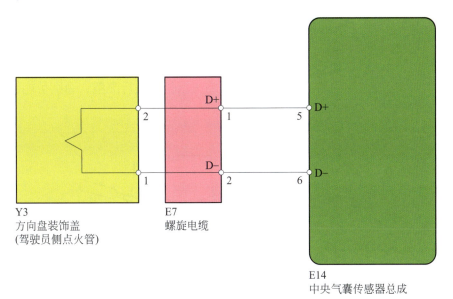

图 4-4-9　电路图

4. 故障诊断与排除

（1）检查连接器

a. 将点火开关置于 OFF 位置。

b. 断开蓄电池负极（-）电缆，等待至少 90s。

c. 检查并确认连接器已正确连接至方向盘装饰盖、螺旋电缆和中央气囊传感器总成。

正常：连接器已正确连接。

 提示

如果连接器没有连接牢固，重新连接连接器并进行下一步检查。

d. 将连接器从方向盘装饰盖、螺旋电缆和中央气囊传感器总成上断开。

e. 检查并确认连接器端子是否有损坏。

正常：各端子未变形或损坏。

f. 检查并确认螺旋电缆连接器（方向盘装饰盖侧）没有损坏。

正常：锁止按钮未脱开，或者锁爪未变形和损坏。

如果异常，则更换线束；如果正常，则检查方向盘装饰盖（驾驶员侧点火管）。

（2）检查方向盘装饰盖（驾驶员侧点火管）

a. 将仪表板线束连接至中央气囊传感器总成和螺旋电缆上（图4-4-10）。

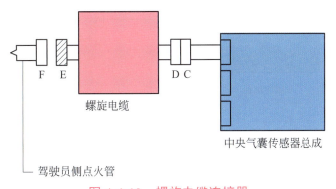

图 4-4-10　螺旋电缆连接器

b. 将专用工具（电阻 2.1 Ω）连接至连接器 E（图 4-4-11）。

小心：

严禁将检测仪连接到方向盘装饰盖（驾驶员侧点火管）上进行测量，否则可能因气囊展开而导致严重的人员伤害事故。

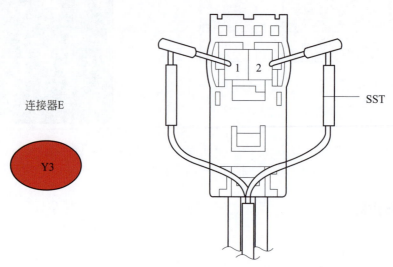

图 4-4-11　螺旋电缆连接器

c. 将负极（-）电缆连接至蓄电池。
d. 将点火开关置于 ON（IG）位置，等待至少 60s。
e. 清除存储器中的 DTC。
f. 将点火开关置于 OFF 位置。
g 将点火开关置于 ON（IG）位置，等待至少 60s。
h. 检查是否有 DTC。

正常：未输出 DTC B1800、B1801、B1802、B1803 或 51。

如果异常，则检查驾驶员侧点火管电路；如果正常，则更换方向盘装饰盖。

（3）检查驾驶员侧点火管电路

a. 将专用工具从连接器 E 上断开。
b. 将仪表板线束从中央气囊传感器总成上断开（图 4-4-12）。

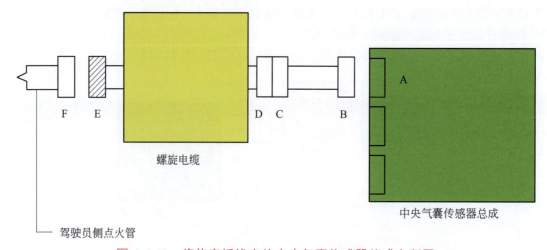

图 4-4-12　将仪表板线束从中央气囊传感器总成上断开

c. 检查电路是否对 B+ 短路。
将负极（-）电缆连接至蓄电池。
将点火开关置于 ON（IG）位置。
根据图 4-4-13 和表 4-4-14 中的值测量电压。

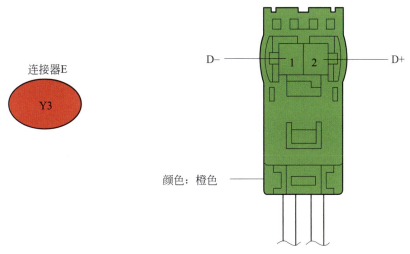

图 4-4-13　螺旋电缆连接器

表 4-4-14　标准电压

检测仪连接	开关状态	规定状态
Y3-1（D-）—车身搭铁	点火开关置于 ON（IG）位置	低于 1V
Y3-2（D+）—车身搭铁	点火开关置于 ON（IG）位置	低于 1V

d. 检查电路是否断路。
将点火开关置于 OFF 位置。
断开蓄电池负极（-）电缆，等待至少 90s。
根据图 4-4-13 和表 4-4-15 中的值测量电阻。

表 4-4-15　标准电阻

检测仪连接	开关状态	规定状态
Y3-1（D-）—Y3-2（D+）	始终	小于 1Ω

e. 检查电路是否对搭铁短路。
根据图 4-4-13 和表 4-4-16 中的值测量电阻。

表 4-4-16　标准电阻

检测仪连接	开关状态	规定状态
Y3-1（D-）—车身搭铁	始终	1MΩ 或更大
Y3-2（D+）—车身搭铁	始终	1MΩ 或更大

f. 检查电路是否短路。
解除内置于连接器 B 内的防激活机构。

根据图 4-4-13 和表 4-4-17 中的值测量电阻。

表 4-4-17　标准电阻

检测仪连接	开关状态	规定状态
Y3-1（D-）—Y3-2（D+）	始终	1MΩ 或更大

（4）检查中央气囊传感器总成

a. 将连接器 B 上已解除的防激活机构恢复到原来状态。

b. 将连接器连接到方向盘装饰盖和中央气囊传感器总成上（图 4-4-14）。

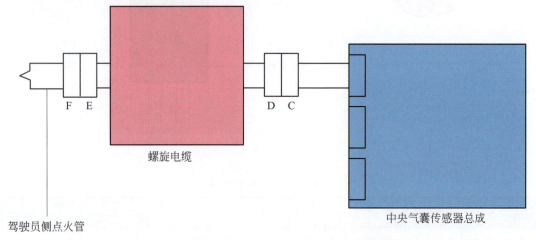

图 4-4-14　方向盘装饰盖和中央气囊传感器总成

c. 将负极（-）电缆连接至蓄电池。

d. 将点火开关置于 ON（IG）位置，等待至少 60s。

e. 清除存储器中的 DTC。

f. 将点火开关置于 OFF 位置。

g. 将点火开关置于 ON（IG）位置，等待至少 60s。

h. 检查是否有 DTC。

正常：未输出 DTC B1800、B1801、B1802、B1803 或 51。

如果异常，则更换中央气囊传感器总成；如果正常，则使用模拟法进行检查。

（5）检查仪表板线束

a. 将连接器 B 上已解除的防激活机构恢复到原来状态（图 4-4-15）。

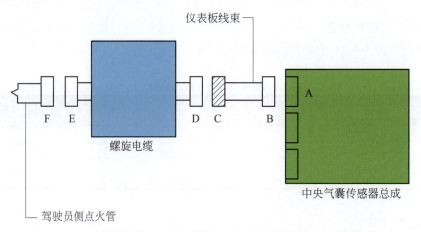

图 4-4-15　将连接器 B 上已解除的防激活机构恢复到原来状态

b. 将仪表板线束从螺旋电缆上断开。
c. 检查电路是否对 B+ 短路。
将负极（-）电缆连接至蓄电池。
将点火开关置于 ON（IG）位置。
根据图 4-4-16 和表 4-4-18 中的值测量电压。

表 4-4-18　标准电压

检测仪连接	开关状态	规定状态
E7-1（D+）—车身搭铁	点火开关置于 ON（IG）位置	低于 1V
E7-2（D-）—车身搭铁	点火开关置于 ON（IG）位置	低于 1V

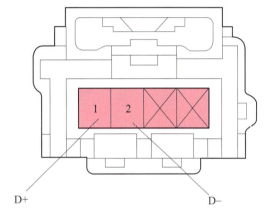

图 4-4-16　螺旋电缆连接器

d. 检查电路是否断路。
将点火开关置于 OFF 位置。
断开蓄电池负极（-）电缆，等待至少 90s。
根据图 4-4-16 和表 4-4-19 中的值测量电阻。

表 4-4-19　标准电阻

检测仪连接	开关状态	规定状态
E7-1（D+）—E7-2（D-）	始终	小于 1Ω

e. 检查电路是否对搭铁短路。
根据图 4-4-16 和表 4-4-20 中的值测量电阻。

表 4-4-20　标准电阻

检测仪连接	开关状态	规定状态
E7-1（D+）—车身搭铁	始终	1MΩ 或更大
E7-2（D-）—车身搭铁	始终	1MΩ 或更大

f. 检查电路是否短路。
解除内置于连接器 B 内的防激活机构。
根据图 4-4-16 和表 4-4-21 中的值测量电阻。

表 4-4-21　标准电阻

检测仪连接	开关状态	规定状态
E7-1（D+）—E7-2（D-）	始终	1MΩ 或更大

如果异常,则更换仪表板线束;如果正常,则检查螺旋电缆。

(6)检查螺旋电缆

a.检查电路是否对 B+ 短路。

将负极(-)电缆连接至蓄电池。

将点火开关置于 ON（IG）位置。

根据图 4-4-13、图 4-4-17 和表 4-4-22 中的值测量电压。

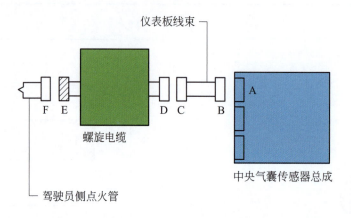

图 4-4-17　螺旋电缆连接器

表 4-4-22　标准电压

检测仪连接	开关状态	规定状态
Y3-1（D-）—车身搭铁	点火开关置于 ON（IG）位置	低于 1V
Y3-2（D+）—车身搭铁	点火开关置于 ON（IG）位置	低于 1V

b.检查电路是否断路。

将点火开关置于 OFF 位置。

断开蓄电池负极(-)电缆,等待至少 90s。

根据表 4-4-23 的值测量电阻。

表 4-4-23　标准电阻

检测仪连接	开关状态	规定状态
Y3-1（D-）—Y3-2（D+）	始终	小于 1Ω

c.检查电路是否对搭铁短路。

根据表 4-4-24 中的值测量电阻。

表 4-4-24　标准电阻

检测仪连接	开关状态	规定状态
Y3-1（D-）—车身搭铁	始终	1MΩ 或更大

续表

检测仪连接	开关状态	规定状态
Y3-2（D+）—车身搭铁	始终	1MΩ 或更大

d. 检查电路是否短路。

解除内置于连接器 D 内的防激活机构。

根据表 4-4-25 中的值测量电阻。

表 4-4-25　标准电阻

检测仪连接	开关状态	规定状态
Y3-1（D-）—Y3-2（D+）	始终	1MΩ 或更大

如果异常，则更换螺旋电缆；如果正常，则使用模拟法进行检查。